教育信息化的「中国智慧」

校长访谈录

JIAOYU XINXIHUA DE
ZHONGGUO ZHIHUI
XIAOZHANG FANGTANLU

任萍萍 主编

北京师范大学出版集团
BEIJING NORMAL UNIVERSITY PUBLISHING GROUP
北京师范大学出版社

图书在版编目（CIP）数据

中国教育信息化的"中国智慧"：校长访谈录 / 任
萍萍主编 . — 北京：北京师范大学出版社，2023.10
ISBN 978-7-303-29409-1

Ⅰ . ①中… Ⅱ . ①任… Ⅲ . ①教育工作 - 信息化 - 研
究 - 中国　②校长 - 访问记 - 中国 - 现代　Ⅳ . ① G43
② K825.46

中国国家版本馆 CIP 数据核字（2023）第 183251 号

教育信息化的"中国智慧"——校长访谈录
JIAOYU XINXIHUA DE ZHONGGUO ZHIHUI——XIAOZHANG FANGTANLU

任萍萍　主编

策划编辑：李　莎　胡玉敏　　责任编辑：胡玉敏
美术编辑：迟　鑫　　　　　　装帧设计：终南文化
责任校对：陈　民　　　　　　责任印制：李汝星

出版发行：北京师范大学出版社	开本：710mm × 1000mm　1/16	版次：2023 年 10 月第 1 版
印刷：北京盛通印刷股份有限公司	印张：16.25	印次：2023 年 10 月第 1 次印刷
经销：全国新华书店	字数：300 千字	定价：59.90 元

北京师范大学出版社

http://www.bnupg.com
北京市西城区新街口外大街 12-3 号
邮政编码：100088
营销中心电话：010-58804378
北京师范大学出版集团期刊社：010-58804078

北京师范大学出版社即将出版由教育信息技术应用专家任萍萍主编的《教育信息化的"中国智慧"——校长访谈录》。这是一本由一位深耕教育信息化领域十几年的从业者，为推动理论和技术辅助实践应用而提出问题并请50位校长作答的生动活泼的访谈作品，蕴含着浓浓的科学性、创新性和可读性。

近年来，在信息技术飞速发展的时代浪潮下，作为一名从教近60年的老教师，我有感于信息化推动教育改革、教育创新发展的巨大能量，深刻认识到教育应致力于培养具有未来核心素养的人才之深刻意义。党的十八大以来，我国教育信息化事业实现了跨越式发展和历史性突破，国际影响力显著提升，目前正处于数字技术与教育教学融合创新的关键时期。在这样的时代背景下，作为教书育人主阵地的学校，需要充分看到教育信息化已取得的成绩，在转变教育教学理念、深入理解教育数字化转型内涵的同时，更要积极探索、规划实施路径，因地制宜推动学校高质量发展。

全国各地的学校在信息化助力教育管理转型、教学模式重塑、学习路径探索、教育评价改革等方面进行了有益尝试，取得了丰硕的成果。我十分赞赏将这些成果进行整理总结并向更多人传播，让优秀的教育经验实现更大范围的共享和增值。这本《教育信息化的"中国智慧"——校长访谈录》内容丰富、覆盖面广。全书汇聚了几十所学校推进信息化全面赋能教育综合改革的举措和经验，一校一案，各具特点。既有知名学校在成熟的教学与管理模式上的勇敢突破、再谱新篇，又有百年老校或新建校抓住信息化机遇的因时而动、转型升级；既有融合时代命题如"双减""三新"的创新实践，又有聚焦"五育"并举、开放共享等教育亘古命题的时代新解。综观全书，好似看到一位位校长坐在我们面前，张本继末、抽丝剥茧，分享他们的理解、思考、探索；也看到了遍地开花般的一所所学校的教育信息化实践成果，这些成果展现了教育教学一线谋求教育创新发展的当下风貌。

党的二十大报告提出:"坚持教育优先发展、科技自立自强、人才引领驱动,加快建设教育强国、科技强国、人才强国,坚持为党育人、为国育才,全面提高人才自主培养质量,着力造就拔尖创新人才,聚天下英才而用之。""教育强国",要"强"什么?需要教育工作者以怎样的姿态为之奋斗?向着哪些具体的方向奋斗?这是我们每一位教育同人都要思量和研究的。细读本书,大体也能帮助我思考如何认识当下的教育数字化转型价值。教育的"热点"常变,教育的核心实质不会变。学生核心素养提升、基础教育课程改革、教育质量评价、创造性人才培养,这些都是推动教育创新改革必须重视的命题,也是教育数字化转型这艘大船必然要驶入的"深水区"。

我相信,这本凝聚着校长们智慧的著作,既是鲜活的"样本",也是成功的"样板",将激发更多校长进行比较和推敲,从而创造更丰硕的成果,将助力所有教育实践者顺应时代发展的趋势,拥抱时代带来的变化,积极推动教育数字化转型,以技术赋能教育高质量发展。

是为序。

林崇德

2023 年 4 月 16 日于北京师范大学

对话一线校长，解析技术赋能教育的真正价值

人工智能时代的教育，到底是什么样的？

当我们试图叙说现下正在发生的教育创新发展浪潮时，会发现有很多角度可以选择。而这一次，我们想从一线校长的视角切入，看他们如何描述自己眼中的人工智能＋教育，以及那些脚踏实地的耕耘与实践。

本书于 2022 年成型，正逢国家提出实施教育数字化战略行动。全书围绕基础教育信息化这一主题，收录了覆盖全国 24 个省（自治区、直辖市）的 50 位中小学校长的访谈内容，呈现了校长们在长期摸爬滚打中所获得的经验，在持续的理论学习中所总结的心得，在不懈的创新探索中所形成的思考。

无论是大规模集团学校，还是乡村小规模学校，现代信息技术都在为校园内的教学与管理带来新的机遇和挑战。一所学校，如何借助日新月异的技术提高校园管理效能，创造更加个性化的教育环境，搭建新的教育教学平台，创新教与学方式，重塑教师素养，提升学生核心素养？我们希望可以通过与来自一线校长的对话，还原基础教育学校信息化的发展，解析技术赋能教育的真正价值。

"一个好校长就是一所好学校。"自从进入人工智能＋教育行业以来，有幸结识了许多优秀的校长。他们对待教育事业鞠躬尽瘁的情怀、高瞻远瞩的眼光、孜孜不倦的追求，每每让我敬佩不已、感慨不已。梳理这样一本访谈录，既沉淀了他们的经验，又让我获得了向他们学习的机会。

关于这本书所呈现出来的校长们的风采，我觉得有两点是必须说一说的。

一是"守正创新"。无论时代如何变化，教育立德树人的根本任务不会变。同时，"创新"是发展的源泉，教育人亦必须与时俱进。在这本书中，我们看到了校

长们一方面不断与时俱进，加深对教育规律的认知和理解；另一方面又务实地基于本校实际情况和自身发展需求，围绕人才培养的根本目标，在育人模式、课程改革、评价机制等方面积极采取变革措施，形成了以提升教育质量为核心的基础教育信息化领域的创新机制。

二是"应用为王"。这几年来，教育信息化所取得的前所未有的"跨越式"发展我们有目共睹。当下，教育工作者更关注如何真正发挥信息化建设的效用，让智慧校园落地可行，让教学应用凸显成效，让信息孤岛、"建用脱轨"等难题一一破解。这一次，我们通过访谈录的形式，记录了50位校长带领学校所进行的教育信息化实践。他们从教育工作者的角度，深入浅出地阐述如何结合学校的特色和一以贯之的育人理念，推动各类信息化应用在校园内落地开花，帮助教师和学生减负增效，共同实现教育高质量发展的目标。

关于教育，我最喜欢的一句话是："教育不是灌满一桶水，而是点燃一把火。"同样地，我也希望这本书能引发更多关于学校探索教育信息化、数字化的讨论与思考，并为一些学校提供借鉴和参考。生逢其时，责任在肩。作为一名已在人工智能＋教育领域浸润十多年的从业者，我深刻体会到信息技术的加速突破对于教育形态的不断重塑，也特别清楚，要想让信息技术在学校里发挥出生命力，让教育如虎添翼、迈向未来，根本动力还是在于每一位校长、每一位教师。希望这本由鲜活案例合成的访谈录，能够触达每一颗正在追寻、探究的心。

一本好书的形成，是作者、编辑、出版社和读者共同完成的。在这里，我要特别感谢北京师范大学出版社为这本书付出了专业、辛勤的劳动；感谢科大讯飞教育事业群品牌市场部的小伙伴们在组稿过程中所付出的具体而细致的努力；感谢亲爱的读者朋友，无论你是教育行业以内，还是教育行业以外的朋友，当这本书进入你的视野时，希望它能够给你启迪，让这些熠熠生辉的思想、理念，帮助你看清教育创新的当下、看见教育发展的未来。

当然，最重要的，是感谢各位校长，感谢你们不吝分享，让这么多典型的学校案例、优秀的育人经验得以面向更多人传播，让我们共同期待它们发挥出更大的作用！

任萍萍

目　录

大数据驱动精准教学　人工智能助力因材施教

——对话南宁市第二中学副校长岑盛锋

◎岑盛锋

正高级教师，南宁市第二中学副校长、校党委委员，分管学校教育教学、年级管理、课程发展中心和信息化中心工作。坚持"严爱并济，助孩子快乐健康成长"的教育理念，获聘为首届自治区普通高中课程改革指导委员会委员和南宁师范大学硕士生导师，获评为南宁市教坛精英领航工程学员、南宁市学科带头人、南宁市优秀党员和中国数学奥林匹克优秀教练员。

【编者按】

南宁市第二中学（以下简称"南宁二中"）的历史可追溯到1906年的南宁府中学堂。经过百年的锻造，如今南宁二中已成长为广西首批重点中学、国内百强中学，为国家输送了大批优秀人才，是清华大学和北京大学的优质生源基地。同时，学校连续18年蝉联南宁市高考最高奖项——高中毕业班工作成绩卓越奖。近年来，南宁二中的数字化校园建设进入了高速发展时期，学校建设数据中台和业务中台，破除数据孤岛，实施大数据精准教学，为提升教育教学质量提供精准决策依据，为教育集团的统一管理和协同发展提供了强有力的信息化保障。

岑盛锋表示："我们的使命就是建设一所优质的现代化、信息化、数字化的高品质学校，以培养拔尖创新人才和领军人才为目标，致力于关注学生终身发展的魅力教育，争取为国家人才发展作出贡献。"

南宁二中建设智慧校园的出路 ///////////////////////////////

任萍萍：您个人非常坚持政策导向吗？

岑盛锋：研观教育政策，才能有效分析教育发展的方向。南宁二中建设智慧校园是一路响应教育政策才走到今天的。

《教育信息化 2.0 行动计划》指出，要注重面向人人的终身学习体系，更加注重因材施教。《关于深化教育教学改革全面提高义务教育质量的意见》也指出，要切实地提高课堂教学质量，要减轻学生学业的负担；要促进信息技术和教育教学的融合应用，要建设高素质专业教师队伍，等等。《关于加强"三个课堂"应用的指导意见》强调，到 2022 年，要全面实现"三个课堂"在广大中小学校的常态化按需应用，建立健全利用信息化手段扩大优质教育资源覆盖面的有效机制。

任萍萍：政策之下，您觉得南宁二中建设智慧校园的出路在哪里？

岑盛锋：近年来，南宁二中在南宁市教育局现代教育技术中心的指导下，进行了一些智慧校园建设的前期的摸索，也提出了学校关于"十四五"的规划建设以及教育改革政策，目标是建设具有二中特色、以因材施教为核心的智慧校园示范校。

要实现培育魅力师生、建设现代学校的办学目标，打造四化（现代化、信息化、智慧化和数字化）的高品质学校。南宁二中的智慧校园建设，一要实现标准化、规范化的统一数据管理，便于学校进行教学的管理和统计，实现人人、人物、物物、信息交换，以及学校内部各信息的互联互通，做到教学模块多样化、教学资源共享化、教学管理数字化、家校互动及时化；二要提供学习互动教学、教育管理教研领域的信息化服务，建立一个可持续发展的智慧校园生态系统。

任萍萍：如何落实智慧校园的建设？

岑盛锋：南宁二中的智慧校园是依托南宁市智慧教育云平台进行试点建设的。云平台可以利用信息化开展教师管理、备课、授课、教研和学生的学习等一系列活动，教学资源可以共建共享，最终目标是促进师师、师生还有家校之间的高效互动。

南宁二中智慧校园建设的规划可分为几个维度：基础设施建设、应用支撑系统、智慧校园平台、智慧教室系统、智慧安防系统和数据融合系统。其中，智慧校园平台包括大数据精准教学、个性化学习、新高考生涯规划、走班排课等。

通过大数据精准教学，所有教师都可以登录智能平台，根据需要创建考试。系统可以模拟名校试卷的难易程度、知识点覆盖面等进行智能化组卷，还可以模拟高考试卷进行组卷。考试也可以分为线上考试和线下考试。教师可以对每一张答题卡进行手工阅卷，阅卷之后通过扫描仪将学生的答题情况输入系统中，然后进行智能阅卷，考后基于数据分析进行精准讲评。

学校还有个性化的学习手册可以应用。我们在物理和数学学科率先引导学生应用个性化学习手册。每一名学生在考试结束之后，都可以拿到一册题目不一样的错题集，上面还有针对性训练的资源。

关于新高考的相关应用，主要包括学生入学的生涯指导、学生学科潜能的测评、学生选科的推荐指导、学生模拟选科、学生正式选科结果的推荐，还有选科之后课表的智能化排班。

智慧教室的管理可以进行无感考勤，实现学生最大限度地走班学习。

德育文化应用方面，德育评比也可以通过电子班牌进行展示，自动记录教师与学生的成长档案。

安防方面，我们也做了一系列智能化的防控措施。踩踏防范、后勤管理、周界防范、校园门禁，所有的安防系统都可以通过手机端查看监控实时画面，实现数据的融合。

数据融合方面，通过建设数据中台和业务中台，对全校的数据资源进行融合和整治，绘制出学生和教师的数据画像，为学校教学和业务管理提供可视化的决策依据。

"大数据精准教学的应用真的是一个亮点" /////////////////////

任萍萍：智慧校园建设范围覆盖很广，有哪些可圈可点的应用成效？

岑盛锋：大数据精准教学的应用真的是一个亮点。在应用之前，学校没有完整的数据量，数据比较单一，数据量不足，对学情的了解难度比较大；用了大数据精准教学系统之后，学校的管理决策层对整体教学的计划策略安排等都有了数据支撑，可以展开更科学、更高效的管理。

南宁二中的大数据精准教学应用，一是提高学科发展的均衡度；二是对异常学生主动预警，个性问题精准把握；三是对学生学科潜能进行分析，了解他们对知识点的掌握情况；四是对临界学生、波动学生重点关注。大数据为命题质量分析提供了科学依据，对班级共性错题进行了归集，对不同的错题提供个性化指导。不管是管理层、班主任、学科教师，还是学生、家长，都给出了很好的反馈。

现在教师经常说，不管是在地铁、公交车等交通工具上，还是在上班路上、煮饭过程当中，都可以进行作业批改。这都是大数据精准教学带来的变化。教师的使用频率不断增加，数据量也就不断增加，从而为学校决策提供了更精准的支撑。自从 2017 年南宁二中建设智慧校园以来，我们的教学质量逐年都在提升。

纵向提升教学质量，横向推行"五育"并举，坐标中间的那个点就是技术。我们相信，发挥技术的真正优势，建设智能化的现代化校园，也就朝着南宁二中的使命在前进。我们的使命就是建设一所优质的现代化、信息化、数字化的高品质学校，以培养拔尖创新人才和领军人才为目标，致力于关注学生终身发展的魅力教育，争取为国家人才发展作出贡献。

现在，南宁二中是南宁市智慧校园建设的示范学校；未来，我们会发挥出示范校的带头作用，辐射更多学校更好发展。

学校简介 >>>

南宁市第二中学系南宁市教育局直属中学、广西壮族自治区首批重点中学、广西壮族自治区首批示范性普通高中。前身为创办于 1906 年的南宁府中学堂。在百年的办学历程中，南宁二中形成了"以人的发展为本，师生员工与学校共同发展"的办学理念，践行"魅力教育"办学思想，确定了"办知名学校，造福一方；创优质教育，回报社会"的办学宗旨，以"启牖智慧，活泼身心"为校训，为国家输送了数以万计的优秀毕业生。学校先后获全国师德建设先进单位、全国教育系统先进集体、全国民族团结进步模范单位等荣誉称号。2021 年，学校被教育部认定为全国网络空间应用推广示范学校，获评广西基础教育信息化融合创新实验校；2022 年度学校教育信息化优秀案例获教育厅表彰和推广。

聚焦"三新"改革 优化育人模式

——对话攀枝花市第三高级中学校校长陈柏羽

◎陈柏羽

正高级教师,攀枝花市第三高级中学校党委书记、校长。自1991年至今,从事中学化学一线教育教学工作,先后被评为四川省中学化学骨干教师、攀枝花市名师、攀枝花市优秀校长、攀枝花市第八批突出贡献专家、攀枝花市第五类高层次人才,任四川省教育学会第四届理事会理事。

【编者按】

在40余年的办学历史中,攀枝花市第三高级中学校紧盯时代使命,以立德树人为根本任务,实施德智体美劳"五育"并举教育教学,不断革新教育教学方式,用出色的教育教学成绩践行着创办时许下的"多出人才,出好人才"的诺言。

陈柏羽认为,学校教育理念应与时俱进,依托教育信息化深化教育改革,提高教育教学质量,推动学生全面发展、分层发展和个性成长,抓住教育之"育"的本质与核心。

智慧教育助推育人方式变革 /////////////////////////////////

任萍萍:2022年全国教育工作会议明确提出,我国要"实施教育数字化战略行动"。学校在这方面有哪些思考与探索?目前取得了哪些成效?

陈柏羽：为积极主动适应教育现代化发展的新要求，我校早在 2016 年就开始探索基于"互联网 +"的云端课堂教学模式。自 2018 年 4 月 13 日教育部发布了《教育信息化 2.0 行动计划》后，云课堂、平板教学、交互式学习等在各地各校开展得如火如荼。我校遵照《教育信息化 2.0 行动计划》的具体要求，借鉴先行学校的宝贵经验，结合我校课堂教学改革的实际，于 2019 年 9 月正式推进"智慧课堂"建设，提出了"互联网 + 学本课堂"的教学改革。全体教师积极运用信息技术手段开展学科教学活动，认真探索信息技术手段与学科教学的有机和深度融合，有效开展教学评价管理和学生个性化学习指导，学校教育信息化工作迈出了坚实的步伐。

思考和探索一：我校围绕学生核心素养培养全面发展的人，推进课堂教学改革实施"互联网 + 学本课堂"，提升师生信息化学习素养和能力，连续五届实施智慧课堂建设。从单一的平板教学到个性化的学习指导，从单纯的辅助工具到线上教学的主要平台，从单个独立的教学资源到构建学校整体的各学段各学科立体交互式的教育教学资源，全校教师的信息化应用能力得到精准提升。

思考和探索二：我校参与四川省深化教育教学改革课题研究，主研新高考背景下的选课走班和生涯规划教育，利用科大讯飞提供的信息平台开展选课、排课、走班教学实践，分别在 2018 年、2019 年、2022 年进行探索，取得了选课走班和生涯规划教育的丰硕成果，并于 2019 年 12 月在四川省深化教育教学改革专题会议上开展交流。

思考和探索三：2020 年 3 月，教育部发布《关于加强"三个课堂"应用的指导意见》，明确到 2022 年全面实现"三个课堂"在广大中小学校的常态化按需应用，我校积极建设教学直播平台，为全市乃至全省的教师课堂展示、线上教研提供支撑。

思考和探索四：教育教学改革将步入两个时代，具备两大特征。一是将步入双线混融教学的新时代，采取线上线下融合共生的教学形式；二是将步入"双师"并存的新时代，采取"双师"交融共生的教学形式。为此，我校在科大讯飞人工智能技术的支撑下，积极构建适合学生成长的教育教学资源库，为学生个性化发展赋能助力。

推进"三新"改革　落实"五育"并举 ///////////////////////////

任萍萍：2022 年秋季学期开始，四川启动新高考，您怎样看待这轮高考改革？

学校将如何应对新课程、新教材、新高考（以下简称"三新"）带来的挑战？

陈柏羽：新高考的本质依然是更精准地开展"为国选才，为党选人"，新课程的本质依然是更可靠地实施"为国育才，为党育人"。按照全省统一部署，我校从 2022 年秋季入学的高一年级开始，全面实施新课程，使用新教材，备战新高考，到 2024 年将覆盖所有年级。通过推进新课程、新教材实施，进一步健全课程实施的保障机制，进一步提高学校和年级两级教研组的专业支撑水平，深入推进适应"五育"并举的各类教育教学改革，基本建立起学校层面的学生、教师、教研组质量评价体系。到 2025 年，新课程、新教材的理念、内容和要求将全面落实到学校教育教学各环节，通过"三新"的实施进一步促进育人方式的转变，学校引领示范和高品质发展取得明显成效。

任萍萍：您提到通过实施"三新"促进育人方式改革，学校在这方面是否有值得分享的经验？

陈柏羽：全面推进新课程新教材实施的重点任务至少包含以下十方面。

一是牢固树立依法治校意识。全面贯彻党的教育方针，落实立德树人根本任务，坚持依法办学。严格执行国家课程方案和课程标准，确保课程体系建设的有效运行与学校的引领示范发展。

二是规范课程设置管理。认真落实教育部《普通高中课程方案（2017 年版 2020 年修订）》《四川省普通高中课程设置方案》，遵照执行省教育厅组织专家制定的《四川省普通高中课程安排指导表》，在课程的类型、内容、课时、学分和时间进度等方面细化整体设计与统筹安排，注重课程设置的均衡性和学科学习的可持续性，确保新课程的顺利实施和教育教学秩序的稳定。

三是整体构建课程体系。全面落实课程方案和课程标准要求，基于新时代普通高中育人目标，立足我校文化传统，以学生核心素养发展为核心，体现学生德智体美劳全面成长的需求，体现国家、社会对人才的基础性要求，体现我校在学生培养方面的个性化发展思路，系统构建适合我校、有特色、高质量发展的校本课程体系。

四是开足开齐必修课程。严格落实课程方案规定的课时，开齐开足开好课程，特别要开足思想政治、综合实践活动、劳动、技术（信息技术和通用技术）、艺术（音乐、美术）、理化生实验等课程。持续在高中三年级开设体育与健康必修内容。科学安排课程内容和教学进度，确保从基础必修到学科选修的学习顺序，坚决维护、落实好高中三年正常的教学秩序。

五是明确职责提高管理能力。按照学校科室部门和年级的职责分工，进一步细化课程改革的职责和任务，不断提高决策、管理和服务水平，加强对课程改革的管理、保障与监督，协调好国家课程要求与学校自主发展需要之间，社会、家庭与学校之间，学校与学校之间的关系，形成课程改革共同体，加快推动"三新"工作的落实。

六是教研引领提升实施水平。学校教务科牵头、各年级组配合，两级教研组充分发挥在师资培训、教学指导、教（科）研引领、服务决策等方面的重要作用，有效对接省、市教研网络，深化课堂教学改革，积极探索培育核心素养的教学方式，以深化"学本课堂"和"智慧课堂"为基本要求，推进基于真实情境、问题导向的互动式、启发式、体验式等教学方式和自主、探究、合作等学习方式，引导学生在发现问题和解决问题的过程中探究知识的意义。加强跨学科综合性教学，推进基于大数据的精准教学，推进学生个性化发展指导，提高课堂教学效率，促进信息技术与教育教学的深度融合。

七是深入实践提高改革实效。积极开发校本课程，根据新课程实施的需要，充分利用、挖掘和扩展学科教师、场地、设备等学校现有人力和物力资源，因地制宜开发课程资源，实现资源的重组、优化和放大，建立适应新课程教学特点、行政班与教学班并行、线上走班与线下走班相结合的教学组织和管理新机制。教务科、德育科、现教科联合建立基于互联网技术的课程管理平台，实现课程开发、教学常规管理、学生学习评价管理信息化，实现教师教学研究与交流网络化，完善教师专业发展的评价制度和学生综合素质评价体系，加强对新课程新教材实施的管理、落实与评估。

八是统筹部署和积极开展新课程新教材多层次多形式的培训工作。向上求和向内求相结合，整合外部资源和校内力量，持续三年分类、分层、分级安排"请进来、走出去"的校本培训研修，充分发挥国家、省、市三级培训在"三新"实施中的作用，发动骨干教师、名师积极开展校本培训。通过通识培训、课程标准培训、教材培训将理论和实践结合起来，将课程和教材结合起来，将改革和新高考结合起来，完成全校各科室部门相关人员、各学科教研组教师的全员培训。鼓励教师努力成为新课程实施的先行者、促进者。以提升教师实施新课程、新教材专业能力为重点，实现全员培训、全面培训和全程培训的目标。

九是完善学生发展指导，加强学生选科指导。严格落实《四川省教育厅关于加强普通高中学生生涯规划教育的指导意见》要求，在深化学本课堂的基础上全面实施导师制，加强生涯规划教育，合理确定选考科目和选修课程，让学生学会选择、学会规划；科学合理制订学业修习计划与生涯发展规划，加强学生选科指导，充分尊重学生个人选科意愿，允许学生在第一次选科后根据自身实际再次更改选科一次，坚决避免功利化选科选考。

十是有序推进选课走班。立足我校条件、办学传统特色、师资配备等实际情况，尽可能满足全体学生不同发展需要，创新教学组织形式，建立完善行政班与教学班并存、线上走班和线下走班相结合的教育教学管理制度，运用信息技术手段，构建规范有序、科学高效的选课走班运行机制，努力实现选课、排课、管理、评价等管理活动智能化。

学校简介 >>>

1978年，四川省渡口（现攀枝花）市委、市政府响应邓小平同志"办好一批重点学校"的号召，从全市抽调精兵强将创建了攀枝花市第三高级中学校。学校用出色的教育教学成绩践行着创办时许下的"多出人才，出好人才"的诺言，桃李芬芳、硕果累累。学校2002年被评为四川省国家级示范性高中，2013年被确认为四川省一级示范性普通高中。

智慧教育助力探索教育发展新模式

——对话北京师范大学天津生态城附属学校校长程凤春

◎程凤春

北京师范大学天津生态城附属学校党委书记、校长，管理学博士，北京师范大学教育经济与管理专业三级教授、博士生导师，教育部新世纪优秀人才。曾任教育部高等学校中学教师培养教学指导委员会委员、国家教育行政学院兼职教授，北京师范大学附属实验中学党委书记、副校长，北京师范大学昌平附属学校党总支书记、校长。

【编者按】

创建于 2017 年的北京师范大学（以下简称"北师大"）天津生态城附属学校，是一所将北师大优质教育资源与生态城市有机结合的全新学校。伴随教育信息化从 2.0 时代向 3.0 时代迈进，学校利用人工智能、大数据等信息化技术，将智慧校园建设定位于实现全时空的教育。通过引入智能教学系统和丰富的教育资源，以先进的教学理念、创新的教学方式不断提升教育教学质量。

程凤春认为，在智慧校园建设过程中，一要合理定位智慧校园，二要进行智慧系统和工具的建设安装。北师大天津生态城附属学校将智慧校园的建设定位在实现全时空的教育上，利用人工智能、大数据等信息技术，优化课程设置，提供个性化作业，精准教与学，探索新型教育模式，全面助力师生"减负增效"。

好校长要做到这三点 //////////////////////////////////

任萍萍：您认为如何才能成为一个懂教育、会管理、善领导的好校长？

程凤春：第一，做好顶层设计，做好计划和规划。顶层设计包括系列办学理念、组织模式和组织结构、绩效工资制度、人事招聘制度、干部聘任制度等，计划和规划是将学校工作任务按照一定的时间顺序进行安排并形成计划方案和进度表。顶层设计、计划和规划的作用是提高学校工作的预见性和确定性。

第二，日常管理坚持问题导向。行为管理理论认为，好的管理就是适度发现问题和及时解决问题。问题导向或问题解决导向的管理是最直接、最简洁的管理，通常的程序是通过分析问题找到问题的解决办法，然后采用办法解决问题。

第三，始终抓好学校教育的三大核心业务，即课程和课程资源建设、日常的教育教学活动、定期的测量与评价。我们平时说的学校中心工作具体就是这三方面，我们说的学校内涵发展的"内涵"也是这三方面，这是学校区别于其他组织的本质。

将北师大优质教育资源与生态城市有机结合 /////////////////////

任萍萍：北师大天津生态城附属学校是一所将北师大优质教育资源与生态城市有机结合的全新学校，您认为学校"新"在哪里？是如何体现的？

程凤春："新"在北师大先进的教育理念。这一教育理念包括北师大基础教育的价值追求：人、爱、创新，以及北师大基础教育的育人理念。北师大教授、著名教育家顾明远倡导的有关教育及教育管理的四句话很有道理，这四句话是：没有爱就没有教育，没有兴趣就没有学习，教书育人在细微处，学生成长在活动中。

"新"在北师大在基础教育方面的丰富优质资源。这些资源包括大量基础教育研究基地、研究人员和研究成果，如神经认知科学与学习国家重点实验室、教育部基础教育质量监测协同创新中心、教育部小学校长培训中心等，顾明远、林崇德等一大批基础教育领域的著名学者；包括北师大基础教育领域一百多所中小学的强大办学力量，如一百多年历史的北师大附属中学、北师大附属实验中学和新兴的北师大庆阳附属学校等；包括一大批先进的教育技术和方法，如学习能力测量与诊断技术、基础教育质量监测与诊断技术等。

实现个性化成长目标，成就精彩人生 //////////////////////////

任萍萍：学校一直秉持"每一个生命都精彩"的办学理念，请问您是如何理解这一理念的？又是如何把它与学校教育教学管理实践相融合的？

程风春："每一个生命都精彩"阐释了北师大天津生态城附属学校教育的出发点和归宿，就是要紧紧围绕立德树人这一根本任务，尊重并关注每一名学生，为每一名学生的健康成长注入源源不断的发展动力和生命智慧，使每一名学生都能够实现个性化成长目标，成就精彩人生。随着学校的不断发展，这一理念逐渐渗入教育教学管理的各方面，形成了一系列操作化的策略和做法。

在课程和课程资源建设方面，学校构建了生命教育课程体系，力图激发和培养学生的生命活力，具体结构为：必修课程（国家课程＋地方课程）＋选修课程（基础选修＋拓展选修）＋生命活力课程＋实践活动课程。

在德育和学生管理方面，学校倡导正面管教，指向培养优秀、激励成长的教育和管理。

在教学层面，学校倡导高效课堂、活力课堂，以学生的高效学习、活力学习为出发点和归宿。在操作上，关注学生学习的"学、思、练、达"四种境界，强调精讲多练、精讲精练；倡导"导、学、探、诊"四步八环高效课堂教学模式；实施培优扶弱、导师制、青苗工程，使学生各得其所，不让一个学生掉队；精准做好课前、课中和课后学习指导和管理，实现全链条高效教学。

全时空教育的智慧校园建设 //////////////////////////////

任萍萍：作为世界智能大会教育论坛重点展示学校，北师大天津生态城附属学校是如何推进智慧校园建设的？

程风春：第一，合理定位智慧校园。学校将智慧校园建设定位在实现全时空的教育，数据的智能抓取、存储和分析，对教育教学行为的智能监控、智慧识别上。

第二，进行智慧系统和工具的建设安装。有两种情况：一种是先有需要，再根据需要建设安装合适的智慧系统和设施设备；另一种是先安装系统和设备工具，然后推广使用。借助 2022 年世界智能大会教育论坛，学校建设安装了数字孪生系统、5G 教室、VR 教室、智能巡课系统、大数据智能排课系统、大数据精准分析平台等，深度推进这些系统和设施的使用。

四大智能措施助力师生减负增效 //////////////////////////////

任萍萍：“双减”落地这么长时间以来，学校是如何利用人工智能、大数据等信息技术助力师生减负增效、因材施教的？

程凤春：一是通过智能排课系统实施优化排课，将各学科的教学时间安放在合适的时段，将主要学科、较难学科的教学安排在学生学习高效时段，同时尽可能使教学时段安排适应任课教师的需要和特点。

二是利用智能教学资源平台（如智学网等）进行教师教学素材和学生学习材料、练习题的快速查找和组合，针对学生特点智能化地向学生推送作业、学习资源，对学生的作业和学习情况进行智能化的评判和反馈。

三是利用智能化大数据精准分析平台对学生的阶段性考试测验进行自动化、精细化分析，并能够通过大数据进行横向、纵向比较，精准掌握教情和学情，制订出科学合理的改进对策。

四是通过孪生数字系统实时观察学生的学习情况、教师的教学情况，掌握课堂教学动态，更加精准及时地进行教学管理。

"教育公平不等于教育平均" ////////////////////////////////

任萍萍：作为联合国儿童基金会中方专家，您是如何看待义务教育阶段的教育均衡和教育公平的？

程凤春：教育公平既是一个实践话题，也是一个理论话题。有人认为公平就是教育平均，给所有人提供一样的教育就是教育公平，也有人认为给每个人提供适合的教育才是真正的教育公平，还有人认为教育公平是一种机会均等，人人都有享受更好教育的机会，至于能否享受更好的教育要看自身条件，不能追求结果一致。从世界范围来看，许多国家通过实施教育均衡化发展来推进教育公平，但是没有绝对的公平和均衡，任何一个国家都很难做到全国均衡，甚至很难做到省、市一级层面的均衡。

我们国家强调办人民满意的教育，所以更积极地推进义务教育均衡化，并把它作为国家教育发展战略，实际上实施的是区域均衡，主要是县域均衡，就是使区域内义务教育阶段的各级学校在办学经费投入、硬件设施、师资调配、办学水平和教育质量等方面大体上处于一个比较均衡的状态，与义务教育的公共性、普及性和基础性相适应，为人人享有公平、公正的义务教育提供充足的保证。

随着经济社会的发展和进步，国家已经明确提出"义务教育优质均衡发展"。这几年，各地都在积极推进义务教育优质均衡发展，一项具体的举措就是实施名校办分校、名校带薄弱学校和一般学校、办名校教育集团，使优质教育品牌覆盖更大范围甚至全覆盖，应该说这些做法极大地推动了我国义务教育均衡化发展的进程。

学校简介 >>>

北京师范大学天津生态城附属学校位于天津市滨海新区中新天津生态城，系北京师范大学和中新天津生态城管理委员会合办的十二年制普通公立学校。学校在"创设一流教育生态"办学愿景的引领下，向着"高品质、现代化、有特色、创新型"的优质学校迈进。

打造"双减"背景下的教育强磁场

——对话合肥市师范附属小学校长冯璐

◎冯璐

正高级教师，特级教师，合肥市师范附属小学党委书记、校长。曾获"国家万人计划"教学名师、全国模范教师、安徽省优秀共产党员、安徽好人、安徽省先进工作者、安徽省教坛新星、合肥市青年五四奖章、合肥市青年专业技术拔尖人才、合肥市劳动模范等荣誉称号。入选教育部基础教育语文教学指导专业委员会委员名单，成为安徽省唯一一位该学科入选教师。先后承担十余项国家级课题研究，并荣获优秀科研成果奖和全国一等奖。出版专著《呦呦鹿鸣——我的教育行思录》《启明教育下的实践学习探索》《中国字听着学》《启明引领 拂晓共生》《小学语言文字运用教学实录》《小学语言文字运用教学静思录》等。

【编者按】

合肥市师范附属小学（以下简称"合肥师范附小"）创建于 1899 年，历史悠久。20 世纪 80 年代学校便开始了校园信息化的探索，成果丰硕。2021 年，被列为合肥市级智慧学校示范校。学校始终坚持"以信息化促进学校教育持续发展"战略，以教育信息化、校园数字化、教师专业化、学生主体化和评价多元化为依托，科学构建信息教育环境。

"大鹏一日同风起，扶摇直上九万里。"冯璐认为，学习必须"善假于物"，教育亦应与时俱进，善假于信息技术和线上资源，助力学生德智体美劳全面发展。对于合肥师范附小来说，"风"和"物"就是国家中小学智慧教育平台、智慧课堂、双师课堂、AI教研平台等多种信息化工具。教师们正在教育的新常态中充分利用这些工具，推动教育创新发展，促进每一名学生的全面健康成长。

"让校园成为孩子们一生中到过的最好地方" ////////////////////

任萍萍：您曾多次说过，要"让校园成为孩子们一生中到过的最好地方"，怎样理解这句话？

冯璐：我们的办学理念是"启迪心灵 明亮人生"，多年来一直秉承"轻负担、高质量、有特色"的办学思想。教育不仅要让学生变得优秀，更要让他们体会到快乐，在每一天都能够获得成长，所以要关注当下、放眼未来、尊重多样。

学校是一个育人场，我们将经史子集等中华优秀传统文化镌刻在现代化的校园中，就是希望每一面墙壁都会说话，每一处景物都能育人，让中华优秀传统文化奠基价值观教育，树立文化自信。

我们坚持"用好课程建设一所好学校"，在有特色地实施国家课程的基础上，围绕学校育人目标的五方面——身体健康、精神饱满、品格高洁、科学与人文素养良好，设计了以五个字（健、乐、尚、思、博）命名、五个色块（赤、黄、蓝、绿、橙）为标识的明慧校本课程体系，为学生提供多样化、多层次和个性化的课程选择，努力让每一个学生在课程中收获快乐、体验成功。

紧抓五个着力点，以信息化促进学校教育持续发展 ///////////////

任萍萍：教育信息化2.0时代，学校是如何探索以信息化促进学校发展的？

冯璐：借助智慧课堂、创新教育、AI教研平台等多种信息化工具，学校从五个着力点入手，助力因材施教，落实素质教育。

第一个着力点：借助智慧课堂，着力提升课堂教学质量。课堂是教学改革的主阵地，以资源推送和数据分析技术为基础，通过教师、媒介和学生的三元互动，实现参与者的共同成长。同时以双师课堂、远程教研等多种形式，推动多区域共享式教研。

第二个着力点：开展云上教研，着力落实作业评价改革。围绕"双减"政策，开展作业与评价改革。制订了作业布置、批改等制度和要求，通过集体备课，教研组在寒暑假里制订每一课作业计划，执教前同组教师再将计划细化为每一天的作业，并与其他学科教研组进行商议，保证学生能在一小时内高质量地完成全部作业。

第三个着力点：构建课程模式，着力丰富校园文化生活。在开足开齐开好国家课程的基础上，拓宽课程渠道，优化课程设置，整合教育资源，形成"校本、探索、进步、融合"的活动课模式，开展多种多样的信息技术环境下的校本课程。创客社团、3D打印社团、机器人社团、信息学编程等丰富多彩的活动课程与学科课程相互补充，提高了学生的综合素质。

第四个着力点：建设选课平台，着力夯实课后服务基础。构建了以"减轻学生负担，体验五彩课程"为主题，以"5+1+N"为模式的课后三点半服务体系。在课程设置上围绕育人目标以及课程特色，将普惠看管与个性化课程有机整合，建设以"健、乐、尚、思、博"为主题的五色五字个性化五彩课程。同时，借助课后服务管理驾驶舱，实现课后服务数据一站式查询、监管。

第五个着力点：依托数据赋能，着力关爱每个儿童心理成长。采用信息技术手段，每年定期对学生进行心理测评，进行个性化分析，对七类儿童心理问题早发现、早干预；给随班就读的特殊儿童制订"一生一案"，开展融合教育，让每个儿童都能获得公平而有质量的教育。

"好风借力，数据赋能" //

任萍萍：在落实落细"双减"方面，学校做了哪些探索？信息技术在其中发挥了什么作用？

冯璐：校内"减负"，学生和家长们最关注的就是作业量是否减少、课堂效率是否提高。为此，我们积极开展作业与评价改革。学校制订了作业布置、批改的制度和要求，实施专家引领和同伴互助的研修，邀请教研员来为教师进行分学科培训，从概念上准确把握不同知识板块在不同年段的作业设计策略。

"好风借力，数据赋能。"结合"双减"要求，对标核心素养，我们以作业改革为突破口，依托大数据技术，在作业数量上做"减法"，同时，从作业精准性上做"加法"，探索以更精准的作业促进学生全面成长，推动教师精准教学。

从 2021 年 9 月开始，四年级数学教师探索应用"纸质作业 +AI 智拍机"模式进行作业的批改与数据分析。这一模式不改变师生们原有的纸质作业作答与批改习惯，机器自带的高清摄像头可以在教师毫无感知的情况下实现边批边采集数据。一个班的作业改完了，全班学生的系统化学情数据报告也就自动生成了，班级整体报告、学生个体报告、答题时长、正误率、共性错题等都一目了然。这不仅节约了教师的批改时间，更重要的是让教师能更精准地掌握每个学生的学情，进而因材施教。每次批改完成，对于个性错题，教师可以利用课后时间对学生进行点对点的讲评和辅导；对于典型错误、共性错题，在第二天上课前进行集中讲解。同时，技术可以辅助收集学生错题并进行分析，进而通过错题集实现分层：为学优生推送提高类练习题，提升学习质量；为基础薄弱学生推送同类型题，补缺补差。

探索学生评价改革，构建 360°综合评价系统 ////////////////////

任萍萍：学校是如何构建起 360°综合评价系统的？

冯璐：我校积极贯彻《深化新时代教育评价改革总体方案》《义务教育质量评价指南》的要求，致力于探索学生评价方式的改革，构建了 360°综合评价系统，真正实现"时时有成长、处处可评价"。

这一系统紧紧围绕学校"培养身体健康、精神饱满、品格高洁、科学与人文素养良好的明理少年"的育人目标，制订了相应评价指标体系，并多方征求师生和家长的意见，科学确定每个维度中的评价要素，以及符合学生发展目标的具体评价标准，最终从 5 个维度 25 个要点构建全面的评价模块。

在全场景数据采集环节，教师可以通过 Pad、App、Web 等多终端登录，将每个评价指标具象化为一枚枚"启明星"，在系统中勾选学生名单完成评价操作，对学生的表现进行等级评价。还可以上传评语、照片和视频，全面真实地展现学生的学习表现与学习情况。

教师也可以根据学生参与活动的表现情况，为学生发放纸质实体"启明星"，学生通过"智慧班牌"这一载体，以人脸识别的方式将实体"启明星"扫描录入个人的评价系统，让学生在每天的学习生活中有主动参与的意识，收获成长的快乐。

此外，在劳动教育养成、学生社会实践活动和学科竞赛活动等方面，家长也可以通过 App 端口将学生参与家务劳动、课外实践、获奖等情况采集起来并录入个人评价系统，协同学校一同记录学生的综合评价数据。

评价的最终目的是促进学生的持续发展与成长。在大量采集数据的基础上，综合评价系统经过数据建模形成了学生成长的档案袋——一本电子化的学生成长手册，进而通过数据的整合，形成虚拟的个性化图谱。针对图谱，学校、教师和家长可进行不同层面的因材施教。例如，学校可以全面掌握各年级学生"五育"发展情况，真正落实"五育"采集、"五育"评价、"五育"监管，快速定位学校发展薄弱问题，有针对性地调整教育教学工作。

多措并举，共建共享优质教育资源 /////////////////////////////

任萍萍：2022 年，国家中小学智慧教育平台正式上线。优质教育资源的共建共享一直是教育公平而有质量发展的重要议题，对此，合肥师范附小是怎么做的？

冯璐：依托国家中小学智慧教育平台中的相关板块资源，我校全体教师积极探讨促进教师研修、学生发展、家校共育等方面的有效做法，力争在教育的新常态中实现平台资源的长效化利用，以实践促进教师、学生的成长，实现平台教育资源功效的最大化。以教师研修为例，平台上的教师研修、教改实践经验资源为教师的线上教学、线上研修提供了支持，我校教师依托智慧平台资源每周通过分学科组的备课会、周三业务培训会进行研修。

在积极用好教育数字资源的同时，我们也以"网"为"翼"，让优质的教育资源飞向更多有需要的地方。合肥师范附小教育集团包含师范附小本部、二小、四小、万慈小学、肥东分校、长丰分校共计 6 所学校，为促进集团校内优质资源均衡，本部与肥东分校、长丰分校建立结对校，开设英语、科学、剪纸三门双师课堂。2022 年 2 月到 6 月，学校双师课堂共开展教学 40 余次，覆盖学生 3300 人次，让远在乡镇的学生也能享受优质的教育资源。

我们一直在积极探索多区域共享式教研模式，利用信息化平台开展相关主题的网上研讨，逐步实现结对学校教育资源共享。以跨校区网络备课为例，学校常态化组织各校区进行网络电子备课，并已形成跨校区网络备课六步法，即"确定主题—分工备课—网络研磨—二度修改—形成资源—个性实施"，有效促进教师专业发展和校区间协同发展。

学校简介 >>>

合肥市师范附属小学办学历史悠久，可追溯到 1899 年。学校以"启迪心灵明亮人生"为办学理念，因"轻负担、高质量、有特色"闻名遐迩，着力培养身体健康、精神饱满、品格高洁、科学与人文素养良好的明理少年。学校先后获全国教育系统先进集体、全国中小学德育工作先进集体、全国现代教育技术实验学校、全国优秀少先队集体（3 次）、全国群众体育先进单位、安徽省特色示范小学、安徽省数字化校园建设示范学校等荣誉称号。

科创向未来

——对话南京市科利华中学校长高建君

◎ 高建君

正高级教师，南京市科利华中学校长，南京市委市政府"陶行知奖"获得者，南京市劳动模范，南京市信息技术学科教学带头人。

【编者按】

"学以兴邦，科以利华"，以科技和创新促进科利华中学的发展，这是科利华人新时期对校名的阐述。学校开设面向全年级的科技创新教育课程，开展能让每一名学生乐于参与的科技创新活动，种下科技创新的种子，让每一名学生发现自己的无限可能。

"让每一个孩子享受优质的科技教育"，这是科利华人执着的追求，更是校长高建君的教育初心。作为南京市信息技术学科教学带头人，高建君将科创"基因"深植校园文化，成立创新教育团队并亲自担任组长，开展人人乐享的优质科技创新教育，带领全校师生在科技创新教育的道路上继续前进，持科技之利刃，立盛世之中华，学以兴邦，科以利华。

构建创新型育人模式 ////////////////////////////////////

任萍萍：科技教育一直是科利华中学的特色与亮点，学校获得过全国青少年人工智能活动特色单位、中央电化教育馆人工智能与编程教育课程应用示范校等荣誉。

请您为我们分享一下学校是如何开展优质科技创新教育的。

高建君：科利华中学是南京市一所公办初中，以"科"字为校名，追求科学育人、科研达人、科技觉人的办学品质，创办彰显科技创新的品牌初中。

科学育人是指教师队伍要有科学的育人理念和以爱育爱的教育能力；科研达人是指教师要善于研究学情，针对不同学生制订适切的教育策略；科技觉人是指师生应具有较高的科技素养，能运用信息化手段创造性地解决问题。之所以提科技觉人，是因为科学的工具可以改变工作方式和学习方式，使人从体力密集型的劳动向智慧密集型的劳动转变。

基于这样的认识和目标，学校非常重视科技创新教育，并创造条件把科技创新教育落实在课程建设、课程实施、社团活动、多元比赛中。

课程建设和课程实施主要是指教师要能够创建、实施富有校本特色的科技课程。社团活动是指要在学校里面建立彰显科技特色的社团，并且通过多元比赛，促进在科技领域有特长、有兴趣的学生继续学习，为他们提供展示特长的舞台。我认为，首先要在面向全体学生的普及型课程和普及型科创竞赛中提高学生的科技素养，同时，在此基础上为部分表现优异的学生提供更高的发展平台。

"三课"助力教师队伍成长 //////////////////////////////////////

任萍萍：学校是如何提升教师科技创新能力，打造一支注重专业成长并能笃行实干的队伍的？

高建君：对于教师队伍建设，科利华中学通过"三课"提升教师科技教育能力。

一是"课题"。引领骨干团队，通过课题边研究边实践，在实践中提升教师对科技教育内涵、学习内容、学习方式的认识。2017年，学校立项了全国教育信息技术重点研究课题"基于初中智慧校园建设创设优良学习生态的校本研究"，探索在"创设优良学习生态"的办学理念下建设智慧校园。2018年，学校立项了全国教育信息技术重点研究课题"基于STEM理念的初中人工智能校本课程的开发研究"。2022年，学校立项了中央电化教育馆的课题"'人工智能＋教育'创新应用实践研究"。

除此之外，学校还立项了江苏省和南京市的课题项目，如江苏省教育科学"十三五"规划课题"中学机器人课程无边界学习方式设计研究"、江苏省教研课题"初中化学数字化实验校本课程研发与实施研究"、南京市级规划课题"互联网场域下提升德育力的实践研究"和"基于问题解决模型的初中人工智能课程校本研究"等。

二是"课程"。要提升教师的信息化能力，必须让教师在课程开发、课程建设和课程实施当中实践。立足校情，学校开设了一系列基于大班教学、面向全体学生实施的校本课程，包括思维导图课程、开源机器人课程、人工智能课程、STEAM 课程群。

三是"课堂"。提升教师科技教育的能力，让每一名学生享受优质的科技教育。我们重视教学研究，通过集体备课、相互听课等方式，提升教学能力。同时积极开展公开课、展示课、赛课，在课堂活动中提升教师的科技教育能力。

科技教育课程体系促进学生成长 ///////////////////////////////

任萍萍：科学合理、多元丰富的普及型科技课程是促进全体学生提升科技素养与创新能力的沃土，请您为我们详细介绍一下学校的科技教育课程体系。

高建君：科利华中学的科技教育课程体系由课程、活动、社团三个部分组成。

科技教育课程人人普及。科技教育课程为大班课程，对传统社团化、小众化、择优化的课程方向进行优化，主要面向七年级全体学生开设排进课表的科技创新课程，开发了 12 课时的开源机器人课程、32 课时的人工智能课程、4 课时的思维导图课程等，在普及型课程中提高全体学生的科技素养。以探究明城墙古今科技为主题，融合十多门学科的"城墙探微"校本课程获南京市精品课程评比一等奖、南京市优秀研学实践教育课程一等奖。此外，学校还打造了场景课程，在教室外的长廊上配置了科技实验器材、人工智能产品，营造泛在化学习环境，既激发了学生探究科技的热情，又丰富了学生的课余生活。

科技创新活动人人参与。科技创新活动主要面向八年级和九年级学生，包括科普活动、展示活动及普及型科创竞赛等。学校每年 5 月举办科技节活动，活动内容丰富，形式多样，融合了各学科的精彩内容，学生在体验和参与的过程中拓宽了科学视野。每一名学生在校期间至少参加 3 项普及型科创类竞赛：一是基于人工智能课程的"创新生活"竞赛；二是基于机器人课程的"创智生活"竞赛；三是基于设计与制作课程的"创美生活"主题竞赛，在竞赛中进一步提高学生的科创意识和科创能力。

科技社团助力特长发展。以跨学科知识融合为理念、立足于学生可以做的科技创新项目，学校开设人工智能、机器人创客等校本课程。这些课程从不同的层面促进学生的思维发展，从不同的领域提高学生的实践创新能力，学生们积极参加各级科技类比赛并取得优异的成绩。2022 年，在"玄武区青少年科技创新区长奖"中，学校第三次被评为"优秀组织单位"，本次初中组共评出 4 件获奖作品，学校占 3 席。

科技教育有重点 ///

任萍萍： 我们了解到，您自大学毕业以来，一直从事信息技术学科教学工作，是信息学科教授级中学高级教师、南京市信息技术学科教学带头人。在您看来，初中阶段开展科技教育需要抓住哪些重点？

高建君： 一是要有面向全体学生的普及型课程，义务教育阶段要体现教育的公平性，要让所有的学生都有机会接受科技教育，而不是只服务于部分学生；二是要有丰富多彩的科技活动，通过科技节、科技讲座、外出研学等活动，调动学生对科技知识的兴趣和学习的积极性；三是要有面向不同学生的兴趣类社团，开展不同类型的社团活动，以满足学生对于科技课程多样化的需求；四是要有各级各类的展示平台，如展示活动、各类比赛等，以赛代练，以赛促学。

实际上，一定要站在有益于促进学生发展的高度研究信息化应用，观念先行，思维先行。比如，用户思维，用户思维不仅是互联网的核心思维，也是学校推进信息化的首要思维，要将师生的发展需求放在第一位，关注师生的参与感和获得感；简约思维，任何项目要精于心、简于行，千万不能为用技术而用技术，从而加重师生的负担。

学校简介 >>>

南京市科利华中学创建于 1979 年，以"创设优良学习生态，为学生优质发展奠基"为办学理念，系南京市教育现代化初中、江苏省首批示范级初中、江苏省文明校园、江苏省首批教师发展示范基地校、江苏省首批重点培育的"四有"好教师团队、江苏省教科研工作先进集体、江苏省智慧校园示范校、江苏省科学教育综合示范校、中央电化教育馆人工智能与编程教育课程应用示范校、全国青少年人工智能活动特色单位。

以特色教育定制信息化教学

——对话沈阳市第二中学校长高明威

◎高明威

沈阳市第二中学党委委员、教学校长，沈阳市化学会副理事长。曾主持参与多项科研课题，主编、参与编写多部书籍，并获评"优秀编委"。获评全国科教先进校长、沈阳市招生考试工作优秀个人及沈阳市骨干教师、骨干校长。带领团队充分整合社会资源，推进学校智慧教育建设。

【编者按】

与共和国同龄的沈阳市第二中学（以下简称"沈阳二中"），是新中国第一批省立重点高中。学校以"大气成就大器"为校训，围绕"培养学生成为具有大爱、大德、大情怀的社会主义建设者和接班人"的育人目标，在坚持教学质量的基础上，通过特色德育课程，促进学生德智体美劳全面发展。充分利用现代化信息技术，大力发展智慧教育、数字教育，积极培养新时代中国特色社会主义建设者和接班人。

高明威认为，在高中阶段满足学生个性发展、全面发展，把践行社会主义核心价值观融入育人全过程是学校应有的社会担当。沈阳二中利用信息化技术不断丰富和完善符合学校特色、满足学生发展的课程图谱，开发和提供适合学生个性发展的、多元的课程内容，科学设置并落实德育课程。在智慧教育建设推进过程中，重新定义课堂教学，减少教师的重复性劳动。

以"小班化"教育平台培养"大情怀"接班人 //////////////////

任萍萍：沈阳二中是新中国成立以来第一批重点高级中学，能否介绍一下学校的办学历史和教学特色？

高明威：沈阳二中直属于沈阳市教育局，是辽宁省首批示范性高中。1949年建校，是新中国第一批省立重点高中。与共和国同龄的沈阳二中，时刻牢记使命与责任。始终坚持立德树人，以为党育人、为国育才为己任，以"大气成就大器"为校训，以"教学生三年，想学生一生，思国家千秋"为教育理念，围绕"培养学生成为具有大爱、大德、大情怀的社会主义建设者和接班人"的育人目标，以"小班化"教育教学为平台，追求办学高质量、高品位，把践行社会主义核心价值观融入育人全过程，满足学生高中阶段的全面发展、个性发展、特色发展、卓越发展，为社会培养了数以万计的优秀学子，为满足社会对人才的多样化需求和民族发展作出了名校应有的贡献。

教、学、管、评全面智能化 /////////////////////////////

任萍萍：沈阳二中是辽宁省第一批智慧教育示范校，在5G+智慧教育方面有着深入的探索，请您介绍一下学校对于教育信息化建设有哪些理念，已应用到了哪些领域。

高明威：为深入贯彻中共中央、国务院关于加快5G发展，加强教育信息化工作的决策部署，沈阳二中率先于2021年年初规划了依托于5G网络和数字化基础的智慧教育建设方案，将人工智能等信息技术深度融合应用于教育教学的各个环节。典型的应用场景包括大数据精准教学、智慧课堂、物化生智慧实验室、智慧图书馆、智慧体育、智慧食堂、校园安全、综合评价等。预计于2023年年末，构建完整的校内人员及各类配套资源互联互通的智能化教育教学生态环境，实现智慧化教学、智慧化学习、智慧化评价、智慧化管理等，逐步演进教育理念与教学模式。教师从知识传授者升级为知识提供者和辅助者；教学从强化训练模式升级为"个性化设计、个性化引导、即时反馈、即时评价、精准干预"的复合模式；学生获得更佳的学习体验，拥有更强的思维能力、创造能力，成长为推动社会发展和进步的高素养综合型人才。学校现已完成智慧教学、智慧食堂、智慧宿管、智慧管理等领域的建设，实现了办学质量和学校治理的智慧化水平的提升。

智慧教育是一个不新的"新课题" //////////////////////////////

任萍萍：您是如何看待"智慧教育"的？在智慧教育的推进过程中，沈阳二中又是如何做的？

高明威：学校智慧教育的推进，是一个不新的"新课题"。"不新"是说智慧教育的根本是利用现代技术的发展与教育的深度融合，促进教育的改革与发展。从教育信息化1.0到2.0，从国家政策的整校推进到学校"自下而上"的积极探索，信息化在学校一线基本普及。"新课题"是指看清智慧教育的全貌还有多个关卡需要跨越。要深刻读懂智慧教育是依托物联网、云计算、无线通信等新一代信息技术所打造的物联化、智能化、感知化、泛在化的新型教育形态和教育模式，才能实现技术深度融入教育现场，与师生行为、学习路径、关系再造等发生"化学反应"。

在智慧教育的推进过程中，学校成立了以校长为组长的智慧教育推进领导小组，通过省级智慧教育示范校的创建和课题研究，统一和提升全体教职工对智慧教育的认知和理解。以集中培训、课程研讨、项目建设等具体操作，完善技术如何为教育教学、学校管理、家校共育等提供支撑和服务。

教育信息化为特色教育"保驾护航" ///////////////////////////

任萍萍：据了解，除教学质量以外，沈阳二中在特色德育方面也进行了积极探索，能否为我们介绍一下？您认为教育信息化建设在其中起到了什么样的作用？

高明威：学校在特色德育方面进行了积极探索，加强德育体系建设，科学设置并落实德育课程。在"教学生三年，想学生一生，思国家千秋"教育理念的指导下，开设具有二中特色的"四×四"系列德育课程，包括"四礼""四节""四月""四会"。"四礼"指入学礼、践行礼、成人礼、毕业礼。"四节"指读书节、辩论节、艺术节、体育节。"四月"指行为规范月、社团活动月、安全教育月、社会实践月。"四会"指班会、团会、周会、家长会。

把思想道德教育融入教学各环节，采取"礼仪化"德育方式，潜移默化地影响学生，让刻苦勤奋、爱校爱家、心存感恩、不负祖国的精神在学生心里生根发芽。目前，学校对学生品行发展的指导，以"四礼"系列活动的方式全面展开，全力打造沈阳二中幸福教育品牌：幸福学生、成就教师、发展学校。

学校信息化水平的建设，融入学生在学校的日常生活，智慧考勤（入校、请假、离校等）系统可以全面掌握学生在校有效学习时间；智慧食堂可以掌握学生的饮食习惯、营养补给状况；智慧体育可以对学生动态监测，全面掌握学生的运动健康；智慧宿管可以保障学生的校园安全……在信息安全的背景下，全面描绘学生成长的数字画像，通过与德育体系建设深度融合，调整学生的饮食、运动、作息等生活习惯，使学生养成自信、自立、乐观、坚韧、勇敢、进取、勤奋、自制等品质。

智慧教育将发生翻天覆地的变化 ///////////////////////////

任萍萍：您心目中未来的教育教学是什么样的？或者说对于教育信息化的发展，学校还有哪些规划？您又有什么样的愿景？

高明威：5G 的部署和应用不断推进人工智能的加速发展，而二者与教育行业的深度融合，未来也会让智慧教育发生翻天覆地的变化。

一是促进学生个性化发展。5G 凭借高传输速率的优势使人工智能能够更灵活地应用于教育领域。人工智能的行为感知技术可以收集学生的行为数据，包括读书习惯、兴趣方向、情绪波动等，并通过海量的行为数据分析学生的天赋、兴趣、发展方向等，从而为学生制订更合适的发展规划，实现因材施教。

二是重新定义课堂教学。5G 具有的高速率、大带宽、低时延、高容量等特点，使得远程高清的直播互动课堂成为可能。可以通过 5G 技术，让学生享受真实、立体、全方位的互动教学，让抽象的概念和理论更加直观、形象地展现在学生面前，让学生亲身感受可视化、形象化的展示知识，进而打破传统课堂的局限性，提高学习效率。

三是减少教师的重复性劳动。5G、人工智能技术的发展及其与 VR/AR 等先进技术的结合，可以帮助教师完成教学中的重复性工作，如点名、监考、批改作业等；也可以帮助教师整理教学资料，辅助教师备课，将教师从大量的重复性工作中解放出来，提高教师的工作效率。教师将更多的时间用在教学研究上，从而不断优化自己的教学方式，为学生提供更好的学习体验。

四是加强校园管理。5G 融入校园管理之中，让教育环境更加安全和健康。5G 可以渗透进视频监控、校舍管理、校车管理、教室照明监测、教室温度 / 水分监测等环节之中，让学校的各方面管理更加高效和精准，从而打造更加健康、安全且温馨的校园教学环境与氛围。

五是解决教育数据互联互通不足的问题。5G 网络的普及使万物互联成为现实，教育领域的各种人工智能应用都将向着具备物联性的方向发展。万物互联能够使人工智能应用采集到更多的、更复杂的数据，在经过大数据分析后，学校能够全面了解学生及教师的情况。人工智能应用之间的互联互通使师生之间的互动方式也更加多样和深入。

学校简介 >>>

沈阳市第二中学系沈阳市教育局直属学校、辽宁省首批示范高中、辽宁省唯一通过 ISO 14000 国际质量认证的学校。学校现拥有南北两个校区，建筑面积近 14 万平方米，建有数字化实验室、艺术中心、校园电视台、体育馆、游泳馆、智慧公寓、智慧食堂等助学设施，办学成果丰硕，是国内外知名高校的生源基地、辽宁省首批智慧教育示范校、北京大学博雅人才共育基地校。

打造适性教育，助力落实"五育"并举

——对话武汉经济技术开发区神龙小学教育集团总校长韩瑾

◎韩瑾

特级教师，武汉经济技术开发区教育局党委委员、神龙小学教育集团总校长。获全国写字教学优秀校长、湖北省优秀教师等荣誉称号，获武汉市"五一劳动奖章"。任校长16年来，带领全体师生将学校打造成新型省市名校，创建的"适性教育"初见成效。被聘为武汉市督学和华中师范大学、湖北大学、江汉大学硕士研究生导师，经常受邀到全国各地讲学。

【编者按】

神龙小学教育集团一直致力于打造有影响力的"适性教育"，即符合师生自然天性、尊重师生丰富个性、发展师生自适应性的教育。在适性教育的引领下，集团逐步确立了宁康校区车育文化、湖畔校区融慧文化的办学特色，并通过新技术、新手段助力教育教学变革、提质，适时打造"物智能、人智慧"的智慧校园。

韩瑾认为，智慧校园"适性"的关键就是让技术像空气一样服务于师生的发展。教育人要始终思考教育生态的打造，要通过融合自然、人文、技术等多方面的智慧，面对未来教育的挑战。

擦亮"适性教育"品牌 ///////////////////////////////

任萍萍：神龙小学教育集团的"适性教育"远近闻名，在推进学校教育现代化过程中，智慧校园的建设在"适性教育"品牌打造上发挥了哪些作用？

韩瑾：神龙小学教育集团主张并践行"适性教育"15年了。"适性教育"简单说就是要达到"因材施教"的教育理想和"有教无类"的教育公平。

原来，我们一直不断地深研教材、透悟学科，不断读懂学生的学习需求和风格，发挥好教师的个体优势和团队合力，努力为每一名学生提供"符合自然天性、尊重丰富个性、发展自适应性"的教育。教育信息化的逐步升级，为我们扩大视野、理解学习、整合学科、分析学情、精准画像等方面给予了更为高效、更为真实、更为全面的支撑，让教育现代化起来，正如习近平总书记指出的"没有信息化，就没有现代化"。

神龙小学从一所名不见经传的企业子弟学校发展为省级名校，正是得益于适度地运用新技术助力教育教学变革、提质，适时地打造"物智能、人智慧"的智慧校园，以信息化建设促进学校教育的现代化发展，让"适性"品牌更亮。

打造各校区智慧校园特色 ////////////////////////////

任萍萍：集团下辖宁康和湖畔两个校区，这两个校区在智慧校园创建过程中的特色各是什么？

韩瑾："适性教育"发展到打造集团校时，我们也在思考不同的校区应该根据不同的生源打造不同的教育特色。所以，我们确立了宁康校区车育文化、湖畔校区融慧文化的办学特色。以文化领航发展的两个校区在智慧校园建设方面，也呈现出不同风采。

宁康校区拥有全国首个400多平方米太空舱造型车育创客空间，并逐年进行升级。根据车育教育的适切要素，确立了7大主题的教育空间，便于学生学习车的历史、车的原理、车的设计、车的制造、车模竞赛、车与生活和车企品牌价值等。整个空间采用智能化物联网控制，并设有体感机、3D打印机、竞赛机器人、人工智能套件、MR眼镜、VR汽车拼装和全息投影系统等设备，开展了丰富多彩的项目式学习和主题创客活动，并整合多学科形成了20多门校本课程，极大地提升了师生实践创新能力，彰显了车育文化品牌。

湖畔校区建校仅五年,围绕"教""学""管""评""服"五条主线,统筹推进核心教育场景的数据汇聚与管理。学校建立了数据中台,打通了41种终端系统,以学校、学生、教师三大数字画像为有效抓手,实现育人过程智慧化、教育管理智能化、教育治理精准化。学校画像可以了解全校的运转状态,为各项工作决策提供数据支撑;学生画像可以全流程全要素采集和分析学生"五育"发展情况,有效促进个性化学习;教师画像围绕学校"三慧"的评价指标,通过伴随式数据采集的方式让评价过程透明化,为教师成长领航。初步构建了"技术融通、家校融情、课程融智、成长融慧"的智慧教育新生态。

落实"五育"并举 //

任萍萍:在以信息技术推进落实学校"五育"并举方面,神龙小学教育集团取得了哪些成绩?

韩瑾:教育现代化首先是教育理念的现代化,然后才是利用信息化工具和手段改善改进教育方式的现代化。这个进程应该充分依托我们教育人对课程的专业理解和精心设计。

稳固"德育"之基。集团设计特色课程、主题教育、研学实践、家长课堂、名师讲堂等系列活动,将爱国教育、城市自信、志愿服务、科学精神等教育联通,形成学校设计、家长指引、学生成长的线上线下的全息德育模式。即使在居家期间,也能对学生学习锻炼、生活自理和心理健康进行全面指导,深度运用"我的成长圈"和"好习惯分享"功能,让德育工作不缺位,成长不延期。

推动"智育"创新。日常教育教学工作中,集团采用智能评测,运用平板电脑等智能终端,基于各项学业数据的采集和个性化学习分析测评,引导学生自定步调开展精准学习,科学合理控制学习时间,调整或优化学习内容和学习量。同时,建立学生综合素养评价校本化标准,结合线上平台,通过每日线上数据采集、跟踪和数据分析,有针对性地提升学生综合素养。集团重视数字资源建设,已搭建基础数字资源库,分学科分类收录千余种教学资源。充分运用各阅读平台开展线上线下阅读活动,极大地开阔了学生的学习视野。

提升"体育"成效。集团在开齐开足体育课的基础上,适时引进专业球类教练到课堂,让学生每年学会一种球类技能。借力"智慧体育"物联网、人工智能、大数据等信息技术，通过智能手环、健康机等设备，以数据采集、线上测评和后台大数据分析等方式，将体育课程学习情况作为线上学生评价的重要数据，全面评价学生身心健康，依托结果进行反馈、干预和补足，促进学生身心健康全面发展。

丰富"美育"内涵。集团还自主开发个性课程选课评课平台，涵盖艺术、运动、科技、语言、思维五大类别课程，让学生根据兴趣和发展目标在网上自主选课和评教。同时加强数字书法、数字沙画、数字编曲、数字心育、智慧生态等数字化学科学习空间的建设，如数字音乐教室，除了传统的音乐课程学习，还集电子琴演奏、编曲、创作、储存分享等功能于一体，让传统美育焕发了时代生机。

深化"劳育"成果。集团以信息技术融合综合实践和劳动教育课程，开发了独具特色的"蝴蝶生态课程"，通过对蝴蝶生态园区和生命周期的智能化维护、智慧化领悟，启发学生对于生物的理解，帮助学生树立积极的人生态度。开发校外研学基地，开发"湖水的净化""黄豆的一生""春天的交响""石头记"等主题的项目式课程，开展"小龙人'项'问题挑战"的线上推介和评比，培养学生在生活中发现问题、解决问题的能力，使他们成长为爱劳动、能吃苦的社会主义接班人。

集团两校区充分运用各类教育云平台、信息设备、教育应用、全息媒体等，改革学校治理、班级管理、学业监测、师生画像、家校共育和品牌推介等，践行服务于每一名学生的"五育"并举。学生在车模、合唱、排舞、艺术体操等国家级平台上崭露头角，在冰球、羽毛球、篮球、足球等特色项目上收获满满，参加电脑绘画、编程、机器人、创客等比赛，有千人次获奖。"小龙人们"呈现出健康、自信、有光芒的面貌。

学校简介 >>>

武汉经济技术开发区神龙小学教育集团各校均居武汉市优质学校行列，先后荣获全国语言文字规范化示范学校、全国写字教育实验学校、全国科普创新示范学校、全国红旗大队、湖北省家长示范学校、湖北省平安校园、湖北省依法治校示范校、湖北省综合实力100强等称号。

办有温度的教育　育有梦想的少年

——对话长沙市雅礼实验中学副校长侯朵朵

◎侯朵朵

高级教师，长沙市雅礼实验中学党委委员、副校长，湖南省教育督导与评价协会专家成员，长沙市教育局赴美高级研修班学员。获岳麓区优秀管理工作者、长沙市党和人民最满意教师等荣誉称号。

【编者按】

2022年，长沙市雅礼实验中学（以下简称"雅实"）迎来了十周年校庆。年轻的雅实取得了卓越的办学成绩，在近三年长沙市直属中小学校满意度调查中"家长满意度"和"学生满意度"双双位列第一，保持着强劲的发展势头。雅实在教育信息化的时代潮流中激流勇进，积极开展智慧教育教学新实践，不断提升教育教学能力。新十年开端，雅实正在迎挑战，开新局，强质量，续辉煌。

《论语》中"子所雅言，《诗》《书》、执礼"是雅礼精神的由来。百年风云，几经变革，但雅礼人的担当，雅礼人一脉相承的"公勤诚朴"始终不变。每次与学校新教师进行沟通的时候，侯朵朵都会将"雅礼精神"与新教师共勉：一是脚踏实地，刻苦学习，打好基础；二是要有强烈的社会责任感和崇高的理想；三是一辈子不折不挠地前进。

办人民满意的教育 ////////////////////////////////////

任萍萍：雅实办学十年，办了一所人民满意的学校。从一所学校出发，我们如何理解"办人民满意的教育"？学校是如何实践的？

侯朵朵：办人民满意的教育，很准确地概括了我们学校的办学定位。"办人民满意的教育"也是我们学校的办学宗旨及发展目标，是全体雅实人共同的"理想追求"。

先说三个数据，自 2018 年长沙市教育局实施教育综合质量评价改革以来，我校连续三年在质量综合评价中位居长沙市第一，连续三年家长满意率位居长沙市第一。办学十年，我们送出 32 名支教教师，原校长杨名瑛亲自去四川凉山支教，还有援疆援藏的教师。十年来，我们帮扶了 12 所薄弱中小学。为均衡优质教育资源，我们还跟市区县合作创建了 6 所学校，覆盖岳麓区、株洲市、长沙县、望城区、雨花区、浏阳市。

我认为，人民满意的教育，首先应该是"老师满意""学生满意"，然后才是"家长满意"，但不能止于这"三个满意"，学校还有公共价值，还需要社会满意，还需要考虑为民族、为未来存在的意义。

简单总结，十年来，我们这样践行"办人民满意的教育"。第一，我们始终把教师发展摆在学校发展的第一位；第二，我们始终坚持面向全体学生不动摇，学生作为独立的个体都被看见；第三，我们始终担当起引领、辐射促进优质教育资源发展的责任。

办有温度的教育　育有梦想的少年 ////////////////////////

任萍萍：如何理解雅实"办有温度的教育　育有梦想的少年"的育人理念？

侯朵朵：何为温度教育？雅实创新的温度教育，是一种以尊重生命全面发展为目的，凝聚学校与教师感情，培养学校与学生感情，建立师生深厚情谊的有生命气象的教育。它需要具备五大特征：适宜成长的校园环境；知识阳光、宽松空间和充分信任的课堂；丰满、适切、个性的校本课程建设；学校、家庭、社会一体的协同育人机制；城乡义务教育一体化发展的责任担当。

何为梦想少年？引导梦想少年心怀祖国，倾听和讲好中国故事，传播好中国声音；通过丰富的校园生活孕育对未来充满希望的少年；通过公平而有质量的教育让学生成为具有社会责任感的未来公民。

"办有温度的教育　育有梦想的少年"是雅实着眼于立德树人根本任务、着眼于学生全面发展、着眼于办人民满意的教育的核心基础，是创新总结出的成功经验。

培养人是永恒的主题 /////////////////////////////////

任萍萍：据不完全统计，雅实十年的毕业生有近五十人考上清华大学、北京大学，有近百人考入国外知名大学。学校对"人"的发展，有什么样的思考？

侯朵朵：培养人是学校教育永恒的主题。培养人就得发展教师、培养学生，可能每一个国家都会明确规定学校应该培养怎样的人，联合国教科文组织也曾发文表示我们需要培养怎样的人。学校也有自己的培养目标。学校对于"人"的成长应该如何思考，我认为还是要有一个宏阔的视野，要放开眼界从三个角度思索。

第一，从"人生的小我"的角度培养人。人生下来就是谋求自身的生存和幸福感的。无论何人，首先必定是站在小我的角度思考自己的人生。所以我们发展教师、培养学生的第一个着眼点就是——助力师生的幸福成长。我们提"为学生终身发展奠基"，我们也提"为学生终身幸福奠基"；我们提创建"智慧校园、品质校园"，我们也提创建"幸福校园"。师生应该具备幸福生活的基础，培养学生的"生存力"、培养教师的"生活力"才是我们的最大目的。

第二，从"家国的历史"的角度培养人。中华文明绵延至今，文化的生命力和民族的凝聚力之所以生生不息，与我们对"孝道"和"家庭"的重视息息相关。"格物致知诚意正心，修身齐家治国平天下"，这是我们的根。培养师生的家国情怀、责任担当精神，是我们的第二个角度。

第三，从"世界的未来"的角度培养人。教育需要面向世界、面向未来，着眼于时代和未来。在经济全球化的时代，一种文化或文明能否屹立在世界民族之林，取决于该文化在竞争中是否有比较优势。科学浓度高的文化或文明才能立于不败之地，基础教育的重要性凸显。科学精神需要质疑、独立、探索，"崇尚科学，探索创新"是我校师生养成计划的第三个思考。

让课程成为温度教育的大熔炉 //////////////////////////////

任萍萍：雅实为学生打造了"课程超市"。目前学校建设了哪些课程体系？

侯朵朵：学校一直坚持研发丰满、适切、个性的课程体系，特别注重学生的全面发展，在课程建设上坚持国家课程校本化、校本课程特色化、特色课程优质化，使课程成为教师和学生成长的重要载体，为学生打造"课程超市"，让学生的个性得到充分发展，面向全体学生因材施教。

一是个性化课程，包括艺体、篮球、武术、啦啦操、田径、民乐、男子舞蹈、女子舞蹈等，为有兴趣、有特长的学生提供进一步提升的机会。二是拓展课程，包括主题阅读、英语歌曲、配音、书法、绘画、生活中的地理、创客中心、机器人、创意编程、3D 打印等，使学生的知识面更广，学习力更强。三是主题课程，包括主题节课程、节日课程、社会实践活动课程等。课程成为学生了解社会、展示风采、提升素养的重要阵地。

推进智慧教育，建设未来学校 //////////////////////////////

任萍萍：雅实在 2020 年入选为长沙市未来学校创建单位，请您分享一下学校在未来学校建设方面所做的工作。

侯朵朵：2018 年，学校创办"平板教学班"，积极推进智慧课堂的实践与研究。2020 年，学校被确立为未来学校创建单位。学校高度重视创建工作，成立了工作队伍，制订了发展方案。基于原有基础，以创建智慧教育示范校为抓手，推进未来学校的探索。

第一，提质智慧学习环境。2021 年，学校完成了智慧校园的基础设施建设，更换了一体机，建成了全光网络、精品录播教室以及 42 间 AI 教室，加上先前建设的机器人教室、微课制作室等，学校的信息化设施得到了进一步改善。并引入人人通、智慧课堂教学平台、智慧管理平台、一卡通等，以支持技术赋能的教、学、评、研、管。

第二，常态开展在线课堂。2017 年以来，学校依托长沙市在线学习中心，在寒暑假、周末、课后及"停课不停学"期间开展常态化网络教学，尝试年级内的"虚拟走班"。至今，已开课 2400 余节，60 余万人次报名学习。经过几年连续的网上开课，雅实的学生已基本养成了利用移动终端和网络进行在线自主学习的习惯。

第三，打造高效智慧课堂。同步开展智慧课堂的教学研究，学校目前有 16 个"平板教学班"，以课题、项目推动智慧课堂的研究工作；2020 年成功申报省教育信息化试点项目；2021 年负责的中央电化教育馆研究课题结题，主要研究智慧环境下的混合式教学和分层教学，智慧课堂的实施，助推了学校教学方式、学习方式的一些变革。

第四，共建优质数字资源。近年来，学校依托在线课堂、信息化作品征集、微课程建设项目等，积累了一定的教学视频、微课以及备课上课、家庭教育的校本资源。特别是近几年，我们通过每学期收集整理备课组资源，已建立了按章节、按课时、覆盖全学科的校本研修资源库，含课件、教案、同步练习、视频等配套资源，且形成常态化的更新机制。

未来学校，教师为先 //////////////////////////////////////

任萍萍：学校在智慧型教师队伍培养方面都做了哪些工作？

侯朵朵：未来的学校，核心是未来的课堂；而未来的课堂，关键是未来的教师。这两年学校花大力气推动智慧型教师的培养，取得了一定成效。

2020 年，学校成立"雅实融合团队"，形成管理小组、核心专家、学科专家和学科成员的研究梯队；构建了"教学—教研—教科研"三级校本培训体系，定期开展智慧课堂实用技术培训，常态化开展智慧课堂课例研修，培养了一支教学理念新、学习意愿强、技术水平好的智慧型教师队伍。我们有 6 位教师入选长沙市的融合团队专家成员，1 位教师担任核心专家。

同时，学校定期举办智慧课堂青年教师赛课，沉淀出《创新教与学，让教育更智慧》的成果集，扩大辐射引领。以此保障智慧教师和智慧资源源源不断地输运至智慧班级，最终力求在智慧班级这片沃土上重构教学模式，全面提升师生信息化素养，培育面向未来的人才。

"我们的教育面向现代化、面向世界、面向未来"//////////////

任萍萍：面向未来，您心目中的"智慧学习"是什么样子的？

侯朵朵：技术的飞速发展深刻地影响着我们的生活，也深刻改变着教育的大环境。2020年，我跟随长沙市教育局研修班赴美学习，访问了明尼苏达州几个学区的多所中小学，深入课堂观摩。那次研修之旅为我对未来的智慧学习带来了一些思考。

一是信息化的教育生态。课堂上，教师熟练运用各种技术开展教学。课余，随处可以发现学生在利用网络进行学习。学校网络平台汇聚了来自各地的教学资源，随时为课堂教学精准实施、个性化有效学习提供强有力的伴随式支撑。丰富的技术资源让学生基于信息平台的学习无处不在，构建了学习的信息化教育生态。

二是自主性的学习方式。学生可以利用平板电脑等终端实现学习方式的转型，可以自主观看、收听各种音视频材料，可以选择符合自己学情的学习内容，并记录下所有的学习过程。教师采用平台提供的教学设计，可以有效地开展个性化学习活动，可以让每一名学生完全实现自主学习。教师更多的是监控学生的学习，提供学生需要的帮助和指导。

三是渐进性的素养培育。中小学生的信息素养有清晰的要求，目标明确，应用为主，项目驱动，循序渐进。例如，将编程能力设置为学生的基本素养，从小学一、二年级开始授课，让学生在成长过程中逐步从可视化编程学习到尝试利用软件控制机器。

四是技术化的分组学习。分组学习应该成为常态，教师围绕教学目标，设置几个学习站点，每个站点有明确的学习任务，学生在指定的时间里依次访问各个站点，从而有效达成学习目标。站点轮换小组学习，搭建了一个混合式学习的平台，满足了班级授课制框架内学生的个别化学习需求。

五是跨级式的全科走班。教师基本固定、学科教室也分年级分区域安排，学生根据自己的学力和兴趣愿望（或者学校根据全面跟踪分析的数据分类）选择适合自身发展层次的班级上课。不同层次的班级，教学内容和程度要求不同。

他山之石，可以攻玉。那次研修也许只能管中窥豹，但也让我们看到了差距和一些问题，我们的教育面向现代化、面向世界、面向未来，我们推广智慧教育、创建智慧校园、实现教育信息化还有很长的路要走。

学校简介 >>>

依托百年雅礼而创建的雅礼实验中学成立于 2012 年，是一所高起点、有特色、现代化的全日制完全中学。学校秉承百年雅礼优良传统，以"公勤诚朴"为依托，坚守"为学生终身发展奠基"的教育理念，建校十余年来，办学质量稳步上升：连续七届九年级毕业班 6A、10A 全优人数和比例、毕业合格率均在长沙市前列；先后获国家社会科学基金"十三五"规划优秀科研实践单位、全国学校后勤工作先进单位、全国啦啦操实验学校、长沙市文明标兵校园等荣誉称号。

借力信息化，实现学校高效管理

——对话新余市第一中学校长黄辉

◎黄辉

中学高级教师，新余市第一中学校长。担任新余市第一中学校长以来，带领学校先后获评全国文明校园创建先进单位、江西省第二届文明校园，连续九届获评"中国百强中学"荣誉称号，学校获市级以上荣誉50多项。学校高考升学率不断提升，保持全市第一、全省前列，得到了社会的高度肯定。

【编者按】

近年来，新余市第一中学（以下简称"新余一中"）积极倡导"崇尚一流，勇争第一"的工作理念，秉承"以学生发展为本，为学生幸福奠基；有进步就是好学生，有好习惯就是好学生"的办学思想，重视学生德育工作，并在阳光体艺活动、心理健康教育、科技创新等方面取得佳绩，高考成绩一直稳居全市第一、全省前列。

很多人对新余一中的第一印象就是大——12000余名师生，216个行政班级。面对如此大体量的学校，2016年开始，学校出台《新余一中现代教育技术五年规划》，将信息化建设重点落到了智慧校园部署上，充分发挥信息技术的优势，落实精准教学、高效管理，实现教育高质量发展。

融入"教育＋互联网"时代 ///

任萍萍：智慧校园建设是如何助力学校实现高效管理的？

黄辉：在管理中，我认为，首先是做好班子建设。在班子建设中，我会做到坦诚、尊重和信任，我认为做校长要坦诚，经常召开校级领导沟通会、协商会，通报情况，听取建议；对学校的事情，先听取分管领导的意见，集体决策过程中，充分尊重分管领导的意见；相信分管领导的能力，相信班子成员的个人能力。

其次是注重教师发展。我始终把教师成长作为校长工作的基本点和第一着力点，我比较注重三类教师的发展：班主任做得好，要有幸福感；教研备课组长教学好，要有集体感；领班教师教有方，要有荣誉感。

我们高度重视教育信息化建设，加强数字化校园与教育技术建设，积极融入"教育＋互联网"时代。以智慧校园为依托，整合学校的管理、教学、教研与学校资源和应用系统，实现智慧化服务和管理的校园模式，让校务管理、网络学习、网络教研、校园文化、校园生活成为数字化校园的主旋律。

借助数字化校园、数字化课堂，切实减轻学生负担，提高学生学习兴趣，有效落实课堂教学目标，提高学习质量；同时，鼓励学生利用信息手段主动学习、合作学习，培养自主学习能力、探究能力和利用信息技术获取信息、处理信息的能力，全面提高学生素养。

借助智慧校园，整合学校资源平台，建设学校个性化的课程资源，利用网络技术，让在线课前预习、同步辅导、课堂互动、重难点解读一应俱全，学生可以随时随地学习。搭建家校互动、学校教育教学的管理综合平台，实现家校线上与线下的互动，形成家校育人合力。

好校长的标准 ///

任萍萍：一所好学校离不开一个好校长。您觉得好校长的标准是什么？面对全校万余名学生，您觉得教育该如何兼顾学生的个性化发展？

黄辉：教育是育人，立德树人，也是良心事业，这需要有教育情怀的人推动。我认为一个好校长，第一，要有教育情怀，有对教育事业的那份忠诚，对教育原则的那份坚守，对教育对象的那份关爱，对教育责任的那份担当，对教育质量的那份承诺，对教育效率的那份追求。

第二，好校长应是师生的服务者。校长应该以人为本，更多地关注师生的内在需要，多和师生沟通、谈心，了解他们的生活、学习、工作情况，主动为他们排忧解难，不仅要做到锦上添花，更要做到雪中送炭，用真情感化他们，凝聚人心。

第三，好校长应是学校文化的传承者、践行者。学校文化是历经多年发展不断传承、摸索、实践和积淀形成的，是薪火相传的结果。好校长要传承和弘扬前任校长优秀的办学理念与办学思路，还要创新办学理念和办学思路。我认为，传承前任校长优秀办学理念与办学思路是对前任校长工作的高度认可，也是自己做校长的底气。

让学生成长、成人、成才是教育职责。作为校长，我把立德树人看成自己的职责，但是学生是不同个体，所以要充分尊重、兼顾学生的个性发展。

首先，在教育中，尊重学生有不同教育要求，如对单亲留守学生，要走进心灵，予以关爱；尖子生需要的是学习中严慈相济；中等生需要发现闪光点，激发潜力。

其次，要尊重学生个性，根据师资、校园文化等条件，为不同学生搭建不同的成长平台，让每一名学生发现自己的优点。

最后，打造学校办学特色，探索学生成才的路径。不是所有的学生都要通过高考"独木桥"成才，学校应积极探索办学特色，帮助学生成人、成才。

而在其中，信息技术也起到了助力作用。学校教师充分利用信息技术，提高课堂教学的广度和深度，加快课后训练检测的批改速度，利用信息数据及时分析教学情况。各处室运用信息技术建立管理体系，特别是学生成长数据体系、学校财物管理体系、教学评价体系等，通过比较分析，提升管理效率。

"三新"背景下学校发展的挑战 ///////////////////////////////

任萍萍： 在新高考、新教材和新课标的"三新"背景下，您觉得学校面临的最大挑战是什么？

黄辉： 在新高考、新教材和新课标的"三新"背景下，学校最终的挑战是教师的教学理念问题。教学理念的更新是最难的，我们高中教师年龄相对大些，对传统教学比较精通，研究得比较透彻，但是对"三新"的理念接受比较慢，个别教师因年龄大，不愿参与"三新"教学，这是"三新"背景下学校面临的最大挑战。

为此，我们一是采取"请进来，走出去"的方式加强师资培训，以点带面，引领全体教师主动参与新高考改革，更新教育理念，更新教育方法；二是分期分批组织教师到先进学校学习，学习先进学校经验，提高教育教学能力；三是主动作为，积极开展新高考、新教材和新课标"三新"教学研讨会，"逼"教师更新教学理念，增强教师参与"三新"改革的积极性和主动性。

对"未来教育"的畅想 //

任萍萍： 您如何理解"教育数字化战略"？您觉得"未来教育"会是什么样？

黄辉： 面对世界百年未有之大变局，我们要跳出教育看教育、立足全局看教育、放眼长远看教育，使教育成为更好适应、支撑、引领经济社会发展的"快变量"。我们要认识到教育数字化是教育未来发展的必然趋势，也是高质量教育体系建设的重要策略；要认识到教育数字化推动教育现代化的重要性，充分发挥信息技术在提高培训质量、提升治理能力、营造育人环境等方面的支撑能力，用数字化助力教育高质量发展。

"未来教育"应该是信息化的教育。以互联网、云计算、大数据、物联网、人工智能等为代表的信息技术在教育领域中的应用越来越广泛，可以帮助我们提高教育的效率，降低教育投入的成本，取得更好的教学效果。

"未来教育"应该是个性化教育更突出的教育。互联网、大数据在教育中的应用，为学生的个性化培养提供了技术上的可能。学校和教师可以分析学生的不同情况，实现个性化地推送学习资源、精准化地辅助学生、自助化地完成学习目标等。

"未来教育"应该是以能力培养为主导的教育。随着网络的广泛使用，在未来靠知识记忆和简单理解为主的工作将全面被人工智能所取代，所以整个教育体系的目标必须全面加以调整，使教育更加注重培养人的批判性思考能力、创造能力、创新精神和创业精神，更加注重培养人机合作的能力。

学校简介 >>>

新余市第一中学创建于 1943 年，系江西省首批优秀重点中学、江西省首批示范性高中，连续九届被评为"中国百强中学"。2020 年 5 月，学校团委被共青团中央授予"全国五四红旗团委"荣誉称号，系全省唯一一所获此殊荣的中学。

聚焦师生内成长，创新教育新生态

——对话郑州冠军中学校长李春雷

◎李春雷

正高级教师，郑州冠军中学校长、书记。获郑州市首届名校长、河南省教育厅优秀管理人才、河南省教育厅学术技术带头人等荣誉称号。

【编者按】

郑州冠军中学自建校以来，始终致力于把教育信息化渗透于日常生活与教学，以达到教育手段科技化、教育传播信息化、教育方式现代化的目的，正在着力创建一种信息化的教育生态，即"智冠教育新生态"，使师生的思维、生活、工作与学习都能与之匹配。

智冠，顾名思义，就是智慧冠军。未来冠军中学的教育生态，一方面取决于学校内文化、课程、教师专业成长、学科知识建构及课堂诸因素；另一方面依托前沿的信息化资源运用与整合。二者并行不悖，相得益彰。

加快构建开放、包容、灵活的新型教育信息化体系，以教育信息化支撑引领教育现代化发展，就必须坚持信息技术与教育教学深度融合的核心理念，而推动融合的主体是教师与学生。李春雷表示："通过智慧教育技术助推教师专业成长及学生个性化成长，构建与探索智慧教育新生态，将成为学校进行教育信息化改革首要解决的问题。冠军中学正在着力构建智慧教育新生态——智冠，即把信息技术手段有效应用于课堂、党建、团建校园生态，最终让冠军中学的教育教学具有超常的科技内涵与信息化延展，把提高信息素养纳入教育目标，从而加速适应信息社会的人才培养步伐。"

科技赋能，打造"智冠校园"新生态 ///////////////////////////

任萍萍：在您的心目中，冠军中学有哪些办学特色？

李春雷：基于"冠军教育"的教育哲学及"像冠军一样向着梦想冲刺"的办学理念，我们确立了"让每一个生命始终保持冠军之心"的育人方针，制订了培养"做永怀冠军之心的人"的育人目标，构建了学校"夺冠"课程体系。同时"把办有温度的学校，做有情怀的教育"作为我们的追求理念。

学校坚持"体教融合"，立足全体学生，培养体育兴趣，培育拼搏精神，实现自我超越。一方面，以体育课程为实施路径，开展多项体育课程，如排球、篮球、啦啦操、中长跑，通过课堂、社团、阳光大课间等方式，面向全体学生普及体育技能；另一方面，以体育专项为发展特色，以中长跑和排球两个强势体育项目带动，为全面提升学生素养打下坚实基础。其中，我校中长跑基地属于国家级高水平后备人才基地，也是省级排球传统项目学校。

学校以"智冠融合，师生共成长"为主题，基于"成长""交互""共享""融通"四大发展特色，积极推进课堂教学改革，构建"智冠校园"新的教学生态，同步沉淀智慧教育高质量应用成果，全面展示学校在智慧教育方面的突破和创新，扩大学校影响力。基于智慧教育教师成长进行整体规划，积极为教师搭建相互学习和展示的平台，推进信息技术与学科课程的深度融合，借助高效精准的智冠平台，师生活动系列化、教研活动规范化、应用成果积分化、经验分享常态化，促进全新的信息化教育生态成长。

借力东风，让学校焕发生机 ///////////////////////////

任萍萍：在智慧教育的建设过程中，学校有哪些思考与探索？目前取得了哪些成效？

李春雷：我校信息化教学起步于 2019 年秋季，历经自主探索阶段和借力项目阶段（金水区智慧教育项目）。从集体备课入手，搭建共享优质资源平台"冠军云"，软硬件齐抓，打通校内各端口，互容互通；从师生培训入手，提升师生教育信息化应用水平，提升师生信息素养；从样本班级小范围试验开始，到整个年级逐年推进，目前学校智慧教育班级达 26 个，教师进行精准备课、精准教学，应用数据和效果在全区名列前茅。

经过两年多的信息化教学研究与实践，我校信息化教学工作扎实开展、有序推进。在青少年人工智能、编程教育和教育信息化方面，学校工作突出、成绩显著，荣获郑州市智能设计大赛优秀组织奖，先后被评为全国青少年人工智能活动特色单位、全国中小学信息技术创新与实践大赛（NOC）赛点、河南省中小学人工智能教育实验学校、河南省中小学数字校园标杆校、河南省中小学信息化教学改革实验校、第二十二届郑州市学生信息素养提升实践活动优秀组织单位等。此外，学校"冠军云"互通平台荣获河南省教育信息化优秀成果一等奖。

"破"与"立" //

任萍萍：您如何看待推行教育信息化"破"与"立"的过程？

李春雷：我认为推行教育信息化需要一个相应的过程，破与立并不是完全对立的概念。"破"是前提，"立"是目的，有时不"破"不"立"，有时"立"而不"破"，要因时因地制宜。在现代科技迅速发展的背景下，教育信息化已经成为教育改革和发展的重要方向之一。推行教育信息化，可以实现数字化校园建设，现代化教学理念的深入贯彻，学习方式、评价方式的创新等目标。当然，在推行教育信息化的过程中也会面临一些"破"与"立"的困难和挑战，如设备更新换代、师资队伍培养、学生学习方式创新、信息安全等问题。但是只要我们善于总结经验、完善措施、积极应对，相信教育信息化定将成为教育领域的一股强大力量，对推动教育现代化发展起到重要作用。"破"的是旧观念，"立"的是新方法；"破"的是老设备，"立"的是新技术。

奔向未来的探索与推进，学校一直在路上 ////////////////////

任萍萍：接下来针对智慧教育的发展，学校有哪些规划？

李春雷：智慧教育的发展，不仅是教学手段的丰富，更是教学生态的变革。没有全新的教学生态，智慧教育只能停留在最初级的使用状态，反而会成为教师的负担。因此，学校一直在探索如何推进教育信息化。首要解决的问题是如何促进智慧课堂中教师与学生的内在成长，杜绝流于形式的智慧教学应用。基于此，学校通过制订信息化策略并落实各项保障措施，从提升教师信息素养和学生信息素养入手，构建教师专业发展与学生多元化学习体系，从而实现信息技术与教育教学的高效融合，解决信息技术与教学应用"两张皮"的问题，最终构建"智冠校园"教育新生态。

为了提升教师智慧课堂信息融合创新能力，拓展教学思维，重点培养与挖掘各学科教研专家，促进年轻教师的快速成长，学校以学科组为单位，以种子教师为牵引，通过展开系列主题教研活动，通过"观摩优秀课例—优化教学设计—探索教学模式"三个阶段的集体教研，形成以点带面的成长路径，为学校智慧教育持续发展沉淀经验，为信息化教学建设起到带头示范作用。

随着智冠校园各项数据不断生成，一条较为完整的可视化数据流正在显现，结合已有经验，信息中心分析相应数据，开展大单元背景下的"自主选课"学习模式。教师根据数据流中各项知识点情况，设置多样课程。学生根据自身学情报告，选择相应课程进行有针对性的学习。师生双向选择，开设菜单式"自主选课"模式。例如，专题课，在阶段性测评前，开展学科知识点选课，根据学情难点，编排多样课程，学生根据自身数据报告选择相应课程进行巩固学习等。这种新教学模式探索，也属于可视化数据流的应用。充分利用智冠校园不断产生的数据流，使其服务于教学，这是学校在教育信息化建设过程中重点关注的问题。

回归本质，让学生个性化成长 ////////////////////////////////////

任萍萍：冠军中学秉持"敢为人先、勇于担当、诚毅厚重、自强不息"的校训，您认为在教育信息化时代，学校该如何利用信息化技术养志育人？又该如何鼓励学生创新进取？

李春雷：在教育信息化时代，通过智慧课堂、学习平台等方式，让学生不受时间和空间的限制，自主学习和探索，提高自我学习和自我管理能力；在课堂教学中，可以通过高效互动、智能测评等方式，激发学生的兴趣和好奇心，让他们在学习中感受成长和收获；还可以利用数据分析等技术，为学校管理和教学改进提供有力支持。

同时，我校通过创新教育生态，鼓励学生创新进取。比如，可以设置创新实验室、学科活动等成长平台，为学生提供展示自我和实践的机会；开展一系列研究性学习活动，激发学生的竞争意识和团队精神，培养他们的创新才能和实践能力。

紧跟时代的技术跨越，如当前热门的 ChatGPT 技术，倒逼我们深入思考教育的内涵与本质，创新改变我们的教学方式，涵养新的教育生态，这都为我们下一步的信息化方向提供思路与探索。"路漫漫其修远兮，吾将上下而求索。"相信冠军中学的教育信息化道路会越变越宽。

学校简介 >>>

郑州冠军中学始终倡导师生互助的学习方式、尊重平等的教育文化、友善美好的校园氛围，树立并秉持"教学相长，互为主体，关注生命，和谐至美"。学校先后被评为全国青少年人工智能活动特色单位、全国青少年校园排球体育传统特色学校、河南省中小学人工智能教育实验学校、河南省中小学数字校园标杆校、河南省中小学信息化教学改革实验校、省市联办重点项目后备人才基地。校级信息化平台"冠军云"荣获河南省教育信息化优秀成果一等奖，多位教师在国家、省、市级信息技术与课程融合评选活动中荣获一等奖，多名学生在省、市级学生信息素养评比活动中荣获一等奖。

技教融合，助力学校高质量发展

——对话昆明市第八中学校长李莉华

◎李莉华

正高级教师，特级教师，昆明市第八中学校长。云南省享受政府特殊津贴专家，云南省人民政府督学，云南省第一届督导评估专家，昆明市首届名校长，昆明市优秀园丁，昆明市优秀教育工作者，昆明市人民政府督学，昆明市有突出贡献优秀专业技术人员。

【编者按】

　　创建于 1952 年的昆明市第八中学（以下简称"昆明八中"），始终坚持以质量求生存、以特色谋发展，在传统优势的基础上，形成了"高中初中共同发展、课程建设多元推进、体艺教育独树一帜"三大办学特色。面对教育信息化 2.0 时代的发展要求，学校积极探索信息技术与学科教学的深度融合，充分利用人工智能、大数据技术，实现精准教学，提高课堂教学效率和质量，促进学生的全面发展。

　　近年来，昆明八中教育教学质量一直保持在全省前列。在办学规模日益扩大、优质教育资源辐射共享的同时，全校师生凝心聚力，为把学校办成"云南省一流，在全国有一定影响力，具有国际视野"的名校而继续努力。

高点突破，整体推进 ///////////////////////////////////

任萍萍：昆明八中的发展现状和未来规划是怎样的？

李莉华：昆明八中创建于1952年，1978年被首批确定为云南省重点中学，1993年被首批评定为云南省一级完全中学，2012年晋升为云南省一级一等完全中学。近年来，昆明八中教育教学质量一直保持在全省前列。在云南省教育厅最近一次对全省146所一级高（完）中的综合评价中位居第五。学校被云南省教育厅评为云南省先进集体，连续获云南省一级高（完）中教育教学质量一等奖，昆明市高考综合质量优秀奖、高考一本上线率优秀奖、五华区高考、中考质量优秀奖、办学水平评估优秀校园一等奖、教育教学先进集体。2021年，学校办学质量实现"高点突破，整体推进"，荣获首个"五华教育高质量发展"突出贡献奖。

为满足社会对优质资源的需求，学校办学规模日益扩大，形成了龙泉校区、长城红鑫、长城新城等多点办学的格局。同时，学校也充分发挥一级一等高（完）中的辐射引领作用。2019年10月，在五华区教育体育局的统筹安排下，成立了由我校为牵头学校、19所中小幼学校组成的五华龙泉学区，确立了"资源整合、学段融通、课题导引、整体推进"的学区工作思路，立项了云南省"十四五"教育科学规划课题"新时代基础教育全学段课堂教学衔接研究"，以新时代基础教育课程改革的新理念为引领，立足课堂教学，展开了从幼儿园、小学、初中到高中基础教育全学段的衔接研究。通过课题引领，扎实推进学区工作，以点带面，积极推进五华教育的高质量发展。2021年11月，昆明八中还与五华区沙朗民族实验学校结成城乡共同体，充分利用自身优势，带动农村学校共同发展，在近一年的精准指导下，取得了骄人的成绩。

昆明八中在优质教育资源辐射共享的同时，全校师生凝心聚力，继承"艰苦奋斗、团结进取、严谨治学"的办学传统，秉承"坚毅求实、创新奉献"的校训，弘扬"务实、包容、开放、创新"的八中精神，为把学校办成"云南省一流，在全国有一定影响力，具有国际视野"的名校而继续努力。

完善基础设施建设，注重师生信息素养与学科融合 //////////////

任萍萍：学校在推进教育信息化实践过程中做了什么样的探索？有哪些值得分

享的经验?

李苟华:第一,明确目标,提早规划。学校在十多年前就成立了信息化工作领导小组,确立了信息化建设的目标——运用现代信息化技术助力教育教学向更高层次迈进,确定了"整合资源、全员参与、统筹规划、分步实施"的工作方针,并且根据学校实际工作的需要,在2010年成立了专门负责信息化项目建设和管理的数字化信息管理平台开发建设项目部,结合学校工作的实际情况,开始自主研发校园信息化管理平台,部分功能至今仍在使用。

随着信息技术的迭代升级,学校持续加大信息化设施设备的投入和建设。2010年,第一台网络阅卷扫描仪落户学校教务处,当时的使用者是教务员;2020年,所有年级全部配备,绝大多数教师均能熟练使用。数据的采集和运用,均在一线教师群体中高效完成。目前教师已养成基于数据的课堂教学习惯。从2009年学校配备电子白板,到2019年所有教室更新配备交互式一体机;从2017年有一个年级开始试点智慧课堂,到目前全校覆盖,学校信息化设施设备的建设在不断完善。这不仅得益于学校的高度重视,更得益于五华区人民政府对教育的大力支持。特别是从2018年开始,智慧学业大数据监测平台和人工智能因材施教项目的建设与开展,让全区公办学校的学生免费使用先进的信息化教育设施,享受更为精准的教学。

第二,注重教师信息化素养的提升。学校通过"走出去、请进来"的方式,开展"互联网+教育"背景下的创新教学培训,帮助教师更新理念。我们认为,要先有理念的更新与认同,才能够做到行动的改变。在学生居家期间,学校为了保障线上教学的效果,教学口的干部们提前认真研究、反复试用多种平台,然后对全体教师进行分层分类培训,并要求每一位教师在每个班级都要开设直播课程,将部分教师原来对信息化运用"可会可不会"的心态转变为"要上课则必须会"。短时间内,教师的信息素养在实战中得到了快速提升。

第三,积极探索信息技术与学科教学的深度融合。学校积极探索基于信息技术的精准教学、精准教研路径,倡导广大教师探索信息技术与学科教学的深度融合,以突破瓶颈,进一步提升教育教学质量。学校制订了信息化设施设备使用的底线要求,让广大教师先用起来。教师掌握了相关技术后,如何借助信息技术及其采集的数据精准有效教学,如何减负提质,成为我们重点探索的问题。在学校开展的全国教育科学规划课题"基于高中生学科核心素养培养的课堂教学设计研究"的引领下,我们开展了基于数据、精准学情的新授课、复习课、试卷讲评课等课型研究，从评价标准的拟定到成熟型教师的赛课展示，再到全校的倡导、推广，引导教师基于数据分析学情、基于数据因材施教，克服了凭经验上课所带来的不足，教师学会了分析数据、用好数据，不断提高教学的针对性。

AI 助力因材施教，技术撬动教学变革 /////////////////////////

任萍萍：2020 年 6 月，昆明八中承办了五华区人工智能因材施教示范区建设项目启动会。这次启动会给您留下的最深印象是什么？对学校的教育信息化发展有什么影响？

李莉华：是的，昆明八中承办了五华区人工智能因材施教示范区建设项目启动会，我校一名语文教师在会上进行了示范课——《致最敬爱的人》的教学，主题是教学生如何写颁奖词。教师在课堂中与学生通过平板电脑积极互动，学生写的颁奖词作为学情数据能够实时进行展示和分析，教师根据分析有效地对学生进行指导，借助动态生成的学习数据，及时调整教学，提高教学的有效性。我们可以直观地看到，教学内容的呈现方式、学生的学习方式和师生互动的方式正在发生变革，教师在不断地挖掘信息技术的优势，提高教学的效率。同时，大数据采集分析可以提供练习、考试等不同维度的学情分析报告，教师利用这些详细的数据报告精准找到学生的薄弱点，从而进行个性化指导。

目前，学校的自动录播教室也在高频使用，积累了大量的研究课、比赛课的课堂实录。从 2020 年开始，学校还推行了点课制度，增加常态课的录播视频，为教研组进行常态课教学研究及诊断提供丰富的素材。教师可以随时登录账号实时观看录播视频，全校四个校区的教师可以不集中就同看一节课、共评一节课，这成了我们八中教研活动的一种常态。

任萍萍：您觉得信息化技术发挥实效的基础是什么？

李莉华：信息化技术要真正服务教学、促进教学，就必须与学科教学深度融合，特别是在学校全面推广智慧课堂以后，学校通过主题教研、课堂比赛等途径，引导教师不能只停留于形式上的信息化，要充分挖掘教育信息化的潜能和价值，切实思考如何借助信息化手段和数据提高教学的有效性。

"精准教"与"个性学" ///////////////////////////////////

任萍萍：您觉得近几年的教育教学信息化探索，为学校带来的改变是什么？

李莉华：近几年，在学校教育信息化探索的过程中，课堂的改变是最显著的。教师们反映最受益的是课堂的快反馈，实时的数据监测为及时调整教学提供了数据支撑；立体化呈现教学资源，形象、贴切地从不同视角让学生获得更多信息，对学生思维的提升有很大帮助；师生间无障碍交流互动，学习结果即时投屏呈现等都大大提高了课堂效率。

此外，学校还鼓励教师积极通过微课和个性化作业的推送解决学生个体差异造成的学习需求的不同。我们也借助一些信息化的平台和方式，在各种长短假期中对学生学习进行及时辅导，提高假期作业的有效性。每位教师对信息技术的接受度和自身的信息素养存在差异，因此我们在教育信息化推进与探索过程中，也遇到了全员推进使用的难点，我们让那些较少使用的教师看到用得好的教师用出了成效，教师对信息技术也逐渐从"被要求"转变为"自我需求"。当应用数据进行精准教学成为教师的一种思想共识和行为自觉，教师的信息化素养也在不知不觉中得到了提升，这有助于教师的专业成长，同时，在全校所形成的一种良性循环的发展态势，也推动了学校的现代化建设和高质量发展。

学校简介 >>>

昆明市第八中学创建于 1952 年，系云南省一级一等高（完）中。学校在传统优势的基础上，形成了"高中初中共同发展、课程建设多元推进、体艺教育独树一帜"三大办学特色。学校先后被评为教育部学校体卫工作先进单位、云南省现代教育技术实验学校、云南省教育科研实验学校、云南省心理健康教育示范学校、云南省教育系统先进集体等。

科技赋能，助力教育提质增效

——对话柳州市第八中学校长李梦玲

◎李梦玲

中学高级教师，柳州市第八中学教育集团党委书记、校长。广西壮族自治区党代表，自治区卓越校长班成员，全国目标教学"百优"教师。在全国中学语文教学与研究表彰活动中被评为先进工作者。荣获柳州市十大杰出青年教师、柳州市优秀党务工作者、柳州市优秀教育工作者、柳州市教育管理先进个人、柳州市"三八红旗手"、鱼峰教育名家、鱼峰区十佳模范个人等荣誉称号。获广西教育教学成果一等奖及柳州市教育教学成果特等奖、一等奖等多项荣誉。

【编者按】

柳州市第八中学（以下简称"柳州八中"）有着"诚实做人，踏实做事，厚实办学"的校园"三实"文化，秉持"让所有不同的学生都获得应有的发展"的办学理念，积极推动校园信息化"三变革"，以创新教育管理模式实现信息技术与教学深度融合，培养拔尖创新人才。

李梦玲认为，教育信息化对于优化教育结构、合理配置教育资源、推进教育均衡、提供优质教育、培养创新人才，乃至全面实现教育公平与构建学习型社会都具有重要作用。

着力培育核心素养，实现学生个性化成长 //////////////////////

任萍萍：基础教育领域的概念层出不穷，从英美教育到芬兰教育，还有时下的未来教育，您怎么看待此类概念的更迭？学校教育要解决的核心命题是什么？

李梦玲：基础教育领域的概念更迭，其实归根结底都在探讨同一个问题——什么是好的教育。谈及好的教育，每个人都有不同看法。我认为好的教育应该包括以下几个特征：指向学生的健全人格养成、注重教育的实践性、促进学生个性化和全面发展、帮助学生融入社会环境。

学校教育要解决的核心命题，就是着力于学生核心素养的培育，致力于学生的终身发展。首先，让学生身心健康成长；其次，用高质量的教学方式培养学生的公民素养、学习动力、创新精神、问题应对能力、情绪行为调控能力、积极健康的生活方式和审美情趣等综合素质；最后，尽可能提供差异化的教育，促进不同天赋、不同个性的学生充分发展，为学生终身发展奠基。

任萍萍：柳州八中秉承"让所有不同的学生都获得应有的发展"的办学理念，对此，学校有过哪些成功的探索？

李梦玲：学校坚持开发了别具特色的校本课程，涵盖信息学、机器人、科创、运动等 15 门课程，尽量满足所有学生多元化发展的需要，并同步组织各类竞赛与活动，开展"感动八中"十佳学生评比表彰，实现"五育"并举、立德树人，让所有学生都得到应有的发展。

柳州八中目前有三个校区：本部是传统优质强校；南校区之前办学力量较为薄弱，于 2014 年合并到柳州八中，经过近 10 年的融合，目前已经成为柳州市优质初中学校；东校区今年开始办学。三个校区起点不同，水平不同。学校为此创建创新发展模式与管理模式，始终坚持三个校区教育管理共研、教育资源共享、教育问题共磋、教师培训联办、教学质量联抓，增强教育资源互补，纵横结合，内外兼顾，使得三个校区深度融合，共享优质教育资源，真正实现学生成长的共融共进。

教育战略"三变革"，促进"双减"落地实施 //////////////////////

任萍萍：作为一所有着近 60 年历史的"老学校"，教育信息化 2.0 为学校带来怎样的新机遇？在此背景下，八中的发展目标和发展战略是什么？

李梦玲：学校信息化模式的转变，不仅是技术与资金的问题，更是一种教学理念的改革。在人工智能、大数据技术支持下，学校在教学中有三大亮点逐步体现，助力教师"减负增效"。这三大亮点是：学情分析精准化、课堂教学高效化、管理实施精细化。在此基础上，八中将持续坚持以学生为中心，秉承所有技术都要为学生的学习服务的宗旨，以技术的深入应用与课堂的创新实践为发展目标，发展战略上实现信息化"三变革"，即信息化教学管理方式的变革、信息化数字化教研的变革和信息化课堂教学方式的变革。

任萍萍："双减"是学校深化教育教学改革的契机，您觉得教育信息化将承担何种角色？发挥怎样的作用？

李梦玲：信息化、互联网、大数据，本质是工具和服务。教育信息化必须在此本质的前提下为国家教育战略提供支撑，强化在"服务""育人"方面的价值。教育信息化在构建智慧课堂中发挥了强有力的作用，为实现因材施教提供了更多可能。利用教育信息化，实现从课前、课中、课后的全场景闭环，最终通过信息技术，为每个学生定制个性化学习路径。

在"双减"方面，教育信息化发挥了"强保障"的作用，对于我们学校而言，尤其在助力"五育"并举与"课后服务"的有机融合，帮助学生全面发展上有了更大的发挥空间。在落实"双减"的过程中，教育信息化丰富课后服务课程供给，不断满足学生对课后服务课程多样化的需求，探索课后服务智能管理平台，提升课后服务管理效能。

加强理念学习，构建"共生共荣"课程体系 /////////////////////

任萍萍：学校在智慧教育发展过程中遇到过哪些难题？如何解决的？有哪些可分享的经验？

李梦玲：对于智慧教育，柳州八中其实也是在探索中前行。智慧教育引入学校之后，首先遇到的问题是新兴技术形态进入课堂与原有教学方式发生碰撞。新教师不知如何在教学中融入新技术，老教师因教学习惯不愿使用新技术进行教学。为此，学校从宏观层面进行了系统的设计和规划，引入科大讯飞这样专业的平台、软件、资源、服务等，聘请相关的专家人才队伍进行培训指导，制订相应的培训计划，每学期进行校内公开课，由优秀教师分享应用经验，通过教研评课帮助其他教师一起

进步。这些整体考虑和精心设计为信息化的可持续发展奠定了坚实的基础。

同时，我校加强对全体成员现代教育思想和现代教育理念的学习，坚持跨学科融合教育的新思想，构建共生共荣的课程体系，促进学科共同体发展，"五育"并举，推动学校高质量发展、学生全面健康可持续成长。提供多种信息渠道，形成开放、立体的培训空间和学习活动的场所；挖掘本校培训资源，集中专题培训，内容包括教师信息技术操作能力培训，通过具体的优秀的案例进行整合方法的培训。目前，我们的数学、科技教育、物理和化学等学科资源建设已获得良好效果。

兴趣引领，科创育人 ///////////////////////////////////

任萍萍：多年来，柳州八中的科技教育始终在不断传承与创新中发展，在您看来，基础教育阶段培养拔尖创新人才的关键是什么？柳州八中采取了哪些有效举措？有过哪些成果？

李梦玲：培养拔尖创新人才的关键是学生兴趣的培养。为此，我校实施"三年不间断，从兴趣到创造"的递进式创客教育课程体系，并于2016年率先将创客教育纳入学校必修课程体系。

我们对不同年级学生的科学教育进行了分层规划。七年级以兴趣培养为目标，以编程为载体，开设编程与学科结合、人工智能探究课程，同时开展手机App制作等社团活动；八年级以培养创造技能为目标，开设3D打印与设计、激光雕刻技术课程，并到东风柳州汽车有限公司等校企共建基地开展研学活动；九年级以创新能力培养为目标，开设开放性科学实践活动课程，并开展创新发明比赛。

柳州八中科技教育每年的受益学生近5000人，学生的科学素养和实践能力有效提升，研发了大量科技作品。近3年来，获国家级奖励的学生30余人次，学校被授予首批全国科学教育实验基地、全国青少年人工智能活动特色单位、教育部基层科普行动计划科普示范学校、全国智慧校园优秀学校、广西中小学生发明创造示范单位等荣誉称号。

弘扬"三实"文化，培养卓越人才 /////////////////////////////

任萍萍：您认为什么因素成就了柳州八中出色的教育质量？学校希望培养什么

样的毕业生？

李梦玲：柳州八中的"三实"文化和坚持精神成就了八中出色的教育质量。在近60年的办学过程中，经过几代人的探索，在几次艰难的转折和关键点，学校都在坚持中实现了突破创新。持续16年至30年不等的数学教育、信息学教育、足球传统运动、机器人竞赛活动、校园科技文化艺术节、"感动八中"十佳学生评比表彰活动，一个个享誉龙城的教育品牌应运而生。通过不断创新整合和发展完善，构筑了润泽心灵的八中九景书香校园，提升了校园文化的育人功能。鲜明的学科教学、科技创新、足球传统项目的办学特色，孕育了师生"诚实做人，踏实做事，厚实办学"的校园"三实"文化，培育了师生高度认同的"在八中，坚持你就赢了"的八中精神。文化是根，精神是魂，"三实"文化和坚持精神已经深深植入一代又一代八中人的内心，激励广大师生不忘初心、突破创新，推进学校教育教学质量不断攀升。

我们希望，学校培养的是一批批能力卓著、拥有真才实学、具有中国灵魂和世界眼光的优秀现代人才。

学校简介 >>>

柳州市第八中学创建于1963年，坚持文化立校、实干兴校，深耕科技创新教育26年，坚持足球传统运动20年、校园科技文化艺术活动18年、感动八中十佳学生德育品牌16年，为学生量身定制15门校本课程，实现"五育"并举、全面发展，连续20年中考位居柳州市最前列。学校先后获柳州市德育先进学校、柳州市中小学常规管理优秀学校、柳州市首批示范初中、柳州市课改样本学校、广西中小学校园文化建设先进学校、广西信息化建设示范学校、全国青少年校园足球特色学校、全国青少年人工智能活动特色单位、基础教育国家级优秀教学成果推广应用示范区柳州市基地学校等荣誉称号。

用科技点燃孩子心中的梦想

——对话南京市金陵中学实验小学副校长李有翔

◎李有翔

特级教师，南京市金陵中学实验小学副校长。江苏省"333高层次人才培养工程"培养对象，全国智慧教育培训项目校长导师，南京航空航天大学研究生行业导师，南京晓庄学院教师教育学院客座教授，江苏省李有翔网络名师工作室（人工智能教育方向）领衔教师，南京市师德先进个人，南京市优秀教育工作者，南京市中小学先进教研组组长。

【编者按】

创建于2008年的南京市金陵中学实验小学（以下简称"金陵实小"）秉承百年名校金陵中学的传统精神，以教育综合改革先行校和教育现代化示范校发展定位为指导，以现代化、国际化、特色化为发展战略，充分利用人工智能、大数据、5G等新一代信息技术的优势，以新理念、新技术、新模式、新机制融合人工智能学习环境基础开展创新应用，实践信息科技学科教学的育人功能，驱动儿童学习方式的变革，重塑智能时代的教育新形态。

李有翔认为，信息科技教学要准确把握儿童教育的基础性，遵循儿童教育的规律，守住根基，夯实学科核心素养，为每一名学生提供有质量、公平而扎实的教育；信息科技教育要向着心中的理想，要有远大的梦想，要燃起每一名学生心中不同的梦想，为他们个性化、多样化的发展注入动力，创造可能。

打造以"智能学习伙伴"为核心的人工智能创新教育 ///////////////

任萍萍：近年来，金陵实小以人工智能教育为突破口，推动新一代信息技术支持下的学习变革，成功成为南京市首家以人工智能技术为研究方向的市级创新教育基地学校，入选全国首批中小学人工智能教育实验校（小学阶段）、江苏省 STEM 项目学校。请您分享一下学校人工智能创新教育的实践模式。

李有翔：金陵实小的人工智能教育以智能学习伙伴计划为核心，贯穿智能学习伙伴的使用、认识、设计、创造的全过程，实现人工智能教育的课程建设与应用普及，综合利用课程资源，开发面向人工智能技术的系列课程，推动人工智能技术在学科教学中的应用融合，促进学生人工智能科技素养的形成和人工智能人才的培养。

开展智能学习伙伴陪伴下的跨学科项目学习、智能学习伙伴蕴含的人工智能知识学习。经过深入思考，学校提炼了人工智能教育的三个层级，分别是：人工智能支持下跨学科项目课程学习、基于动手实践的人工智能创新应用设计、基于素养测评的人工智能人才培养体系。通过智能学习伙伴的有效运用，努力推动人工智能技术在学科教学中的应用融合，将学校和社会人工智能教育资源有机融合，为学生提供全新的学习场景与学习体验，帮助学生构建人工智能时代的必备素养。

人工智能创新教育要抓住五大关键点 ////////////////////////

任萍萍：在您看来，小学阶段推进人工智能教育，用教育信息化推动教育教学的深层次改革与创新发展，需要抓住哪些关键点？

李有翔：一是要有学习方式变革的路径。借助人工智能技术，在智能学习伙伴的辅导、伴学、设计和创造的过程中，帮助儿童掌握适应未来社会需要的人工智能知识，激发学习的内驱力，用榜样示范、情感陪伴引领儿童身心发展。通过智能学习伙伴，帮助学生开展以混合式学习、合作学习、具身学习为代表的学习方式变革。

二是要有人工智能的创新应用。现阶段的人工智能教学更加关注发现身边的人工智能技术，了解其背后的核心技术，理解相关技术的基本原理，通过编程设计人工智能创新应用等内容。本课程基地既将人工智能技术作为学习内容，也将其作为学习工具和手段，更好地拓展了人工智能教育的内涵。

三是要有跨学科项目课程呈现。借助人工智能技术搭建的新型学习场景，在智能学习伙伴的辅导、伴学的过程中，开展学科教学、跨学科学习方式变革的实践。促进人工智能与其他学科进行跨学科的交叉融合，对学生理解人工智能技术、构建人工智能与生活、社会的联系方式进行创新。

四是要有明确的素养测评框架。学校借助中央电化教育馆发布的《中小学人工智能技术与工程素养框架》开展人工智能教育实施效果评价，是该套素养框架的具体落地实施，具备一定的前瞻引领作用。

五是要有建设成果的辐射平台。学校人工智能教育的研究成果能够借助全国人工智能教育实验学校、教育部"人工智能助推教师专业发展"项目、江苏省李有翔网络名师工作室（人工智能教育方向）、南京市科技创新教育基地等平台进行推广。目前学校人工智能教育项目已经在江苏省内多家学校落地推广，并在多地进行了分享交流。

借互联网思维开展智慧学习生态建设 ///////////////////////////

任萍萍：自 2018 年起，学校开始推进互联网思维下智慧教育生态建设，有效推动学校高质量发展。关于"智慧教育生态"，您有哪些思考可以分享？在构建智慧教育生态的过程中，学校做出了哪些探索？取得了怎样的成果？

李有翔：为更好地发挥智慧校园建设的成效，学校提出借互联网思维开展智慧学习生态建设。互联网思维具有整体性、移动性、协作性、智能化等特点，这些思维特征和新一代技术是学习生态建构的基础，也是思维的原点。师生既是数据的消费者，也是数据的贡献者。动态的数据驱动着整个系统的动态平衡，其间服务的是资源的供给和教与学方式的变革，更多地满足多样性、泛在化和个性化学习的需求，实现人与人、人与资源的共生共长。

学校以互联网思维为主要思维方式，以智慧化的现代信息技术为支撑手段，以帮助学生核心素养有效提升的学习生态系统建设为目标。以用户至上、体验为王的创新态度，促进学习生态的迭代升级；设计跨界融合的智慧学习活动，优化学习体验；结合人工智能、物联网建设等新一代信息技术建设去中心化（行政化）、扁平化的智慧学习环境；以网络资源平台、大数据技术推动快速精准、面向个性需求的学习活动开展。以智慧化的技术手段把学生学习相关的各要素重组、优化、融合，以智慧化的学习生态建设，更好地促进智慧人才的培养。

第一，人工智能彰显育人特色。近年来，在省、市、区教育部门的支持下，学校率先实践人工智能教育，走在省、市乃至全国的前列。2020 年，学校被中央电化教育馆认定为全国首批中小学人工智能教育实验校（小学阶段）。我受邀参与中央电化教育馆《人工智能（小学版）》教材的编写工作，目前该教材已由北京师范大学出版社正式出版。2021 年 1 月，由江苏省教育厅正式授牌的江苏省李有翔网络名师工作室成立，该工作室是全省唯一以人工智能教育为研究内容的省级网络名师工作室。学校还被南京市教育局认定为首家以人工智能教育为研究方向的南京市创新教育基地学校。

人工智能技术不仅是信息技术学科的学习内容，也给其他学科的学习提供了支撑和更多的可能性。学校开展了人工智能教育在学科教学中的应用实践探索。通过人工智能技术与学科教学的深度融合，促进学习方式变革，提升学生学习力，进一步推动互联网思维下人工智能教育在小学常态开展，构建智慧教育新生态。

第二，智慧教育支持学习变革。学校的智慧学习活动设计，重点在学习空间建设和用信息技术支撑学生评价的改革。学校搭建了学生自主学习空间，利用电子班牌技术对学生常规行为进行评价。同时学校搭建了学习评价系统，加强教师、学生、家长之间的联系，以金葵花向阳文化为发起点建立学校的资料库、作品中心、班级圈、好友圈等。每一名学生都可以通过平台上传作品，学生互评、教师评、家长评多种评价方式相结合，在交流中对学生进行鼓励，从而提高学生学习积极性。

第三，信息技术助力内涵发展。学校以互联网思维和信息技术手段为立德树人工作注入新能量。2019 年第三批江苏省中小学生品格提升项目"劳动美化生活：小学生品格提升新实践"（已于 2021 年 5 月结项），信息技术团队带领学生感受新一代信息技术发展背景下的先进制造，培养适合时代需要的新型劳动者；学校成功申报 2018 年南京市基础教育前瞻性教学改革实验项目"金钥匙计划：小学生走进大学实验室"，着力推进高校与小学共建信息技术视域下的 STEM 课程。

学校简介 >>>

　　南京市金陵中学实验小学创建于 2008 年，系建邺区教育局和百年名校金陵中学合作创办的一所公办小学。学校先后被授予江苏省基础教育前瞻性教学改革实验项目学校、江苏省中小学生品格提升工程项目学校、江苏省首批 STEM 创新实验室试点学校、江苏省体育特色学校、江苏省智慧校园示范学校、中国少科院科普示范基地、全国首批足球特色学校等。2018 年被教育部办公厅授予全国网络学习空间建设优秀学校。2020 年被中央电化教育馆认定为全国首批中小学人工智能教育实验校（小学阶段）。

如何培养适应未来的人才

——对话北京十二中教育集团校长李有毅

◎李有毅

特级教师，北京十二中教育集团校长，全国政协第十三届全国委员会提案委员会委员。先后获全国"五一劳动奖章"、全国先进工作者、全国"三八"红旗奖章等荣誉。创造性地提出"求真、崇善、唯美"的办学理念和"一个目标、两个重点、三个突破"的科学发展战略构思；不断提升教师的创新能力，为教师发展搭建四大平台；根据学生个性发展的要求，提出"学生为本、八气修身"要求，为学生提供四大发展空间。

【编者按】

创建于1934年的北京市第十二中学（以下简称"十二中"），在"求真、崇善、唯美"教育理念的指导下，现已成为世界名中学联盟学校、北京市重点中学、北京市首批示范高中、全国首个教育信息化协作体——推进教育信息化应用名校联盟理事校。面对教育信息化发展的新要求，学校积极探索信息技术与现代教育的深度融合创新，充分利用现代化信息技术构建新型的集团教、学、考、评、育、管模式，以促进教学模式的科学优化和教学效率的大幅提升。

李有毅认为，提供个性化教育服务的首要条件是变革教育理念，"十二中正在着力构建智慧教育的新生态，以教育数据为基础，以智能应用为途径，以服务学生发展为目标。我们以课堂为主阵地，运用'互联网+'的思维方式和大数据、云计算等技术，实现教育全过程应用，实现差异化教学、个性化教学以及精准化教学，起到了非常有效的作用"。

校长要修好"八气" //

任萍萍：您认为一所名校的校长应该具备哪些品质？

李有毅：一所学校的底蕴或者说可持续发展，离不开师生的精气神。校长要修好"八气"，方能胜任教育改革。第一，树正气，做生涯领航人；第二，涵雅气，做团队影响者；第三，展大气，做全局战略家；第四，蕴灵气，做课程规划师；第五，筑底气，做科研带头人；第六，讲和气，做资源整合者；第七，立志气，做质量督导人；第八，鼓勇气，做改革实干家。

十二中的教育信息化1.0到2.0 ///////////////////////////////

任萍萍：信息化教育是十二中的一张闪亮"名片"，教育信息化1.0和2.0存在哪些差异？

李有毅：十二中作为北京市为数不多的五星级数字化校园，在初始的1.0数字化校园时代，信息技术在课堂上更多是以纯服务的工具形式出现，没有将教师与学生紧密联系起来。但在2.0时代，我们要不断读懂作为数字原住民成长起来的一代人，了解他们的接受习惯和成长方式，不断摸索与新课标相符的教学模式，找到学生与教师之间的平衡点，真正做到在课堂教学中突出学生的主体地位，让学生实现"精神和智慧的双成长"。"精神"是品德和意识形态，要让学生树立正确的世界观、人生观、价值观；"智慧"是要让学生掌握正确认识世界的方式。

"四问七步"教学模式 ////////////////////////////////////

任萍萍：教育信息化2.0时代，十二中如何实现技术与教学、与学生成长的深度融合？

李有毅：在学生层面，我们十二中一直采用"四问"教学模式，即设问、解问、追问、新问。结合"四问教学法"，经过多年对智慧课堂系统和大数据精准教学系统的使用，学校形成了一套试卷讲评课的基础样式——"四问七步"教学模式，将个性化植入课前、课中、课后，从试卷分析到课堂讲评、从拓展训练到课后作业都能做到针对不同的学生需求制订不同的学习策略。

第一步，自行纠错：发下试卷后，教师会要求学生对做错的题目进行自我反思——在试卷空白处，对错题进行"考点、思路、错因、感悟"的自我反思和梳理。

第二步，小组合作：按互助原则，将学生分成 4 人小组，确保每个小组组员的学习能力互补。自我反思后，在组内先行讨论解决个人自我反思中发现的问题。本小组解决不了的问题，可以组间交流解决。

第三步，巩固提升：课上讲评以学生讲评为主，所以课前各小组需要梳理本小组内错题的讲评思路，进一步实现巩固提升。

第四步，分析归类：课上，教师首先展示本班试卷答题情况并进行归因分析。这里的错因不仅仅包括共性的薄弱知识点，还包括学生的答卷问题——不会审题，缺乏理论支撑，只关注书本知识的结论而缺乏独立思考，没有掌握答题的基本技巧，书写的基本素质等。

第五步，梳理提炼：从归因出发，梳理提炼出相应练习专题，按专题进行试卷讲评。

第六步，拓展变式：每个专题结束，要求教师"举一反三"用变式题巩固讲评效果，同时借助智慧课堂技术，发起线上测试，及时掌握全班作答详情，一题多解的情况下还能实现对比讲评。

第七步，查漏补缺 1：利用智慧课堂技术，课后作业可以实现个性化布置，教师不仅可以布置全班作业、分组作业，还能根据学生近期的学习表现"指定学生"布置个性化作业，通过个性化的作业满足各自的提升需求。若有遗留问题，则首先由组内合作解决，依靠小组力量也无法解决的问题，汇聚给小组长后由教师解决。

查漏补缺 2：每次考后，要求学生完成该卷的错题订正和相应的巩固练习，由各小组长监督完成，教师抽查完成情况。在选择抽查对象的时候，建议教师重点关注临界生和波动生的完成情况。

全面聚焦学生信息素养提升 ////////////////////////////////

任萍萍：除了对于学生学习主动性的转变，信息化教育对学生还有哪些帮助？

李有毅：信息化是当下教育发展的主流背景，作为数字原住民的学生群体对综合素质的成长需求自然很高。十二中在开足开齐开好国家规定课程，确保教育教学质量的基础上，开设科技教育、艺术教育、体育、心理教育、实践教育等，满足学生的成长需求。

以科技教育为例，十二中钱学森学校与中国运载火箭技术研究院合作，成立"1+X"领航室，开发科技课程，包括无人机、航模等实验，学生都积极参与。通过这些信息化的科技课程，学生由浅入深地理解技术原理，激发创新思维与兴趣，培养科学素养。从更大的层面来说，到 2035 年，我国将建成文化强国、教育强国、人才强国、体育强国、健康中国，国民素质和社会文明程度达到新高度，国家文化软实力显著增强。我们希望学生作为有担当的中坚力量参与其中，所以通过信息化教育，全面聚焦学生信息意识、计算思维、数字化学习与创新、信息社会责任等多维度信息素养的提升。

人工智能助力教育均衡 //

任萍萍： 如何借助人工智能缩小地域差异，实现教育公平和均衡？

李有毅： 联合利用信息技术和人工智能互联网教学平台，探索线上和线下相结合的全学科双师教学模式，让欠发达地区的学生接受与发达地区学生同样的学科教育，促进教育均衡，探索社会广泛参与的教育扶贫可持续发展之路。2017 年 11 月，十二中与人大附中、合肥八中等 12 所学校共同发起成立了全国推进教育信息化应用名校联盟。联盟先后承办了全国智能教育新发展高峰论坛、全国新高考实施策略研讨活动等，展示基于人工智能技术的智慧课堂及大数据精准教学、生涯规划等内容，探索人工智能技术支持下的教育改革及创新人才培养的新模式，构建信息化技术外壳与学校教育内核真正融合的智慧校园标杆。

学校简介 >>>

　　北京市第十二中学创建于 1934 年，系北京市重点中学、首批示范高中，目前包含本部校区、科丰校区、钱学森学校、朗悦学校、南站学校、附属实验小学以及附属幼儿园 7 大校区，已经发展成为跨越幼小中高多个学段、一校多址的十二中教育集团。学校建有全市领先的现代化生物数字互动实验室、物理数字互动实验室、生态展示园、生态实验室、天文馆、图书馆、电子阅览室等，所有校区都建立局域网，可以享受校内外优质资源。

构建智慧教育生态，创新应用赋能未来

——对话深圳市宝安区宝民小学校长刘金兰

◎刘金兰

深圳市宝安区宝民小学党支部书记、校长。宝安区数学名师，宝安区刘金兰名师工作室主持人，多次被评为宝安区优秀教师和优秀班主任。在区级以上教育刊物发表论文 10 余篇，多次在全国小学教育教学论文比赛中荣获一等奖，课例"什么是周长"被评为"一师一优课，一课一名师"活动部级"优课"。

【编者按】

深圳市宝安区宝民小学不断深化智能技术与教育教学、科研、管理等的深度融合，积极探索信息化技术系统支持下的课堂变革与创新，促进技术与教学深度融合，构建新型课堂教学结构与教学形态，建立由系统（云平台和硬件终端）、人（教师和学生）及活动（课前、课中、课后教学环节）等组成的新型信息化课堂教学体系。

宝民小学秉承"生命教育、绿色成长"理念，以"未来教育"和"新八德教育""星级少年"为突破口，狠抓学校内涵发展，发展学生核心素养，深入践行智慧教育。校长刘金兰认为，智慧校园建设应紧跟时代前沿发展，不断深化智能技术与教育教学、科研、管理等的深度融合，不断强化智能技术对教育教学改革的服务与支撑，从而实现学校信息化建设全方位创新，推动教育高质量的发展。

狠抓学校信息化发展 ///////////////////////////////////////

任萍萍：请您为我们分享宝民小学探索教育信息化的重要历程。

刘金兰：2017年，随着改扩建工程的完工，宝民小学站到教育信息化的风口。全国首个区校共建的未来教育体验中心在此落地；教育部"基于教学改革、融合信息技术的新型教与学模式"深圳市100所实验校、科大讯飞全国人工智能创新教育示范校在此布局；广东省信息化中心学校、广东省现代教育技术实验学校、广东省信息2.0学校在此试点；深圳市STEM教育典范学校、深圳市中小学"智慧校园"示范校、深圳市中小学创客实践校在此开展。

我校的教育信息化建设举措如下：加强硬件平台建设，打造智慧校园建设的基础环境。我校与区教育信息中心共建宝安区未来教育体验中心，包含TED讲堂、未来教室研究中心、未来学习创新中心、教育会客厅、企业展示及体验中心、MR混合现实室、3D工坊及录播室等。2020年学校率先实现5G网络校园全覆盖，成为宝安区"5G网络支持下的智慧教育示范学校"。

"未来已来，教育先行"成为社会各界一致的感受。我们现在正以"未来教育"为突破口，狠抓学校信息化发展，培育学生核心素养，取得显著成效。不断探索"5G+智慧教育"，宝民小学的软硬件、课程与课堂、教与学方式均发生了显著的变化。在2022年7月公布的全国中小学教师信息技术应用能力提升工程2.0典型案例评选结果中，深圳市共有3个案例入选，宝民小学占2个。得之不易的成绩，是对学校不懈探索智慧教育的最好肯定。

技术创新应用课堂教学 ///////////////////////////////////////

任萍萍：就宝民小学的探索实践来看，您认为技术融入课堂教学可以起到哪些作用？

刘金兰：第一，AR/VR技术的应用让教学效果更生动。小学阶段的学生处于直观形象思维向抽象逻辑思维过渡的阶段，"眼见为实"成为学生学科学习的重要途径。教师运用AR技术将微观的结构、变化和抽象的事物形象逼真地呈现出来，达到教与学的思维过程直观化、可视化效果。学校推动智慧学习环境等新技术与教育课程全方位融合，充分利用虚拟现实、增强现实和混合现实等技术，建设开发出一批交互性、情境化的教育课程资源。例如，电子博物馆课程使用 AR 技术，立体直观地呈现古代文物基本结构，让学生零距离接近国宝，既增长了见识，又提高了对文物的审美赏鉴能力。再如，十天干和十二地支两两相配的纪年方法因为时代久远，学生在理解上存在困难。梁创荣老师执教《己亥杂诗》时，运用 AR 技术直观呈现干支纪年方法，以及干支纪年和公元纪年的相应关系，化繁为简，化难为易，大大降低了学生理解诗词内容、体会诗人情感的难度。

第二，智慧课堂助力高效教学。例如，被评为广东省语文课例计算机教育软件设计一等奖的陈颖琪老师的《这片土地是神圣的》一课，课中，针对六年级学生不愿意当众开口讲出自己看法的现象，陈老师设计了一个与微信讨论组类似的讨论环节，评价学生的朗读情况。学生可以在自己的平板电脑上畅所欲言，并且可以在最短时间内对同学的内容进行评价。活动引发了新一轮的讨论，让学生再次对朗读有了新的认识。

畅言智慧课堂通过人工智能技术落地课堂教学，构建学习闭环，打造智慧教育生态圈。我校主办了教育大数据探学生发展模型全国研讨会，语文、数学、英语、科学各展示了一节智慧课堂示范课，还多次举行区、市、省级的示范课或研究课。

智慧课堂的常态化运用引起各界广泛关注，学校相继接待国内 10 余个省份、50 多所学校来校交流访问，在区域内起到了很好的示范作用。

第三，数字化课堂观察激发教师成长的潜能。基于数字化的课堂观察能够提高课堂观察质量，为改进课堂教学提出诊断意见以及依据。通过运用"多元交互式课堂观察平台"开展课堂观察与评价的校本研修实践活动，有效促进学校课堂教学评价改革，矫正课堂教学偏差，提高课堂效率；有效提高教师专业发展水平，推动学校教研组队伍建设、文化发展、教研创新，引领数字化教研评价发展方向。

2021 年，在深圳市教科院主办、我校承办的第六届全国数字化教学评价研究论坛上，两位教师向全国同行作了教学经验分享，得到了点评专家和各地教师的高度认可。

探索人工智能创新教育 ///////////////////////////////////////

任萍萍：在帮助学生提升科技素养、信息素养等方面，学校进行了哪些创新探索？

刘金兰：为培养学生实践创新能力、信息收集和处理能力、交流表达能力、自主学习能力和团队合作能力等，我校以"三棵榕"创客实践室为平台，在完善创客学习实践环境及软硬件基础设施的基础上，以 STEM 教育理念为指导，以课程为依托，驱动各相关学科教学内容重构和学科教学方式方法创新，探索出信息技术支持下的 STEM 教育教学模式。该模式在传统课堂教学的基础上深度融合在线学习和实践学习活动，从课前、课中和课后的具体环节上形成相应的教学框架，提高了课程可操作性，解决了 STEM 创客教育普及化的问题。

我校重视学生多元能力的综合性发展，积极组织跨学科教学，构建了机械工程与电子技术、3D 建模与打印、模型、木工坊、智创未来五大 STEM 创客课程。各课程均制订了相应的课程纲要，有明确的课程计划，题材广泛，贴近生活，将科学、技术、工程、数学等学科有机融合，具有较强的知识性、趣味性和实践性。

近年来，人工智能教育兴起。我校以人工智能机器人和畅言智 AI 平台编程软件为人工智能教学的主要工具，与生活相结合，培养学生的计算思维与创新思维，让学生学会把问题拆分，化繁为简地解决。举例来说，教师通过创设"疫情防控期间外出购物不便"的问题情境，邀请学生设计一个"能购物的机器人助手"，理解计算机视觉技术的含义和应用。教学过程中，教师使用畅言智 AI 编程平台配套小飞编程机器人，学生通过头脑风暴，经历分析功能—软件模拟、探究原理—创意碰撞、个性设计—产品发布的交流评价三个环节，深刻体验人工智能—产品的学习—创造—表达的过程，结合人工智能机器人中的智能语音、计算机视觉技术创意设计一个"能说会听，能看见会思考"的购物小助手。

小飞机器人类人化的外观设计深得学生喜爱，机器人内置多种传感器，配套的畅言 AI 编程平台用简单的图形化编程方式实现人工智能中智能语音、人机对话、计算机视觉、机器学习等。

可视化综合评价唤醒了学生的动力 ////////////////////////////

任萍萍：在教学评价改革方面，学校进行了哪些探索？

刘金兰：我校正在积极探索综合素养评价。核心是在学生综合素养的全面评价里注入游戏的团队合作机制、学生社交属性等，通过大数据分析以简单即时的方式让教师通过发芯片卡（上课积极卡、好人好事卡、运动卡等）量化评价学生的综合素养。评价以精神奖励为主，激发学生的内驱力，建立学生个性化成长档案，促进学生健康成长，帮助学生增强自我认知，进一步发展个人特长优势，弥补个人发展短板，合理规划个人未来发展。

未来，我校将利用大数据画像，将学生在校活动的学习行为进行数据收集、数据存储、数据标注、数据处理，以期能够全面、系统地反映学生的行为规律和特征，形成学生画像，及时推送信息给教师和家长，帮助教师和家长把握学生的活动动态，表扬积极向上的行为，纠正不良习惯，引导学生健康成长，实现学生德智体美劳全面发展。

学校简介 >>>

深圳市宝安区宝民小学创建于 1987 年，先后被授予全国中小学信息技术创新与实践活动实验基地、广东省信息化中心学校、广东省现代教育技术实验学校、广东省科技教育示范基地、广东省航天航空特色学校、深圳市中小学"智慧校园"示范学校、深圳市中小学创客实践室、宝安区优质示范学校、宝安区首批微软创新学校、宝安区首批 5G 智能试点学校等称号，承办全国教育大数据探学生发展模型研究共同体论坛，开展多项国家级、省市级重点课题研究。

"双线"融合推进教育发展，
和谐创新培育未来人才

——对话广东广雅中学校长龙国华

◎龙国华

高级教师，广东广雅中学校长。广州市人民政府督学，广州市教育局机关党委委员，广州市第十二届党代会代表，兼任广东省地方课程教材评审委员会委员，华南师范大学教师教育学部兼职教授，广州市中学地理教学研究专业委员会理事长，广州市中小学教材教辅选用指导委员会委员。

【编者按】

作为一所百年老校，广东广雅中学坚持立德树人根本任务及"和谐"办学理念，坚持"发现"教育主张，在教育信息化的路上积极探索，注重创新型"未来人才"的培养。在智慧教育的模式打造上，广雅中学形成以"情境—任务—评价"为核心的"智慧课堂双线融合"教学模式，利用丰富的学习资源创设学习情境与任务，在学生自主学习的基础上，结合测评大数据，精准突破学生薄弱知识点，实现以学定教，推动了"深度学习"的真实发生。

站在新的历史起点，广雅中学基于对历史文化的传承以及对当下教育和未来发展的思考，推进教育信息化建设，创设条件激发师生主动性，为学校注入一股澎湃的创新力量。

以智慧教育破解教育难题 //////////////////////////////////

任萍萍：教育信息化 2.0 时代的到来，人工智能＋教育理念的兴起，为学校带来了哪些新的机遇和挑战？

龙国华：2018 年，《教育信息化 2.0 行动计划》印发，我们正式从教育信息化 1.0 时代进入 2.0 阶段。随着 2.0 的推进，人工智能＋教育理念的兴起，教育形式和学习方式都发生了重大变革，给传统教育思想、观念、模式、内容及方式带来了巨大的冲击。

广雅中学是广东省信息化中心学校、广东省中小学教师信息技术应用能力提升工程 2.0 试点校、广州市创建全国智慧教育示范区支撑校、广州市智慧校园实验校、广州市人工智能助推教师队伍建设试点校。

广雅中学自 2019 年起逐步推进智慧课堂建设，目前已全面建成覆盖本部校区 54 个班 3000 多名师生和花都校区 34 个班 1500 多名师生的智慧教室，实现了智慧课堂在教学中的全过程、常态化、强交互、大数据应用。利用智慧课堂支持下的多元化学习方式，打通了课前、课中、课后的时空限制；任务驱动的小组合作学习方式，推动了"深度学习"的真实发生。学校教师的智慧课堂课例连续入选第十三届、第十四届全国中小学创新课堂教学实践观摩活动典型课例和研讨课例；学校 2020 年、2021 年连续两年在广州市教育教学信息化创新应用活动中获奖人次名列全市中学第一；2021 年 7 月，学校被教育部评为"2020 年度网络学习空间应用普及活动优秀学校"；同年 12 月，在首届广州市智慧教育成果展中，学校成功举办了智慧课堂融合创新教学研讨活动，被广州市教育局评为"广州市智慧教育成果展优秀组织单位"。

2021 年 10 月，广雅中学智慧课堂、AI 教室及人工智能课程作为广州市"以智慧教育破解教育难题"的典型，《中国教育报》对此进行了重点报道。经过多年的探索与实践，我们真正认识到教育信息化给教育带来全面的、跨越式发展的潜力，我们更有信心用教育信息化加快促进教育的现代化。

"五育"并举重发展，"和谐创新"树人才 //////////////////////

任萍萍：您如何理解"未来人才"？基于广雅中学"和谐创新"的教育理念，学校如何进行未来人才的培养？

龙国华：我们可以看到，国家颁布的一系列政策从国家战略层面对于人才培养方向作出了顶层设计，尤其是在科学育人方面，提出了"立德树人""全面发展"的人才培养要求。简单来说，"未来人才"应该具有个性特色、善于独立思考、具有广博的知识、富有创新精神和创造力，同时也要具有高尚的理想和道德情操。这种创新型的"未来人才"是我们人才教育的根本目标。广雅中学"和谐创新"的教育理念，讲求的是教与学的和谐、理念与实践的和谐、学科与技术的和谐、人与环境的和谐、能力与素质的和谐，其实都是从人才的最好发展着眼，帮助成就学生最好的未来。

学校鼓励和引导教师结合学生实际水平和拔尖创新人才的能力要求，在课堂教学中体现"尊重之道""引导之法""激发之术"，积极推进课程实施和课堂改革的四"化"。

一是国家课程校本化。允许、鼓励教师对国家课程进行校本化处理，如整合教学内容、调整模块顺序、自编学习教材、创新教学方式。

二是优质课堂多元化。鼓励教师不拘泥于固有教学模式，积极探索尝试基于信息技术的多元互动课堂，着力构建问题导向、高阶思维的绿色教学和高效课堂。

三是分层教学个性化。实施探索选科走班背景下的分层走班教学改革，根据学习的层次和学生的认知水平实施个性化的分层教学。

四是课堂教学信息化。学校加强智慧校园管理平台建设，推进智慧课堂项目，启动基于云教学系统的交互式教学改革，实现从环境、资源到活动的数字化和智能化，教学力求把课堂还给学生，以提出和解决问题为主导，学生通过教师提供的微课或导学资料，课前预习，课中研讨，课后自主巩固，师生交互灵活自如，个性辅导及时有效，提升了课堂时间价值和学习效益。

任萍萍：在落实"和谐创新教育"上，人工智能、大数据等技术为学校提供了哪些帮助？学校有没有形成相关教学模式？

龙国华：广雅中学实际上很早就开始引入人工智能、大数据这些新兴技术。乘着教育信息化2.0的东风，学校2019年引入智慧课堂和大数据精准教学系统，通过语音识别、OCR、大数据技术在课堂教学和作业、考试这些环节深度融合，提升了教学效率、减轻了师生负担，同时也给学校开展闭环式教学提供了数据和技术支撑；2020年，学校入选广东省中小学教师信息技术应用能力提升工程2.0试点校，重点解决教师信息化应用能力的系统提升与测评；2021年，学校引进了广东省基础教育领域首个"教师能力AI测评实验室"，运用人工智能、大数据等技术对教师课堂教学过程进行分析评价，帮助教师精准地获取自身发展能力特质，分析能力发展动态。

经过 4 年的改革试点班实践探索，广雅中学智慧课堂教学改革项目取得了预期的进展和突破，课堂教学创新模式不断迭代，从最初"互联网＋交互学习"教学模式，逐步演化为以"情境—任务—评价"为核心的"智慧课堂双线融合"教学模式，利用丰富的学习资源创设学习情境与任务，在学生自主学习的基础上，结合测评大数据，精准突破学生薄弱知识点，实现以学定教。课堂上，任务驱动的小组合作学习方式，利用智能平板的多种互动功能，线上与线下相互融合的学习过程，推动了"深度学习"的真实发生。

任萍萍：人工智能时代，应如何利用信息技术激发学生的创造性、培养学生的独立人格？

龙国华：中学生已经具备了一定的学习能力，并且对于互联网、人工智能技术发展有明显的好奇心理，社会的发展也给学生广泛接触这些新技术提供了环境，因此中学生对于信息技术的需求高于其他学段的学生，并且大多数学生已经不满足于课本中的内容，而是喜欢通过网络等多种渠道自己搜集关于互联网、人工智能、编程在内的其他资料，这就决定了我们在教学过程中应该坚持"以生为本"的思路，从学生容易理解的角度出发，让学生认识到知识、技术与生活的紧密联系，再从现象到本质地探索知识、技术、理论的本真，要由浅入深，层层深入。

我们可以通过创设情境，激发学生兴趣；设计问题，培养学生思维；分层指导，满足学生需求；动手实践，强化认知能力。例如，基于智慧课堂的"双线融合"教学模式，充分利用线上网络学习空间的优势，在智能平板终端的支持下，学生能自主完成基本知识和基本技能的学习；同时，教师利用网络学习空间的练习系统对学生的自主学习情况进行检测评价，从而在课堂上进行有针对性的讲解训练，帮助学生掌握自主学习的难点；课堂上，教师可以把真实问题情境引入课堂，提出需要学生合作解决的实际问题，进而推动"深度学习"的真实发生；利用空间开展课内课外、线上线下相结合的混合式教学，为课堂教学形式的创新提供了有力的支撑，有利于组织实施自主、协作、探究等教学活动。课堂开展以学生为中心的动态交互学习，以小组讨论的形式为主，通过平板电脑实时反馈讨论的结果，小组之间通过充分的讨论各自发表观点，学生经过思考、交流和讨论实现了深度学习，最大限度地在学科教学和信息课程中培养学生创新能力。

优质均衡，共同发展 ///

任萍萍：一直以来，广雅中学都是广东省基础教育领域的先行者，发挥着辐射示范作用。作为名校，广雅中学应承担起怎样的社会担当？

龙国华：我觉得不仅仅是名校，任何一所学校都应该具备一定的社会担当。广雅中学的前身是晚清重臣张之洞在担任两广总督期间创办的广雅书院。张之洞看到了清朝末年中国人才的匮乏，他是这样定义"广雅"二字的："广"就是知识要广博，"雅"就是品行要雅正。我想这跟我们现在所说的"立德树人"、做人与做学问和谐统一是不谋而合的。

秉"和谐"之办学理念，广雅书院首任山长梁鼎芬提出"性刚才拙"育人思想，第二十三任校长梁漱溟提倡师生"生活共同""知行并进"，后题写"务本求实"，成为百年广雅之校训。一百三十载峥嵘岁月，广雅历尽沧桑，数迁校址，几易校名，然"和谐"办学宗旨一脉相承，被称为"中国近现代教育史活的见证"。2017年12月，作为首批广州市属教育集团之一，广东广雅教育集团正式成立。

广雅教育集团以百年名校广东广雅中学为核心，学段主要集中于初中和高中。在新高考与深化"双减"政策的呼唤下，广雅教育集团扎根荔湾，辐射白云、花都，提出新时期的办学新理念及新任务。集团以"优质均衡、共同发展"为目标，以"共建、共融、共享"为发展策略，通过加强顶层指导、育人资源共研共享、教师队伍联招联培、集团课程共建统整、加强质量监控等方式，建立了多元共治、协同创新、共创共享的运行机制，形成了资源共享、优势互补、深度交流、合作共赢的集团发展模式，促进了集团教育高质量发展。

学校简介 >>>

广东广雅中学创建于1888年，前身为清朝两广总督张之洞奏请光绪皇帝而创办的广雅书院，系广东省首批省一级学校、国家级示范性普通高中、广东省文物保护单位。百余年来，广雅中学始终以卓著的办学业绩引领基础教育改革，立德树人，为国育才，被誉为"中国近现代教育史活的见证"。学校先后获全国文明校园、全国创先争优先进基层党组织、全国教育系统先进单位、全国德育工作先进集体、全国艺术教育先进单位等荣誉称号。

落地智慧教学系统，全面深化素质教育战略实践

——对话石家庄市第一中学校长娄延果

◎娄延果

特级教师，教育学博士，石家庄市第一中学党委书记、校长。享受国务院政府特殊津贴专家，教育部基础教育化学教学指导专业委员会副主任委员，教育部"国培计划"专家团成员，河北省教育学会副会长，河北省政协委员，河北师范大学博士生导师，河北省名校长工作室主持人。在《河北教育》杂志开设专栏"延果说"，谈学校管理。

【编者按】

创建于1947年的石家庄市第一中学（以下简称"石家庄一中"），是党和政府建立的全国第一所城市中学，红色基因是学校发展的基石。在办学方针上，石家庄一中紧跟时代步伐，在教育信息化潮流中，探索出了自身独特的智慧教育之路。作为全国教育信息化首批试点城市之一，石家庄一中的教育信息化变革走在了河北省前列。在信息化建设方面，学校围绕"生命课堂"，打造了大数据精准教学、数十个示范性平板教学班、数字化校园管理平台、教育决策支持系统等，硕果累累。

娄延果认为，信息技术改变了人与人、人与学习材料之间的时空关系，是学校个性化教学的新平台。他坚信，新技术是助推新课程实施和促进学校发展的燃料和利器。未来学校的场景一定是混合式、线上线下融合发展的。对此，石家庄一中全

面深化素质教育的战略实践，主动拥抱大数据信息技术，大力推进智慧教育。

秉承"生命的教育"理念，关注学生全面发展 ///////////////////

任萍萍：请您介绍一下学校的办学理念。

娄延果："为来到我们身边的每个孩子提供优质的教育。"这是我常提到的一句话，也是我们学校一直以来追求的目标。建校 70 多年来，石家庄一中一直秉承"生命的教育"理念，关注一切有生命的教育，强调对生命的尊重、对生命多样性的尊重、对生命发展性的尊重。学校将其分为三个层次：尊重生命的灵性、体验生命的过程、享受生命的幸福，为每个学生提供优质教育，让每个生命健全成长。

为将"生命的教育"理念与学校办学行为相结合，融入学校的日常生活中，石家庄一中构建了"生命的教育"课程体系，包括显性课程体系和隐性课程体系，由五大系列构成，即国家课程系列、校本课程系列、校园节日系列、生命文化系列、社团组织系列。这五大系列包含了一百多门课程，各个系列都有明确的育人导向、育人目标。同时，为了落实学校的办学理念，学校还构建了生命呵护体系，包含了德育活动在内的各项育人工作。

"四级教研活动体系" /////////////////////////////////////

任萍萍：石家庄一中一直保持着很高的升学率，您认为有哪些原因？

娄延果：首先，石家庄一中深厚的文化积淀感染了学生，给了学生学习的动力、学习的方法，这是学生提高综合素质、综合能力的基础，所以，学生能够以综合的能力、良好的心态准备高考，迎接高考。

其次，石家庄一中有一支优秀的教师队伍。在学校"生命的教育"教育理论体系中，"人人都是教育家"是每一位教师专业发展的终极目标。在培养教师方面，学校开发了"四级教研活动体系"。第一级，每个寒暑假确定任课组、备课组后，同一学科任课教师在假期就将下学期的总体教学设计准备好；第二级，每月一次单元备课，各学科教师一个月集体备课一次，将单元教学设计做好；第三级，每周三下午全体学生自习，全体教师在各自备课组集体备课，讨论好下周每节课的教案学案；第四级，教师上课前，根据各自班级特点进行自我调整，形成自己的教案。

我们的集体备课有个与众不同之处，课前，我们会安排一位教师在中国知网查阅和这一节课教学相关的文献，从已经发表的成果中汲取经验和智慧，确保课堂教学能站在"巨人的肩膀"上。通过"四级教研活动体系"的设计，帮助教师持续"进化"教学能力，形成终身学习的好习惯。

数字赋能，实现全方位信息化 //////////////////////////////

任萍萍：教育信息化背景下，石家庄一中是如何实现技术与教学、与学生的成长深度融合的？

娄延果：在学校层面，早在2015年，石家庄一中就开始普及定制平板电脑教学，经过几年的运行，教师们都能运用自如。从2016年开始，石家庄一中依托大数据智能分析，充分挖掘数据价值。经过多年的科学布局，现已全面实现了大数据分析下的精准教学。2017年，石家庄一中开始引入智慧课堂平板教学，通过云网端一体的移动教学工具，真正实现了备、教、辅、研、管五大模块的全方位信息化。学生与教师打破了旧有课堂的时空限制，可以随时随地实现教学资源、学生学情的信息交互。

在教师层面，我们利用信息技术把网络引入课堂，督促教师从过去传统的没有现代技术的教学，转型到如今应用终端、应用网络化的教与学模式中，引导教师甚至是"强迫"教师改革自己、变革自己，这对教师的成长特别重要。

智慧教育促进师生共同成长 ///////////////////////////////

任萍萍：石家庄一中的教育信息化变革一直处于河北省前列，您认为多年的信息化教育为学校带来了哪些改变？

娄延果：在学校信息化建设过程中，智慧课堂、智学网等信息化手段在教学课堂的运用改变了传统的单向主体课堂模式，形成了教师与学生的双重主体模式，增加了课堂的交互主体性，真正实现精准教学、因材施教，也大大提高了教师的工作效能。

而在智能教育决策支持系统的协助下，教学管理者、教研人员和一线教师通过电脑和手机查看课堂教学分析报告，方便快捷地获取课堂教学数据反馈，取代了

80%的人工听评课，支持教研工作常态化开展，极大地提高了学校教研工作的效率。同时，海量客观教学数据的反馈，推动学校教学研走向规模化和科学化。

更重要的是，学生的学习心态也在悄然转变，变得更加积极主动。课前，学生会在网上完成导学任务单、微课、测试题。这一系列过程完成后，学生也了解到自学中的薄弱环节，定位丢分原因，有针对性地找出学习重点。在学生一次次的评测中，大数据还可以提炼出具有针对性的个性化练习，帮助学生摆脱传统题海战术的负担。

现代信息技术与教学模式的深度融合，师生信息化素养、师生信息处理能力的提高，"以人为本"指导思想下学生个性化需求的真正满足，使得石家庄一中的智慧教育成功搭建起了一个社交化、个性化、情境化的师生共同成长平台。

好成绩是坚持素质教育的"副产品"/////////////////////////////

任萍萍：在学生的成长过程中，素质教育和考出好成绩，您认为两者对立吗？

娄延果：高考成绩优异是坚持素质教育的"副产品"，一个学生没有好身体，难以在高考中取得好成绩；一个学生没有健全人格、良好习惯，也难以在高考中取得好成绩；一所学校、一个班级、一个团队，如果没有一种团结一致、积极向上、共同努力、拼搏奋斗的精神，也难以取得好成绩。所以我觉得，备考的过程也是学生全面发展的过程。

高中三年，高一、高二应打下坚实基础，做好素质教育；高三则策略性采取"基于大数据的精准靶向备考"方法，利用学校研发的信息技术平台、网上阅卷等技术，针对学生的薄弱点因材施教、实施精准教学。

体育和美育也是石家庄一中比较关注的地方。石家庄一中的体育课分为必修课和选修课，通过课程开设，在高中三年培养学生终身运动的习惯。必修课能发挥纠正性格、健全人格的功能。性格孤僻的学生，学校让他们参与集体性活动项目，如拔河、赛龙舟等；害怕考试、抗压能力差的学生，学校让他们参加比赛，锻炼接受失败的性格；对于一些过分好动、张扬的学生，学校为他们安排了"静下来"的体育项目，如太极、瑜伽等。这也是学校体育组和心理室教师共同设计的课程。

此外，在美育方面，为弥补日常音乐课的不足，石家庄一中一是在特殊的场景中配上特殊的音乐，二是在学生课间自由活动时间配上背景音乐，三是在教学楼红色平台上放一架钢琴，在傍晚时分开放供学生自由弹奏。

学校简介 >>>

石家庄市第一中学系河北省重点中学，其前身——石门联中是党和政府建立的第一所城市中学。学校曾先后获全国百强特色校、全国教育科研百强校、全国红十字模范校、全国教育科研先进单位、全国基础教育名校、全国优质品牌学校、全国校园文化建设示范校等50余项国家级、百余项省级和市级荣誉称号。

精准教学成就每一名学生个性发展

——对话山东省济南燕山学校校长陆锋

◎陆锋

正高级教师，济南市一级校长，山东省济南燕山学校校长兼党委书记。获济南市优秀教育工作者、第二期济南优秀教育管理者、济南市百佳教师、济南市优秀班主任、历下区创新型校长、历下区三八红旗手等荣誉称号。主持或参与多项全国、省级、市级重点教育教学课题研究，获得山东省优秀科研成果一等奖、优秀论著评选一等奖。

【编者按】

秉承"关爱每一个学生，关怀每一位教师"的办学理念，山东省济南燕山学校始终坚持"以诊促建"。2017年，学校启动"依托自我诊断推动学校变革"项目，以自我诊断作为洞悉当下与探知未来的重要工具。2021年，学校以"学情大数据分析驱动下的精准教与学"为研究方向，构建基于大数据的精准教学模式，让信息技术更好地服务于每一名学生、成就每一名学生。

面对教育信息化，陆锋有着自己独到的思考："短期来看，我们是要借助数据精准讲评的方式满足课堂教学减负提质的要求。但是长期来看，则要促进学校通过内涵发展的方式提升办学品质，促进特色发展，以满足学生多元化、个性化的学习成长要求，以教育信息化推动教育高质量发展，以教育信息化引领教育现代化。"

自我诊断引领学校跨越式发展 //////////////////////////////////

任萍萍：作为济南市首家进行自我诊断的学校，燕山学校是怎样开展自我诊断的？又是如何通过自我诊断实现学校的可持续发展的？

陆锋：2017 年，学校将"自我诊断促进学校变革"项目纳入发展规划，开始了眼光向内、剖析自我的变革之旅。2018 年年初，学校以"自我诊断推进学校变革的实践研究"立项济南市"十三五"规划重大课题，以促进学生发展为中心，从同伴、教师、教学、课程等 8 方面对学校功能进行全面观测与反馈，以问题为导向，用来自全体学生、教职工最真实的感受信息审视学校管理、教育教学活动，以科学的"健康体检"和结果运用，引领学校发展，逐步形成更加科学的管理体系、课程体系和育人模式。

四年的实践中，学校逐步梳理出"以诊促建"发展模式，激发了传统优质公办学校由内而外地主动蜕变，突破发展瓶颈向卓越学校跨越，形成济南市本土化的典型经验。

遵循"以诊促建"发展模式，学校紧扣育人目标，构建了以级部为中心的管理模式；形成以学生发展为中心的"燕达课程"体系，推出了基于诊断的"生态课堂"教学模式；开创了基于诊断式思维的教师培训模式——"系统培训—跟踪测评—诊断反馈"。通过"诊断—改进—再诊断—再改进"的研究闭环，逐步培育了学校大环境下善于自我反思和乐于分享的诊断文化，积淀催生了诊断思辨文化"软实力"，成为推动学校高品质发展的"硬支撑"。2021 年 9 月，学校出版了《以诊促建，推动学校可持续发展》一书，将学校的办学特色推广到更广阔领域。利用大数据构建优质学校数字模型，侧重在诊断中对组织内部个体自生力的促进，让有温度的数据见证学校的变革。

构建基于大数据的精准教学模式 //////////////////////////////

任萍萍：2021 年，随着"历下智慧教育＋因材施教"项目的推进，学校全面实施智慧教育，变经验型教学为大数据指导下的精准教学，打造了哪些具有特色的大数据支持下的教学模式？

陆锋：2021 年，学校紧扣新形势、新任务，聚焦课堂这一主阵地，将诊断工具作了大幅度修订与优化升级。新修订的诊断工具 2.0 版本,将原本衡量师生关系的"态度量表"改为指向课堂研究的"行为量表",从而更有力地引导教师由关注"教"指向关注"学"。其中涉及的诸多观测因子,均以培育学生核心素养为着力点和出发点,通过对诊断数据的自我解读与分享研讨,使"双减"政策深入人心,进而促使教师进一步优化工作策略。

随着"历下智慧教育 + 因材施教"项目的推进,学校以"学情大数据分析驱动下的精准教与学"为研究方向,围绕培养学生核心素养目标,开展学情大数据分析驱动下的精准教学,构建基于大数据的精准教学模式,实现学校管理者高效决策、教师精准化教学和学生个性化学习,达到减负、增效、提质的效果,构建"爱学、乐学、智学"的高品质课堂。

2022 年,学校聚焦三类课型,即开展利用智慧课堂的展示课、基于大数据精准教学系统的试卷讲评课、分层分段基于个性化发展的复习课。以数理化学科教学为例,形成基于大数据的复习课模式"复习资料量身定制—教学监管动态跟踪—日常备课精确定位—补偿练习个性推送(个性化学习手册)",落实核心素养,促进学生全面发展。

为此,学校把提高教师专业素质作为提高课堂教学质量的关键,以教研、培训、交流、反思、分享、改进为路径,设计优化提升课堂流程,以"集中培训—教学研讨—课堂实践—汇报交流—反思完善"为研究主线,加强各学科跨年级研讨,宏观引领、微观细化,全力构建"爱学课堂"常态化教学模式,努力使每一节课成为结果可见、资源精准、结构清晰、动力充沛的课堂。

强化三个"提高",促进"双减"落地 //////////////////////////////

任萍萍:"双减"背景下,学校如何将信息技术与自我诊断相结合,从而减轻学生作业负担,提高课堂效率和质量?

陆锋:学校强化三个"提高",即提高课堂教学质量、提高作业管理水平、提高课后服务水平。

通过作业专项诊断,学校收集全体学生对于作业量、难度、分层情况、批改认真及时程度、作业收获等方面的数据,将诊断数据作为改进作业管理的重要依据,让作业为学生发展赋能。

制订济南燕山学校作业管理制度，压总量、控时间、调结构、提质量。各学科教师定期开展教学与作业设计一体化研究，围绕减负提质，制订作业设计与评价体系：基于学情—分层设计—统筹分配—诊断评价。

基于学情：利用诊断发现问题，基于诊断研究学情，组织教学研讨让教师重新认识作业的功能与价值。

分层设计：各学科注重作业设计的选择性、综合性、实践性、创造性，鼓励结合学科特点，设计特色作业。学校为每一名学生印发了由各学科组编制的学案和自主设计的特色作业本，作业本集实用性、趣味性与文化内涵于一体，深受学生喜爱，让学生在身心愉悦中习得知识、收获成长。

统筹分配：设置作业协调负责人，备课组长需将每日作业上报，负责人统筹作业设计，整体把控作业总量与时长并量化公示。

诊断评价：注重作业评价，组织各学科设计评价量表，以落实核心素养为目标，创设作业评价机制，鼓励教师以作业作为课题研究方向，在研究中提高认知，提升方法，提炼经验。

技术为学校发展添翼，为教育赋能成为现实。2021年，大数据精准教学系统的引入，更加精准助力学校发展，深刻地体现了学校"关爱每一个学生，关怀每一位教师"的办学理念。我们借助大数据平台，为每一名学生提供了适合其发展的学习资源，各科习题练习、语文打卡诵读、英语自助批阅、数理化个性化学习手册呈现……在尊重学生个性发展的同时，帮助学生实现自我能力的突破。不同的学生面对不同的学习内容，教师因材施教，学生获得了不同程度的成长。

学校简介 >>>

山东省济南燕山学校创建于1987年，坚持以先进的教育理念引领发展，完善现代管理，充实学校内涵，创造了优异的教育成果。学校先后获全国"明校"联盟校、全国"生态·好教育"联盟校、全国国际象棋特色学校、"酷中国——全民低碳行动计划"优秀学校、山东省规范化学校、山东省中小学课程实验基地、山东省教学示范学校、山东省首批人工智能教育试点学校等荣誉称号。

以信息化助力实现"和谐教育　适性发展"

——对话上海市第二中学校长陆军

◎陆军

高级教师，上海市第二中学党委书记、校长，兼上海市第二初级中学校长，第三期"上海市普教系统名校长名师培养工程"名校长基地学员，徐汇区人大代表。历任上海市第二中学副校长（兼上海市第二初级中学校长），南洋中学党委副书记、校长，徐汇区教育局副局长等职。获上海市园丁奖、徐汇区优秀思想政治课教师、徐汇区新长征突击手等荣誉称号。

【编者按】

　　站在新时代背景下，创建于 1902 年的上海市第二中学（以下简称"市二"）结合学校一以贯之的办学理念，提出了智慧市二的"123框架"，同时紧抓国家级"基于教学改革·融合信息技术的新型教与学模式"实验区徐汇项目学校的契机，逐步开启了"智慧课堂、智慧学习、智慧研修、智慧管理"等一系列智慧校园生态建设探索。

　　陆军认为，教育要致力于"立德树人"的根本，教育信息化的建设与应用同样如此。目前市二正在探索如何提升教师基于循证的教学能力，探索传统教学模式的变革，校园管理与校园服务也更为完善。他认为，教育信息化会带来一种崭新的教育变革，对于学校和教师来说，在未来三年至五年都是一项挑战。

"教育必须致力于根本" ///////////////////////////////////////

任萍萍：如何理解市二"适性发展"的育人理念？

陆军：学校的办学理念是"和谐教育 适性发展"，和谐是适性的基础，适性是和谐的延伸与发展。我们学校的原名为"务本女塾"，"务本"意为教育必须致力于根本，要坚持"一切以学生发展为本"，要致力于"立德树人"的根本。"适性"要求引导学生正确判断与评估自我，充分认识与接纳自我，依据自身个性特点与特长潜质选择适合的发展方向，学校给予充分的支持与引导，助力学生提升达成目标的持续行动力，进而发展自我潜能，实现自我。

任萍萍：在教育信息化方面，如何理解智慧市二的"123框架"？

陆军：我们的信息化建设围绕一个核心理念，即学校的办学理念——和谐教育 适性发展，在此基础上聚焦信息化建设的两个主体——指向学生成才与教师发展的双主体，建设三大空间——智慧课堂、自主学习、个性成长三个教育智慧生长空间。

层层推进，探索新型教与学 ///////////////////////////////////

任萍萍：作为国家级"基于教学改革·融合信息技术的新型教与学模式"实验区徐汇项目学校、上海市智慧校园第一批54所信息化应用标杆培育校之一，市二在"融合信息技术的新型教与学模式"方面是如何探索的？积累了哪些成果与经验？

陆军：目前，我们已经经历了两个阶段的探索历程。第一阶段，探索融合信息技术的新型教与学模式。我们依托信息素养师训课程，以学科组学习共同体建设来实施探索。在针对教师信息技术能力的情况调研的基础上，我们开设了两门教师实践体验类课程：基于智慧课堂探索教与学的转型和基于智慧教学系统的大数据分析。基于智慧课堂探索教与学的转型旨在培养教师利用认知诊断、数据挖掘、学习分析等新的技术，探索在教育信息化环境下重新设计课堂、重构教学流程与新的课堂教学模式，破解传统教学中难以解决的问题，以实现课堂教学结构性变革。基于智慧教学系统的大数据分析旨在培养教师了解如何通过全场景过程性动态数据采集，构建以学习者为中心的学业评价体系，充分挖掘数据价值，促进教学的整体优化与变革，有效改进教学、辅导与管理方式，提升教学质量。通过两门师训课程，教师从认知上学习、领悟贯彻教师、学生和管理者之间全生态圈的教与学新模式。

第二阶段，构建结构分层且立体交互的渐进式研修模式。我们通过"集中培训、网络研修、实践应用"的组合式培训模式，组建"专题规划、骨干引领、学科联动、团队互助"的学习研修共同体，选择一个年级进行试点，然后在备课组、教研组等不同层面开展案例研讨、课堂实录、教学分析、课例撰写等主题研修活动，从实践上推动教师提升基于信息应用技术的学情分析、教学设计、学法指导和学业评价等能力。

在此基础上，成果也主要体现在三方面：一是在数据上反映出教师不断探索带来的信息技术能力的提升；二是学校项目获得了专利认证；三是教师个体取得了丰硕的成果。

在数据反映方面，在"基于循证视角的适性发展教育研究"总课题的引领下，截至 2022 年 5 月，学校共有 20 余位教师用课堂分析进行自我评课，各学科应用信息技术实施教学的课堂达 2000 余节，使用信息技术发布、批改与积累作业数据 8000 余次。同时，我们多次开设市区级公开展示，涵盖数学、英语、地理、信息、体育等多门学科。

在学校项目方面，"以信息化改造图书馆信息流动"入选 2019 年上海市信息化应用成果与典型案例，图书馆自助还书系统软件在 2021 年获得国家版权专利；"学生在线学习的心理调节与支持""学习诊断平台的建设与教学应用"获评 2020 年上海市信息化应用典型案例。

在个体成果方面，多位教师获得 2021 年上海市中小学信息化教学应用交流展示活动"融合创新应用教学案例"奖项，并有教师的课例入选全国教师教育教学信息化交流活动研讨作品。同时，教师们的论文成果也很丰硕，多项教育信息化背景下的各学科教学研究获评为徐汇区区级课题或规划项目，相应成果发表在专业期刊上。

我们总结出了一些经验：要倡导使用信息技术的良好环境，目前市二通过每月推进会总结经验，寻找不足，层层推进；同时，要给教师以充分展示的舞台，让他们获得成就感。

以信息技术助力学生的综合素质培养 //////////////////////////

任萍萍：除了教学，您觉得信息技术还可以在哪些方面为教育减负增效？

陆军：信息技术还可以应用在学生的综合素质培养中。高考改革对加强学生的综合素质培养提出了更高的要求。信息技术可以对学生个性特点和发展潜能进行过程性记录与个性化的整体评价，解决以往缺乏积累、难以整体评价的不足。具体来说，我们已经在以下方面进行突破。

第一，推进校本化综合素质评价。市二以突出"记录""引导""核心素养"为宗旨，自主开发学生综合素质评价相关平台。平台由品德发展与公民素养、修习课程与学业成绩、身心健康与艺术修养、创新精神与实践能力、学校特色指标等 5 个一级栏目，校史教育、社团活动、学生会管理等 32 个二级栏目构成。

第二，建立形成性成长档案。基于技术的应用，通过完善学生数据积累，可以实现以学生个体为单元、时间为轴线，按照学生画像要素分板块建立个人信息目录。市二正在探索汇集每一名学生三年的资料，形成包括个人生涯规划在内的在校"务本档案"；建立学生三年数据目录和信息框架，逐步开展数据积累。

第三，开展生涯规划指导。通过构建学生潜能评测系统，对学生潜能、志趣、心理特质、择校意向及高校专业限定等因素综合分析，为学生提供指导建议。

第四，信息技术可以助力形成特殊学生成长关护系统。我们正在探索基于信息化技术构建"心灵"健康空间，采集学生个体动力、兴趣、信念、能力、气质、性格等个性心理倾向，以及习惯、方法、风格等学习特征，进行个人心理画像描绘。建立学生关护档案，设计预防性心理指导机制，形成合力，进行精准的发展性指导。

第五，信息技术还能推进书香校园建校。学校建设书香校园智能阅读系统，开发校园图书借阅智能推送功能，从新书推荐、自助查询、预约定位取书、服务推送、自助借还、阅读记录、购书建议等环节系统设计。设立微信、PC、电子班牌、借还屏等固定、移动终端，图书依约推送到人、到点（学生选点），自助借阅、还书，学生与图书管理双向互动。

开启智慧校园生态建设探索 ////////////////////////////////

任萍萍：您如何看待信息技术融入高中阶段教育教学的作用与意义？

陆军：经过近年来的探索，我们通过将信息技术融入高中阶段教育教学，逐步开启了"智慧课堂、智慧学习、智慧研修、智慧管理"等一系列智慧校园生态建设探索，促成了线下教学与线上教学之间的整合，逐步使传统的教学模式发生改变，根据不同课型和内容，加强设计和精准实施，使课堂成效得到提升，同时也提升了教师基于循证的教学能力，拓宽与延伸了师生、生生互动的空间与时间，教与学的资源更为丰富，方式更为多元，校园管理与校园服务也更为完善。但这对学校教师队伍的信息技术应用能力提出了很高的要求，目前，教师队伍建设还是不够的，这在未来三年至五年都是一项挑战。

"教育数字化会带来崭新的教育变革"////////////////////////

任萍萍：您是如何理解教育的数字化转型的？未来学校将如何持续推动教育的数字化发展？

陆军：教育的数字化可以从两方面理解：一是方法，它为教育提供了一种新的、有效的方法策略，依据需求融入学校常态；二是模式，从某种程度上来说，教育数字化会改变原有的一些样式、模态甚至思维方式，带来一种崭新的教育变革，从局部到整体都有可能发生。

数据是教育数字化转型的核心要素，市二将继续探索数据的深度挖掘、分析与优化，以有效的数据分析助力教育教学成效，探索循证视角下的智慧教学生态，实现教育教学的创新与变革。

学校简介 >>>

上海市第二中学创建于 1902 年，前身为务本女塾。学校秉承"求真务实、勤朴勇诚"的"务本精神"，以"和谐教育 适性发展"为办学理念，注重学生品德、学习、体能、心理、实践、创新等能力素质的和谐发展，是上海市实验性示范性高中、上海市中小学课程教改研究基地、上海市首批教科研基地科教研究实验校。曾获国家教师科研专项基金科研先进单位、上海市科技特色示范校、上海市信息化标杆培育校等多项荣誉称号。

如何打造新型 OMO 教学模式

——对话北京一零一中教育集团总校长陆云泉

◎陆云泉

特级教师，全国模范教师，北京一零一中教育集团总校长。2005 年曾赴美国亚利桑那大学教育学院进修学习美国教育管理系统，参与普通高中课程标准实验教科书苏教版数学教材的编写，多次获得国家级和海淀区优秀科研成果奖。

【编者按】

创建于 1946 年的北京一零一中学，位于北京市海淀区圆明园遗址，由郭沫若先生亲笔题写校名，取"百尺竿头，更进一步"之意。面对信息化教学新时代，一零一中学紧握数字教育发展的时代脉搏，转变理念，把数字教育作为高质量发展的重要路径，用新思路、新技术推动教育教学模式改革。

陆云泉认为，社会产品已从大众化、标准化走向私人定制，教育也不能千篇一律，最好的教育是"因材施教"。"因此，教育要和技术融合，利用新技术打破校园的围墙，串联课前、课中、课后全场景，为学生提供更丰富、更优质、可供选择的、更加个性化的教育产品。"

百尺竿头，更进一步 ///////////////////////////////////////

任萍萍：自 1946 年建校，作为中国共产党在革命老区创办并迁入北京的唯一一所中学，经过 70 余载岁月积淀，学校形成了怎样的"一零一精神"？

陆云泉：我校是北京市示范性高中、北京市首批实行高中自主课程实验样本校。1955 年，郭沫若先生题写校名并释其含义为"百尺竿头，更进一步"。因此，开创性与示范性、信息化与国际化协调发展，社会持续满意、持续引领北京乃至全国基础教育发展的优质现代学校是一零一中学的办学追求。

刚刚也提到，我校是我党在老区创办并迁入北京的唯一一所中学，从这个意义上讲，北京一零一中学具有典型的样板意义，传承红色基因，责无旁贷。我们一直要求，要不忘我们在革命的风暴中诞生、为革命奋斗的传统；不忘我们学习本领、教育报国的信念；不忘我们全面发展、敬畏规律的坚守。要让学生德智体美劳全面发展，做优秀的社会主义建设者和可靠的接班人，这就是我校 70 余年来追随党的事业的信念。"始终走在最前方"，舍我其谁！

让学生站在教育的正中央 /////////////////////////////////

任萍萍：教育要创新发展，就必须充分认识面临的形势。您认为目前教育发展的方向是什么？

陆云泉：教育变迁见证时代发展，教育依赖于经济和社会的发展，从教育 1.0 时代（采摘与狩猎文明）、教育 2.0 时代（农牧与养殖文明）到教育 3.0 时代（机器工业文明），最终走向信息智能文明的教育 4.0 时代。信息技术不仅辅助和参与教育的过程，而且推动教育的变革与发展。物联网、移动互联网、云计算和人工智能等新一代信息技术的发展与应用，为打造信息化、智能化的学习环境提供了先进的技术手段。从起步、应用、融合到创新，未来教育创新更大程度上需依赖于技术平台，或者技术创新。要构建高质量的教育体系或高质量课堂教学，未来信息技术的参与必不可少。

而在智能互联大背景下，教育的应用场景也在逐渐发生变化——

学习场景相互融通。利用新技术打破校园的围墙，把一切有利的社会资源引入学校，学校的课程内容得到极大拓展，学生线上线下混合学习，整个世界都变成学生学习的平台。

学习方式灵活多元。把知识学习与社会实践、社区服务、参观考察、研学旅行等结合起来，正式学习与非正式学习融为一体。

学校组织富有弹性。鼓励学生自主管理，根据学生的能力而非年龄来组织学习，利用大数据技术让教育变得更加智慧，让学生站在教育的正中央。

要转变观念，要超越教学边界 /////////////////////////////////

任萍萍：迈入数字化转型新时代，您认为作为教育从业者当如何积极地应对呢？学校有什么经验可以同我们分享？

陆云泉：在当前教育信息化快速发展的大背景下，基于线上线下的融合，除了平台和硬件设施需要变革，观念同样需要转变，如教的变革、学的变革、评的变革。教的变革突破边界、丰富供给、创新范式；学的变革能够促进学生主体学习、技术赋能、聚焦素养；评的变革首先要精准定位，过去的定位不够精准，基于经验而不是基于研究。

教学变革的边界是超越，学科边界能否实现单科教学走向学科的融合，让学生能够综合提升？教材边界能否从单一教材走向丰富的生活，让学生面对复杂的问题？学校边界能不能从课堂教学走向社会实践，让学生体验真实的场景？现在我们有了答案，在校园里也能体验外部场景真实世界，因为技术可以实现。

立足于此，学校的信息化发展围绕 4 个关键词展开：一是"智慧"，二是"开放"，三是"共享"，四是"生态"。在具体实施过程中，我们紧抓 5 个关键要素：一是精准多元的教学方式，二是灵动的学习途径，三是丰富共享的资源生态，四是联动便捷的管理服务，五是全面而又个性的评价方式。我们希望通过将信息技术引入教育教学过程，充分地为教学减负增效，着力于打造走向未来生态智慧的教与学。

具体而言，我们主要从教、学、评几个维度打造生态智慧课堂，通过线上线下相互融通的学习场景、灵活多样的学习方式和富有弹性的学校组织，形成个性化的学习支持体系，为学生提供私人定制化的教育。

一是构建一个可供选择的课程资源平台和多种线上教学平台，提供多种课程资源；二是构建一个共同发展的学习成长平台，建设师生成长共同体，促进学生学习、教师教育和师生成长；三是运用信息技术开发师生成长管理平台和评价平台，开展教学评一体化实验，激发平台设计者、教师、学生、家长对科学学习规律、方法探索的积极性，群策群力，共同发力。

学校运行了 OMO 学习平台——线上、线下、校内校外、课上课下、学校家庭社会一体化的平台。学习不受时空限制，师生交流随时随地，家校合作渠道畅通，网上平台随时根据需要更新优化，学习效率空前提高。OMO 学习平台围绕学生的真实生活重建，能够跨越学科与学科之间的界限，让学生在对话和互动中生成知识，形成智慧，实现对知识的深度理解和有效迁移。简言之，在学习方式上，实现了“智慧与人文并举”，其特征可以概括为深度、智慧、无边界、主动式合作。

从教的层面，传统的教学只是在线下进行，而在现在信息化、智能化时代，这种方式需要转变。我们的线上教学方式改革要能够吸引学生，可以借鉴互联网平台上灵活的教学方式，提供多样化的线上资源供给。

从学的层面，学是核心。线上如何学习？我们的主张是线下能做的，尽量不用智能设备。我们不仅要看分数，而且要看到分数背后的东西。机器判卷可以记录大数据，进行大数据分析。传统课堂学习中，前四名学生可能“吃不饱”，后四名学生可能“听不懂”，这个问题很难在线下解决。但在线上可以，在线教育可以面向每一个学生，依据每一个学生的需求提供相应的个性化服务。另外，在线答疑的效率比线下要提高许多。

从评价层面，评价即是诊断，同样是 80 分的两名学生，虽然分数相同，但分数背后的实际情况不同，线上教学通过大数据分析，可以向两名学生推送不一样的学习供给，满足学生的不同发展需要。技术已经很成熟了，关键是我们的思维也要跟上。站在线上看线下，就好比在高原上练马拉松，成长也是学生自己的事情，成长不可替代。

智慧校园的远景是线上线下融合 ///////////////////////////

任萍萍：面向未来，您对于教育信息化的发展持什么看法？一零一中学的教育信息化建设战略目标是什么？

陆云泉：把信息化和教育适当地融合在一起，为教育教学提供有效的支撑，助力师生的减负增效，推动教育的高质量发展，这是未来我们努力的方向。近年来，我校"以人为本，打造未来学校智慧新生态"项目被评为教育部 2021 年度基础教育信息技术与教育教学深度融合示范案例。申报的"线上线下双向融合，重塑教学新生态实践共同体"成功入选教育部关于 2021 年度教育信息化教学应用实践共同体项目。以教、学、评为核心，借助信息技术和人工智能技术，以大数据为驱动，打通备课、课堂、作业、教研、自主学习等教与学全链条，结合多教学应用场景，形成线上和线下双向融合的教与学模式，构建智慧、共享、开放、智能、互动的教学生态。

面向未来，我认为智慧校园的远景是线上线下融合。信息化不是万能的，它能解决教育中的一部分问题，但不是所有的问题，线下教育永远不可能被取代，因为人的社会性决定同伴和外界环境在教育中不可或缺。

所以，在我看来，身为教育工作者，需要与时俱进，以"空杯心态"进行终身学习。无论是"守正出新"，还是"锐意创新"，不同的阶段有不同的时代精神。在一零一中学，无论是普通教师，还是学校领导，关注并感受时代发展的脉动，鼓励并践行创新，是我们不变的主题。

学校简介 >>>

北京一零一中学是北京市重点中学、北京市高中示范校。学校于 1946 年在张家口创建；1949 年随党中央机关从西柏坡迁至北京；1950 年经周恩来总理批准，在圆明园遗址非主体部分建新校址；1955 年，郭沫若先生题写校名并释其含义为"百尺竿头，更进一步"；2014 年、2015 年分别建立怀柔校区、温泉校区；2019 年，北京石油学院附属中学、中国矿业大学附属中学、北京石油学院附属实验小学·西苑小学（一零一附属实验小学）加入一零一中教育集团，逐步形成涵盖幼儿园、小学、初中、高中的 K-12 教育集团。建校 70 余年来，学校为国家培养了 4 万多名德才兼备的优秀毕业生，其中许多毕业生后来成为蜚声海内外的专家学者、各行各业的先进模范人物。

构建自适应学习平台，实现学生自主发展

——对话山东师大基础教育集团总校长苗禾鸣

◎苗禾鸣

特级教师，山东师大基础教育集团总校长、山东师范大学附属中学校长。山东省第六届、第七届省政府督学，教育部"全国高等院校师范类专业认证专家"，教育部"全国中小学千名骨干校长"培养工程入选成员，全国小学语文教学工作先进工作者，全国推进素质教育先进工作者，全省教育先进工作者，山东省优秀教师，山东省教育国际交流与合作先进个人。

【编者按】

2014年，山东师范大学组建山东师大基础教育集团，成为山东省内高校首个基础教育集团。短短八年的时间，山东师大基础教育集团作为山东省内规模较大、具有全国影响力的基础教育办学机构，呈现出良好的发展态势。

有媒体这样评价："山东师大基础教育集团实现了从一平方千米到一万平方千米的优质教育覆盖面，成为基础教育集团行业领域当之无愧的领跑者。"如此庞大的教育航空母舰，在校长苗禾鸣的引航下，顺应教育信息化浪潮，积极推进"互联网＋教育""人工智能＋教育"，打造自适应学习平台，建立健全教育信息化可持续发展机制，风正扬帆，勇立潮头。

在苗禾鸣看来，只有当信息技术与教师融合，教育与技术成为有机整体，才能真正发挥信息技术的价值，推动教育实践主动运用信息技术变革、构建新型教育

生态。

2019 年，山东师大基础教育集团创新性提出打造大资源平台教育理念，校企联合成功研制自适应学习平台，集基础认知、知识检测、拓展学习、空间交流、评价反思五大模块于一体，促进学生自我发现、自我指导、自我矫正、自我决策。

引领发展，均衡发展 ////////////////////////////////////

任萍萍：山东师大基础教育集团自成立以来，始终以"引领山东基础教育改革与发展，共享优质教育资源惠及更多学生"为宗旨，您是如何解读这一办学宗旨的？

苗禾鸣："引领山东基础教育改革与发展，共享优质教育资源惠及更多学生"的办学宗旨实际上可以总结为八个字，即"引领发展，均衡发展"。

作为山东师范大学创办的基础教育集团，引领山东基础教育的改革与发展是山东师大基础教育集团的首要使命。一方面，基于基础教育阶段学生的发展规律，要积极探索与实践科学有效的教育与培养模式；另一方面，基于山东师范大学及其附属中小学的自身优势，要有序输出先进的管理思想、教育理念和教学方法。

当前，为什么家长对于择校如此重视？根源在于人们对优质教育的需求和现阶段优质教育资源不足的矛盾。通过集团化办学，进行体制机制的创新，将优质教育资源进行重组、分配，可以盘活资源，打破校级壁垒，使优质教育资源保持平衡。而山东师范大学建立基础教育集团，有着得天独厚的优势——优质的教育培训资源，先进的教学理念、教学方法、课程设置、实习实训基地建设等一整套科学的管理运行机制，这些都为山东师大基础教育集团的发展提供了强有力的保障。

深入探索自适应学习模式 ////////////////////////////////

任萍萍：学校是如何建设自适应学习平台的？依托平台打造了哪些学习模式？

苗禾鸣：2016 年，为了让教师从繁重的作业批改中解放出来，将更多的精力放在精准备课、辅导学生上来，经过深入考察，山东师大基础教育集团引入大数据精准教学系统，开启了教育信息化探索之路。2019 年，山东师大基础教育集团通过校企联合的方式，打造自适应学习平台，从学习投入度、学习进度、学习速度、学习完成度、学习准确度五个指标对学生进行精准画像，并推荐个性化学习资源、规划科学路径，从而实现个性化干预、指导。

随着山东师大基础教育集团办学规模的不断扩大，教育信息化发展步伐不断加快，我们希望通过信息技术实现"自主学、精准教、个性育"的目标。第一，以"一微三单"为载体，"一微"即教师针对每一节课的教学重难点，单独制作精准解读的微视频，方便学生自主预习；"三单"即课前的自主学习单、课中的合作探究单、课后的差异化作业单，推动由"教"向"学"的转变。第二，建立校本资源库和以单元为单位的自适应立体课程资源库，实现课程资源的共建共享。第三，探究"五位一体"的教育信息化融合创新机制，包括信息技术与空间融合创新、信息技术与"人"融合创新、信息技术与课程融合创新、技术与教学过程融合创新、技术与评价融合创新。

在教学信息化层面，对基于问题的自主与合作学习模式、自适应学习模式进行有效探索，形成了教学成熟的教学程式。基于问题的自主与合作学习模式遵循自主学习—问题概括—合作探究—展示成果—评价巩固流程，学生课前借助信息技术平台学习教师提供的学习单或任务单、导学案，教师利用技术批阅统计功能对学生问题进行总结概括，课中针对问题开展分组合作讨论，展示小组学习成果；自适应学习模式由学习—检查—拓展—讨论—反思—评价六个环节组成，强调学生学习的完全自主、生生空间双向互动、师生空间双向互动、师生公共空间多向互动，旨在培养学生的自主与合作学习能力。

自适应学习平台具有泛在化、差异化、自主性三大特点。泛在化，即学生能够通过信息技术，随时随地学习；差异化，即学生能够根据自己的学习能力、学习速度与学习进度掌控学习节奏；自主性，即教师基于每位学生的学情分析，推送不同的学习资源。在这个过程中，我们设置了"闯关模式"与"自由模式"两种模式。

"闯关模式"分为三个阶段。第一个阶段是基础知识学习阶段，学生学完知识点后，需要通过知识点的基础检测才能开启下一个学习任务，知识难度层层递增，最终实现对知识的全面掌握。第二个阶段是拓展巩固阶段，基础知识掌握牢固的学生能够较为顺利地完成巩固应用，而针对知识掌握存在薄弱点的学生，则通过推送相关的学习资源，帮助他们持续巩固。第三个阶段是拓展提升阶段，经过前两个阶段的学习巩固，学生已经筑牢基础，教师通过分享拓展资源，让学有余力的学生开阔视野，锻炼思维能力。

"自由模式"即围绕项目式学习，将任务要求、学习资源等推送到自适应学习平台上，学生根据自己的学习需求与进度进行自主学习。同时，学生在学习过程中遇到任何问题，都能够通过平台与教师随时交流沟通，打通学习通道，不仅提高了学习效率，学生自主学习的意识与能力也得到了极大的提升。

全面聚焦教师信息素养提升 ////////////////////////////////

任萍萍：教师是立教之本，是教育高质量发展的第一资源。山东师大基础教育集团在教师人才培养上是如何打破"人力"掣肘的？又是如何提升教师信息素养的？

苗禾鸣：随着山东师大基础教育集团不断发展和越来越多成员校的加入，人才培养周期与社会广泛需求之间的现实矛盾摆在了面前。不过，即使教师资源紧缺，山东师大基础教育集团也几乎没有从外部引入人才，而是以自己的优质学校为基地，借助山东师范大学的力量，打造"多地域、多校区、多学段、多岗位、多学科"的人才培养模式，实现人才"造血"。

以教师为代表的"人"的信息素养与能力发展居于教育信息化工作的核心位置。为科学推动教师适应信息化、人工智能等新技术变革，第一，应明确教育信息化环境下教师专业结构和标准是什么，以确保教师信息素养提升路径策略目标的正确。山东师大基础教育集团对教师从课程资源的转化能力、资源获取能力、学习设计能力、教学决策能力、网络伦理五大方面的素质标准对教师进行培训，革新教师信息理念，实现教师从传统教育教学思维向信息思维转变。

第二，以课题为载体，引领教师信息素养提升。如通过研究国家级课题"基于大数据的跨区域差异化反馈教学实践""基于自适应学习平台基础的大单元教学设计与实施"，为教师专业发展搭建交流互动平台，互通有无，推动教师从浅层、片面、单一走向深刻、全面、综合。

第三，新兴技术和信息市场的快速发展助推了教与学方式的改变，并深入影响教育的理念、文化和生态。信息技术不仅具有作为工具的实用性，更具有时代发展影响下人才培养的思想性。因此，信息技术必须作为教师的一种思想，而非工具、路径、资源，只有当教师这一发展主体将信息技术视为自身素养不可缺少的构成，与教师成长融为一体时,信息技术才不会以"反对自身"的形态存在,限制、阻碍教师的专业发展。

集团管理必须以人为本 ///////////////////////////////////

任萍萍:作为这样一个庞大的教育集团的掌舵人与领航者,您认为山东师大基础教育集团管理的关键点在哪里?

苗禾鸣:第一个关键点是信息处理。我认为管理的核心就是信息处理,即信息的采集、捕捉、分析加工、决策。一个教育集团的领航者,必须准确把握立德树人的发展方向,落实德育第一。

第二个关键点是以人为本。管理并不只是管理人员的事情,而是全员参与的事情,所以更要展示人文关怀,做到以人为本。

第三个关键点是顶层设计。缺乏顶层设计,仅仅关注细枝末节是无法取得成功的。学校管理不仅要有长期规划,更要有短期计划,自上而下,纲举目张,做事才能思路清晰、有的放矢。

学校简介 >>>

山东师大基础教育集团自 2014 年成立以来,致力于以资源整合的方式可持续地实现优势资源的高效共享,努力成为创新性教育模式、经典品牌学校、权威优秀师资以及基础教育改革经验的重要阵地,为人才培养与教育均衡发展提供助力。目前,山东师大基础教育集团已拥有 60 余所合作办学校(园)区,还适度向省外延伸,对偏远地区实施教育辐射,并与四大洲 30 余所学校签约结为友好学校,师生足迹遍布美国、英国、瑞典等国家。

做面向学生的未来教育

——对话西南大学附属中学校校长欧健

◎欧健

教育博士，正高级教师，西南大学附属中学校党委副书记、校长。重庆市政协委员，重庆市北碚区人大代表，全国中小学督导评估专家，首届重庆市教育评估改革咨询指导委员会委员，重庆市教育评估研究会副会长，重庆市青少年科学素质研究会副理事长，重庆市教育学会生涯规划专委会副理事长，重庆市教育学会德育专委会副理事长。在《光明日报》《人民教育》《当代教育论坛》《中国教育学刊》等报刊上发表数十篇教育教学论文、文章并获奖，合著多本书籍。主持、主研全国规划课题、市级重点课题等十余项课题并获奖。

【编者按】

地处重庆北碚的西南大学附属中学校（以下简称"西大附中"），继承先哲思想，具有深厚的历史底蕴与人文关怀，形成了"立人·新民"的办学理念，追求"办中学里的大学，真教育的殿堂"的教育理想。同时，作为首批教育部教育信息化试点单位、全国十佳科技教育创新学校，学校敞开胸怀，积极拥抱新时代和新技术，统筹育人目标和信息化发展需求，培养现代国家公民。

2022 年 9 月，在西大附中开学典礼上，欧健对全体学子寄语道："人，不仅是时代与历史的见证者，更是时代与历史的创造者。创造历史的不仅是他们，也是我们。"在他的教育生涯里也一直在践行这个理念。欧健一直希望学校培养出来的学生，能够与时代同频共振，做时代需要的事，成为时代需要的人。

做面向学生未来的创新教育 ///////////////////////////////////

任萍萍：作为重庆市教委批准的青少年创新人才培养试点学校，请您阐述一下学校创新人才培养的意义，以及目前学校对此做了哪些工作。

欧健：创新是一个民族进步的灵魂，是一个国家兴旺发达的不竭动力，也是中华民族最深沉的民族禀赋。创新教育一定是未来教育的发展方向，所以我们要做面向学生未来的创新教育，做让学生学会选择的未来教育。

迄今为止，西大附中开展青少年创新人才培养实践已有 20 余年，我们努力在做面向未来的创新教育，用完善的课程保证、细致的活动支持、灵活的机制保障为青少年科技创新人才的不断涌现和成长营造良好氛围。

学校成立了创新人才培养工作室，实行校长领导下的部门、项目负责制。各项目教育团队通过社团、兴趣小组、兴趣班、选修课等多种方式培养学生。学生可通过"西南大学附中研究性学习大赛"选拔，参加市级及全国比赛。近年来，学生积极参加各级各类比赛并取得优异成绩，学校也因此获得全国科技创意大赛优秀组织奖、全国科技教育创新优秀学校、重庆市首批创新人才培养试点学校、全国十佳科技教育创新学校、全国中学十佳"英才计划"优秀组织实施单位等荣誉。

学校还构建了资源整合、队伍结合、内容融合、机制和合的"四合运行"机制，不断优化创新人才管理工作。例如，学校对校内外、大学及地区的学习资源进行有效的整合，共享大学或机构的科技互动馆、实验室、图书馆等硬件设施；师资队伍"高校导师—社企机构—中学导师"三级联动，专兼结合，保障科创教育有序高效高位运行；建立科技教育教研活动机制，探索"学校—家庭—社会"共育的科技教育机制。

目前，西大附中有最前沿的 STEAM 中心，有最现代的科学实验室，有创新班、广延班、未来小班、STEAM 班等，丰富的教学资源为学生提供了良好的学习机会；

学校坚持举办研究性学习和综合实践活动十余年，不断涌现出学生中的领军人物；学校举行"创客马拉松"，学生自主报名，经历组队、学习、思考、实践、创造、设计直至最后答辩，他们通过自己的思考和创新解决一个个实际问题……这些活动都极大地提升了学生的创造力。

做让学生学会选择的生涯教育 ///////////////////////////////////

任萍萍：从关注学业到关怀人生，学校在学生生涯教育层面都做了哪些保障？

欧健：当前中学阶段实施的课程改革和招生考试改革，给了学生更多的自主权和选择权，如何教育学生"学会选择""创造幸福"，是时代赋予教育工作者的新课题。

西大附中正在以"基于综合实践活动的生涯教育"研究破题。自 1997 年起，西大附中通过活动课程、研究性学习及主题教育等，让师生对生涯有初步的认知与体验。经过萌芽、探索、拓展等阶段，最终发展成为基于综合实践活动的生涯教育。

学校围绕生涯主线，以研学旅行、考察探究、职业体验等实践形态，系统性、课程化开展生涯教育，设计生涯教育课程和动态跟踪评价指标，建成生涯发展、学生成长等 6 大中心和 60 余个校外基地。

在课程上，有承载基础课程的《遇见最美的自己：基于综合实践活动的生涯教育（初中版）》《遇见最美的自己：基于综合实践活动的生涯教育（高中版）》课程读本及系列生涯理论课，有"国粹武术""乡土地理·九门实践""财商基础""疯狂物理"等系列特色选修课及课程读本。基于综合实践活动的生涯教育主干课程贯穿学生整个中学阶段的学科学习，加深学生对自我和学科的认识。

在实践上，以"入格教育"、缤纷社团活动、"彩虹生涯影院""专业巡礼""大小先生"讲座、专业研学与大学研学、见习实习职业体验等活动形式，与理论课程相互配合、相互印证，提升学生的认知、合作、创新、职业等关键能力。

2022 年，学校"基于综合实践活动的生涯教育"获得了重庆市人民政府颁发的 2021 年重庆市教学成果奖。西大附中学生的发展愿景是全面发展、终身发展、个性发展，学校致力于发展全面素质教育，努力做面向学生未来的创新教育，做让学生学会选择的生涯教育，保护好每一个学生的天性，促进其健康成长。

聚焦智慧教育，构建教学新范式 ////////////////////////////////

任萍萍： 作为首批教育部信息化单位，学校在信息化建设上做过哪些探索？

欧健： 西大附中一直追求创新教育，关键是促进从教到学的转变。以学生的个性化学习为目标，从课程主阵地的变革出发，西大附中构建了信息化环境下的教学新范式。

第一，加强课堂主阵地研究，积极组织各学科教研组，探索信息化环境下的教学模式，实现个性化的课程安排、班级管理、作业分层、评价激励和个性化学习。

第二，根据不同年级学生个性化学习需要、指导策略、评价策略等，通过全方面、多角度、全过程记录学生学习过程，形成学生个性化发展记录册，为学生提供自由的网络学习环境。

第三，加强研究性学习资源的开发和普及共享，以优质课程资源的共享为目的，激发教师在组织研究性学习中的热情，展现现代教育思想和教育教学规律，以及学生在研究性学习中的优秀成果。

第四，依托自建的学生个性化学习探究实验室、"西南大学附属中学综合素质园"，配齐个性化学习终端，助力不同年级、不同基础、不同学习方式的学生提升自己的信息技术运用分析和解决问题的能力。

西大附中的信息化建设是聚焦教与学的变革，推动智慧学习和泛在学习发展，推进新技术与教育教学的深度融合，实现以人工智能驱动信息化时代的教育创新。

加强薄弱学校的科技教育 ////////////////////////////////

任萍萍： 作为区域领头羊学校，西大附中是否将自己的信息化教育教学成果在区域内进行共享？

欧健： 优质学校应该带动偏远地区薄弱学校的科技教育，与偏远、薄弱学校积极开展合作，帮助这些学校的教师、学生接触新技术、了解新科技，打开创新世界的大门，促进科技创新教育的落实。

西大附中作为重庆市科技教育领头学校，为了培养学生的科技创新能力，建设了3D打印实验室、机器人实验室、创客空间等创新实验室，配备了优秀的科技教师，打造了系统性的科技创新课程体系，着力提升学生问题解决、创意物化等方面的意识和能力。但是还有很多困难地区的学生没有条件接触到这些新技术，没有配备优秀的科技教师和科技创新课程，导致科技创新教育难以落实。

西大附中将科技创新课程梳理成系列微课程、微视频等，借助附中U云校开展科技创新教育云端公益课程，帮扶困难地区学生开展科技创新教育、参与线上科技创新项目，让他们感受新技术、新媒体、掌握探究新方法。通过U云校学习成绩优异的同学，可以参加附中线下暑期夏令营，到各个实验室进行实地参观，通过实践学习进一步提升科技创新能力。在这里我们也呼吁，希望能有更多的优质学校参与到帮助薄弱学校加强科技教育的行动中来。

学校简介 >>>

西南大学附属中学校创建于 1914 年，系教育部直属中学、重庆市教委直属重点中学。学校秉承"立人·新民"的办学理念，践行"行己有耻，君子不器"的校训，追求"办中学里的大学、真教育的殿堂"的教育理想，以大学专家团队引领，走宽视域、厚基础、重选择、课堂高效、评价多元的素质教育与应试成绩双优的道路，培养学生健全人格，为学生终身发展奠基。多年来，西南大学附属中学校被社会亲切地称为"学生的梦工场""嘉陵江边一颗璀璨的明珠"。

敢创有担当，培养智慧时代创新人才

——对话杭州市保俶塔实验学校校长沙立国

◎沙立国

高级教师，杭州市保俶塔实验学校校长。曾获杭州市教坛新秀、杭州市优秀教师、浙江省导读先进工作者、西湖区教育系统先进工作者等荣誉称号。

【编者按】

杭州市保俶塔实验学校与新中国同龄，是新中国在浙江省创建的第一所学校。浙江省第一个少年先锋队在这里诞生，第一条红领巾由这所学校的学生佩戴，这所学校具有光荣的革命传统与锐意进取的精神。教育信息化 2.0 时代，学校积极探索个性化、差异化的学习路径，全面发展学生核心素养，培养未来时代的建设者和智慧时代的创新人才。

作为一线教师出身的教育管理者，从教 21 年来沙立国始终坚持以学生为本，从学生实际出发，积极探索因材施教、分层教学，注重培养学生自主学习的能力。在他看来，现代技术融入教育教学，关键在于促进学生自主发展，为学生终身发展奠定坚实基础。

让科技应用更具人文关怀 ///////////////////////////////////////

任萍萍：作为杭州市公办初中提质强校行动首批试点学校，保俶塔实验学校积极探索"智慧强校"，全面发展学生素养，获中国 STEAM 教育领航学校、浙江省

STEM 教育种子学校等荣誉称号。在培养智慧时代的创新人才方面，学校都有哪些举措？

沙立国：浙江省开展 STEAM 教育的起点在这里。学校整合课程开发，开设机器人、编程、航空航天等各类创新课程，利用项目式学习方式，帮助不同年龄段的学生将所学的数学、物理、科学、地理、文学、心理等知识应用到生活实际中，促进学生的个性化发展。

过程中，我们高度重视人文关怀。在上一届科技节中，有一位学生的作品《勿忘我》让我印象深刻。这名学生的外婆患阿尔茨海默病，他积极地在课堂上学习人脸识别、语音识别等知识，主动向教师请教，寻求技术支撑，并在教师的指导下设计完成了这个作品——它可以挂在脖子上，并且将亲朋好友的照片输入进去，当机器识别出对面的人是照片里的人时，就会提醒主人"这是我大学时候的朋友""这是我的外甥"等。作品的原理很简单，关键在于学生将所学的知识与日常生活相融合，尝试解决实际问题。

在这届科技节，获得一等奖的两位学生暑期在家里阅读了关于孤独症儿童的书籍，了解到孤独症儿童虽然不愿意与人沟通，但是对机器、绘画等事物格外感兴趣。基于此，两位学生设计制作了陪伴机器人，与孤独症儿童进行情感交流。他们还专门联系了孤独症儿童研究方向的高校专家，学习孤独症儿童的语言逻辑关系，给机器加入了一些心理疏导方面的心理学语句。可以说，在培养智慧时代的创新人才方面，学校同样将红色基因、担当责任使命与现代科技相结合。

智慧学校的关键点：精准定位与及时纠偏 /////////////////////////

任萍萍：作为浙江省精准教学实验项目学校，保俶塔实验学校在精准教学、精准管理、精准评价等方面有哪些经验？取得了哪些成果？

沙立国：2018 年，学校引入大数据精准教学系统与个性化学习手册，通过对学生作业数据、课堂检测数据的收集与分析，教师能够精准了解学生对知识点的掌握情况，从而有针对性地备课、讲评，推送个性化作业。

信息技术赋能学校教学变革。第一，学生能够第一时间了解自身的知识薄弱项，有针对性地开展学习，尤其是对于学习能力比较弱的学生来说，不仅能够看到学习差距，更能精准定位学习重点，知其然知其所以然。第二，传统课堂教师开展统计分析难度大、成本高，现在，教师依托技术手段可以即时完成数据统计，并且通过大数据分析，深入了解学生之间的差异，真正实现个性化的分类教学。第三，实现精准管理。通过人工智能和大数据技术，学校管理者能够精准掌握每一位教师在日常教学中的优势与不足，将优秀的教研方法推广至全体教师，查漏补缺、扬长避短，实现低成本、短周期的及时纠偏，从而提高教学质量。

信息化 + 教学，助力智慧"双减" ////////////////////////////

任萍萍："双减"背景下，学校依托人工智能、大数据等信息技术，在作业改革上进行了哪些探索？取得了怎样的成效？

沙立国："双减"一方面是减轻学生过重的课业负担，另一方面是减轻学生过重的课外培训负担。课外培训负担与作业负担的根源在校内。学校基于精准教学分析，减少学生大量的重复性作业，让学生通过必要的练习保障学习效果。另外，在当前的大班教学模式下，师生之间难免存在交流不充分、不及时的情况，借助于区域名师公开课、视频资源等，学生课堂上没有听懂的内容，能够在课下查看教学视频，提升自主学习的效果，有效弥补课堂教学的内容不足。

技术推动个性化"五育"发展 ////////////////////////////////

任萍萍：您认为信息技术对落实"五育"并举、促进学生成长起到了怎样的作用？

沙立国：学校引入智慧体育，通过信息化手段实现学生体育成绩的智能测试，精准掌握学生的课堂数据、体测数据等，积极探索数字化体育。

我欣喜地看到了两个变化。第一个是学生的变化。举个例子，学校里有一个学生因为身材偏胖，每次上体育课时都有些自卑。自从安装了智慧体育系统，他就经常一个人偷偷练习跳绳，从一开始的一分钟跳 110 个，到现在能跳 120 个，系统记录了他每次进步的情况，并且实时反馈，也让他看到了自己的提升与薄弱点。

第二个是课堂的变化。我们鼓励学生通过课余时间完成重复性训练，利用宝贵的课堂时间学习自己感兴趣的、愿意长期训练的项目，如篮球、羽毛球等，让学生真正在课堂上实现有趣、有效的体育锻炼，防止素质类学科"应试化"。

不忘初心 + 拥抱变化 = 市优秀校长 //////////////////////////

任萍萍： 陶行知先生曾经说过，一个好校长就是一所好学校。您成功入选了 2022 年杭州市优秀校长，这对于您个人和学校来说都有重要意义，您有什么经验可以分享？

沙立国： 第一，不忘初心。学校一切工作的出发点和落脚点都是让学生健康成长，每一个学生都有巨大的潜能，每一位教育工作者必须保持这样坚定的信念，紧盯正确的目标，就一定能坚持正确的道路。

第二，拥抱变化。时代在变化，学校在变化，学生在变化，教育更是永远处在变化中，保持敬畏的心态，时时反思，更新理念，才能跟上时代的变化，加速学生的改变与成长。

学校简介 >>>

杭州市保俶塔实验学校坐落于美丽的西子湖畔，系杭州市实验学校、杭州师范大学附属实验学校、全国科学探究学习与创新人才培养实验基地学校、中国少科院科普教育基地学校、中国 STEAM 教育领航学校、全国校园足球特色学校、全国 DI 项目模范学校、教育部国防教育特色学校、浙江省阳光体育人才培养基地学校、浙江省艺术教育实验学校、浙江省精准教学实验项目学校、浙江省中小学 STEM 教育项目种子学校、浙江省示范性教师发展学校建设学校、浙江省绿色学校、浙江省标准化学校、浙江省健康促进学校（金牌）。

薪火传承，构建科技学校新生态

——对话北京市八一学校校长沈军

◎沈军

北京市中小学特级校长，高级教师，北京市八一学校校长，海淀区高中教学专家组成员。任八一学校校长的十余年里，先后推动了90个项目，从文化、战略、管理、教育教学、物质保障等五个层面出发，完成对教育优质均衡发展的"品质事业"的担当。

【编者按】

这是一所由聂荣臻元帅亲手创办的学校，中国首颗由中学生参与开发的科普小卫星"八一·少年行"在这里诞生。继革命星火，扬育人本质，北京市八一学校正大力促进人工智能、大数据等新一代信息技术与教学、管理场景深度融合，积极推动教学方式变革、教育能力提升和培养模式创新，努力打造北京市乃至全国的智慧教育标杆。

"八一学校的品质与担当，是为党育人的责任体现，是民族振兴的使命担当，是回答'为谁培养人、培养什么人、怎样培养人'的教育追求和生动实践，"沈军说，"继往开来，我们要拥抱新技术，发挥数据优势，以达到精准指导学生规划、促进学生全面发展的目标。"

"继往开来、开拓无前" ///////////////////////////////////////

任萍萍：众所周知，八一学校是习近平总书记的母校。穿越 70 余年时代风云，学校一直以来传承和发展的精神文化是什么？

沈军：1947 年，为了培养革命后代，在晋察冀军区聂荣臻司令员的亲切关怀下，八一学校的前身荣臻小学在河北阜平建立。1985 年首个教师节前夕，名誉校长聂荣臻元帅为学校题词：继往开来、开拓无前。这八个字被确立为校训，并沿用至今，成为印刻在每一个"八一"人心中的精神与担当。

"八一"文化与传承 //

任萍萍：您认为，是什么造就了学校"继往开来、开拓无前"的丰厚底蕴？

沈军：八一学校是诞生在硝烟弥漫的战争年代的军队学校，注定具有强大的红色基因。因此，创新德育、提高实效、传承红色文化是学校贯穿始终的一项重要任务。

无论师生，进校第一课，就是校史课。这个校史课不只是坐在校园里听讲，还要亲身体验。从 1992 年开始，学校把建校时的校址所在地河北省阜平县作为德育基地，每年假期派师生代表沿着学校建校、转移、进京途径两省五县市的路线进行"寻根"活动，把历史变成活教材，对师生进行革命传统教育。至今，已经坚持了 30 年。

此外，从小学一年级到高中三年级，学校每月一个主题，开展各种各样的常规德育活动，把历年来德育工作中的一些大型活动整合进来，变被动德育为主动德育。这样一来，在实践中，不同年级对同一个主题都会有不同理解，就有了很多接地气的诠释，大大丰富了德育的内容和方式，从而传承中华民族精神，为党和国家培养担当民族复兴大任的时代新人。

要实现信息技术的真正落地 /////////////////////////////////////

任萍萍：当下，人工智能等新技术飞速发展，您对于这类新兴技术进入教育领域如何看待？

沈军：教育信息化是学校办学过程中无法回避的趋势。随着信息化与人工智能时代的到来，学校从办学模式到管理教学都将面临巨大的挑战。

对学校而言，关键是要把技术用好、用扎实，在教学中能够真正落地，让技术跟教育教学深度融合。一是要改造传统教学环境，突破物理课堂的边界，实现物理课堂与虚拟课堂的融合；二是要革新传统教学流程，创新学习内容与方法，实现技术、内容、方法的融合；三是要提升教师专业能力，实现教师在专业知识、教学技能和信息技术能力三方面的融合；四是要应用智能评价手段，用数据引领评价变革，实现教育规模化与个性化的融合。

以办学特色定制信息化发展 //////////////////////////////////////

任萍萍：您认为信息技术最核心的价值是什么？信息技术应该如何与教育教学深度融合？

沈军：我们常常说，要建成"人人皆学、处处能学、时时可学"的学习型社会，这就要求回归以人为本，促进人的全面、自由、个性发展，实现公平、优质的教育，这也是信息技术带给教育最核心的价值体现。

应对教育信息化这份考卷，归根结底还要从学校自身的内涵与定位出发破题。

立足人工智能等信息技术飞速发展的浪潮，在新的时代背景下，围绕"培养什么人、怎样培养人、为谁培养人"的问题，我们重塑学校形态、学习空间、学习方式、课程体系、组织管理等，借助信息化、智能化实现教育形态的变革和教育质量的提升。我从以下四方面说明。

第一，重构教学环境、资源供给、教学组织等要素，建设人本课堂。利用人工智能、大数据、5G等新一代信息技术优势，创建"人技"结合、以学习者为中心的新型融合教学环境，推动课程革命，基于智能技术全程融入教学流程，助力教育教学模式创新、教师工作减负增效、教师线上线下混合研修、教育评价改革等，促进强交互、融合性的课堂教学方式变革，构建高质量教育支撑体系，实现以学习者为中心的课堂新生态。

第二，推进教育数字转型，构建面向未来教育新生态，打造"科技学校"。学校着力探索通过重点科技项目如机器人、航模、海模、头脑创新思维活动等，培养学生的批判思维、创新精神、实践能力和信息素养，使学生具备能够担当民族复兴大任的学识和能力。

第三，开展素养导向的多元融合课堂教学、师生评价，释放角色潜能。实施多元评价工程，支持学生学业和素养、教师教学教研和专业发展等多元化评价维度，改进结果评价，强化过程评价，探索增值评价，健全综合评价，建立多元主体参与的个性化、发展性的教育评价体系，为教师个人专业发展和学生健康成长保驾护航。

第四，品质阅读传承校园文化，浸润师生心灵。注重学生核心素养培育，技术赋能课程功能转变、结构优化，全面推进素质教育。以学生发展为中心，为学生全面发展、学校特色发展提供更多可能。选修课之外，我们将德育课程化、活动课程化、社团课程化，引入研究性学习、项目式学习、跨学科学习等学习方式，给学生提供有方向性的更多选择，借助社会资源为学生提供更广阔、更高质量的发展平台，遵循教育规律，让课程建设、实施和管理更加科学。

以办学特色定制信息化教学，以信息化平台辅助内涵式发展，这是八一学校的信息化道路，也是传统教学与信息技术深度融合的必经之路。

建设一流科技特色学校 ///

任萍萍：信息技术对学校的改变还发生在哪些地方？

沈军：近年来，学校着力探索通过重点科技项目如机器人、航模、海模、头脑创新思维活动等，培养学生的批判思维、创新精神、实践能力和信息素养，使学生具备能够担当民族复兴大任的学识和能力。

我们的科技教育目标是培养国防科技、航空航天科技等国家战略型科技储备人才。因为八一学校是战地学校出身，现在依然与部队保持着密切联系，所以我们的科技教育一定要为国家服务，这是八一学校的责任担当。

2016年12月28日11时23分，中国首颗中学生参与研制的科普卫星"八一·少年行"顺利发射升空。八一学校中学生研制团队全程参与了卫星的创意、设计与研制过程，并主导完成了卫星四项载荷设计，即对地拍摄、无线电通信、对地传输音频和文件、快速离轨实验。

2017年，学校联合中国航天科技国际交流中心、北京航空航天大学等单位，共同成立了"中国航天科技教育联盟",探索建立中小学校、高等院校与航天产业相融合的贯通式人才培养模式和路径,致力于把八一学校建设成为一流科技特色学校。

既要仰望星空,又要脚踏实地 ////////////////////////////////////

任萍萍:从教育信息化步入教育数字化转型时期,您认为教育变革过程中校长应该发挥怎样的作用?

沈军:大致分为以下三方面。

第一,顶层设计与底层探索,两者并重。管理学校必须有系统化的思维,这个系统里包括很多元素,它们是一种整体性的东西。做任何事情,都要于高位进行思考,从目标看问题。如果某一层出了问题,一定是上一层或者最高层没有想明白、想到位。要学会在最高层次上寻求问题的解决之道。因为顶层设计体现一种先见性,能够发现重大问题,了解事情全貌,抓住解决要害,明确发展路向。而从底层出发,一是做好底层分析,了解基础和现状,包括教师的思想状况和业务能力、工作推到什么阶段和程度等。二是做好底层调动,激发教师的积极性,让教师知道自己在这场改革浪潮中的角色和作用,发动教师投身到教育教学的实践中。可见,底层分析和调动是发展的源泉和动力,没有底层分析和调动,顶层设计如空中楼阁,好看但不中用。

第二,理想设计与现实因素,协同共探。对于好的经验与做法,我们不能照抄照搬,而是要有适合八一学校的落地方法。比如翻转课堂,对于学生学习方法而言是一个挑战,如何应对这一新生事物?我更倾向于认可混合式的学习模式。所有的课堂模式对于所有的课程来说都不是放之四海而皆准的,应该发掘每一门学科的接收特点,从而采取最佳的方式。校长要开阔视野,要加强学习,要学会思考,要有向前看的意识,当然还要有时不我待的决断魄力和推进勇气。

第三,个别实验与全面推进,循序渐进。教育是一项育人的工作,在推出一个新事物时往往需要谨慎前行。我提出个别实验的思路,即从个别班级先实行,然后再扩展到一个年级,最后在全校推开。遵循从点到线再到面的逻辑,新事物的推进也必将在循序渐进中得到良性发展。

学校简介 >>>

北京市八一学校创建于 1947 年，是由聂荣臻元帅亲手创办的荣臻子弟学校发展而来的一所现代化历史名校，也是北京市示范高中。学校走出了习近平、俞正声等党和国家领导人。建校以来，学校的建设与发展始终得到党和国家领导人的关怀。20 世纪 50 年代，毛主席曾多次接见学校师生代表；60 年代，周恩来、朱德、董必武、贺龙等多次来校视察，并寄语学校要秉承传统、培育英才；80 年代，聂荣臻元帅为学校题词"继往开来、开拓无前"；90 年代，江泽民总书记为学校题写校名。进入 21 世纪，各级领导对学校的持续发展寄予厚望。2016 年 9 月，习近平总书记回到八一学校向全国教师祝贺第 32 个教师节，回忆在母校的生活，表示"是老师培养了我们""到这里没有首长，都是学生""不管走到哪儿，我都惦记母校"……句句心语，饱含师生情谊，见证母校教育。

智慧教育赋能师生成长，
助推传统老校跨越式发展

——对话山东省济南第三中学校长宋金波

◎宋金波

　　山东省济南第三中学党委书记、校长。获山东省教育系统优秀党务工作者、济南市优秀教育管理者等荣誉称号。主持编写《新高考背景下普通高中学生发展指导》。聚焦职能教育，大胆改革、勇于创新，积极推进智慧课堂建设，带领学校走出了一条特色发展、高质量发展之路。

【编者按】

　　作为一所有着70余年历史的老校，山东省济南第三中学（以下简称"济南三中"）在迈入智慧教育应用之后，不断深化智慧课堂新型教学模式与分层选课走班教学实践模式，努力探索将规模化教育与个性化培训有效结合，以满足学生个性需求和自主发展的需要。学校丰富多彩的品牌活动、百花齐放的学生社团，为学生搭建了不同的展示平台，在学科教学与素质教育之间找到了平衡点。

　　2017年，在山东省新高考改革背景下，济南三中开始融合信息技术的新型教与学模式创新实践，深化智慧学校建设与应用。宋金波深知，信息技术对教育教学所带来的影响绝不是表面的"新鲜、新奇"这么简单，而是系统的、全方位的、革命性的。"道阻且长，行将必至。我们将一直致力于推动人工智能与教育教学深度融合，让济南三中成为一所能服务于学生个性化发展、具有先进教育理念和现代化治理体系的新型学校。"宋金波如是说。

"底蕴""活力""奋进" /////////////////////////////////////

任萍萍：济南三中拥有悠久璀璨的历史。在您眼里，济南三中是一所怎样的学校？如果让您用三个关键词描述，您会用哪三个词，为什么？

宋金波：如果用三个词来描述我心目中的济南三中，我会用"底蕴""活力"和"奋进"。

第一个词是"底蕴"。济南三中是一所有底蕴的学校，它不仅拥有悠久的历史，还培养出一批非常优秀的人才，如李玉、李济生、宋礼成三位院士，导弹专家周家林，周易大师刘大军以及文艺界、竞技体育界一些优秀人才。济南三中在德育、智育、体育、美育以及劳动教育等多领域均有突出表现。

第二个词是"活力"。济南三中是一所充满活力的学校，每个学生的精神状态都是积极的。学校的活动丰富多彩，教育教学活动、艺术体育活动等都取得了优异成绩。现在我们还拥有全国领先水平的板球队，有居于省高水平的健美操队、篮球队等。

第三个词是"奋进"。济南三中的教师勤奋、敬业，学校校训"明诚修业、问学无息"也是教职工勤勉、敬业的写照。他们的认真工作与无私奉献，使得学校这几年无论是教学质量还是社会声誉连年提升。

分层分类，打造优秀教师队伍 /////////////////////////////////

任萍萍：学校的发展离不开优秀的教师队伍。在济南三中 70 余年的历史上，涌现出许许多多的优秀教师。请问学校在教师队伍建设方面有哪些值得分享的经验？

宋金波：一直以来，济南三中非常重视教师队伍建设，在教师发展方面，我们有一套分层分类的系统工程，针对不同群体不同年龄段都有相应的培养和发展措施。对于刚参加工作的年轻教师，学校采取的是青年教师"双拜师"行动，拜优秀的学科教师为师，以提升其课堂教学能力；拜班主任为师，学习、辅助班主任开展班级管理工作。对于中青年教师，我们从专业能力和德育工作方面来重点打造一批骨干教师。另外，为打造名师团队，我们建立了名师工作室，为培养特级教师和正高级教师做准备，也为中青年教师起到引领示范作用。

教师队伍建设是一个长期的系统工程，我们要求每位教师都要进行职业短期规划和长期规划，对不同的发展阶段，制订适合自己发展方向的规划。面对不同的教师群体，我们采取不同的措施。比如，教师根据工作需要自主建设不同类型的团队，这些团队在教育教学中发挥作用的同时，教师也在其中提升自己、发展自己。学校每年还对团队进行评选和表彰。

技术赋能，促进学生个性化发展 ////////////////////////////

任萍萍：济南三中秉承"为每位学生的可持续发展奠基"的办学理念，在学校教育规模化教学的条件下，如何兼顾学生个体发展需求？

宋金波：传统课堂教学和学校管理之下，关注每个学生的个体发展是很难实现的。班级授课制存在这样一个弊端：对于不同学生的学习需求，学校提供的是相同的教学内容。人工智能、大数据技术帮助教师在班级教学中识别学生个体差异，精准掌握学情，因人而异推送学习资源。在此基础上，我们开发了一系列校本课程满足学生个性化的需求。

济南三中一直以来秉持"五育"并举的方针，除传授文化知识之外，学校积极开展体育、艺术等丰富多彩的课程，让学生充分发展自己的潜能；组建各种学生社团和专业训练队，以满足学生的特长发展需要。

智慧学校建设要作为"一把手"工程落实 ////////////////////

任萍萍：2020年，济南三中喜获"济南市首批智慧校园示范校"。请问学校在智慧学校建设方面有哪些值得分享的经验？形成了哪些特有的教育教学模式？

宋金波：智慧学校建设需要学校整体规划，我觉得应该作为"一把手工程"来落实，因为智慧校园建设是一个系统工程，单纯做哪一块，是没法把这项工作完成的，除了课堂之外，其他板块也要包含在里面，所以投资会比较大。在工作推进过程中，也需要从校级，尤其是一把手这个角度全力推进。

日常管理也好，教育教学活动也好，人们通常存在行为惯性，依赖固有的方法。

在推进智慧校园建设过程中，对于跟不上发展节奏的人，我们需要采取一定的措施来推动。所以，行政力量是不可或缺的。另外，智慧校园的建设要和学校的督导检查考核评估挂钩，没有制度保障，推进过程中会存在各种各样的困难和阻力。

以科技助力减负提质增效 ////////////////////////////////////

任萍萍： 您曾经对育人和创新之间的关联有过阐述。教育信息化2.0背景下，人工智能与大数据参与教育教学过程，您觉得信息技术工具在育人和创新之间发挥何种作用？

宋金波： 以济南三中引入的智慧课堂来说，我觉得它在提质增效方面效果是非常明显的。在传统的高考复习备考中，一般都采取"题海战术"，相较之下，智慧课堂的效率是非常高的。

比如，系统里的AI错题本和个性化学习手册都是非常高效的教学工具。学生学习知识的过程中，一旦某个知识点没掌握好，做题的时候往往在相关题目上连续出错。AI错题本和个性化学习手册可以有针对性地解决易错点，提高学习效率。智慧课堂能够通过大数据精准地找到学生在学习当中存在的问题，漏洞是什么、易错的地方是什么，然后再通过人工智能精准推送，有效解决学习短板，从而整体提升学生的学习效率。信息技术在增效方面确实发挥了很好的作用。

任萍萍： 有观点认为"减负要做好区别化，一刀切式的减负是错的"，您怎样看待这个观点？在落实"双减"方面，济南三中做了怎样的探索？有何值得分享的经验？

宋金波： 在同一个学段，学生的层次是不一样的，学习负担也不一样。比如，面对同一道数学题，有的学生5分钟就做完了，有的学生可能1小时也没做出来；有的学生进行两道题的练习还"吃不饱"，有的学生进行两道题的练习就感觉负担重了，所以负担是因人而异的，不能一刀切。

在传统课堂中识别这个问题，靠的是教师的经验，所以一个好教师常常经验丰富，他能通过多年积累的教学经验，知道学生在学习某个知识点时可能会遇到什么样的问题。但是，经验也是容易出错的、不准确的。

在智慧课堂中，数据可以呈现在课堂检测、模拟测试、作业数据等方面出现的问题，再通过过程化数据的积累与分析，我们可以知道每个学生在不同的知识点存在的问题是什么，精准辅导，实现增效减负。

教育教学要适应社会发展 ///////////////////////////////////

任萍萍：从济南九中到济南三中，您有多年担任中学校长的经历。在您看来，做好一名中学校长需要具备哪些能力或者素养？

宋金波：成为优秀校长需要具备的素质和能力很多，业务素质过硬是最起码的要求。除此之外，我觉得最重要的是管理理念要与时俱进，不能完全按传统理念管理学校。学校要与社会同步发展，一定要适应社会发展的需要。站得高才能看得远，要能够展望未来，学校培养出来的人是要满足未来社会发展的，而不是只满足当前社会的发展，不然，学校培养出来的人还没走进社会就被淘汰了，这肯定是不行的。

学校简介 >>>

山东省济南第三中学创建于 1948 年，作为山东省首批省重点高中，是泉城学子向往的优质高中之一。学校秉承"为每位学生的可持续发展奠基"的办学理念，把实施品格教育作为实现教育理念的路径，把校本化的课程体系作为实现教育理念的基本载体，把双领军团队建设和"金牌团队"建设作为促进学校发展的根本动力，把激励为主的多元评价作为促进学生成长的有效手段，站在时代发展的前沿，致力于培养具有中国灵魂、世界情怀的合格世界公民。

百年名校探索：教育的根本是全面育人

——对话河南省开封高级中学校长宋全会

◎宋全会

　　高级教师，河南省开封高级中学校长，河南省骨干教师，河南省优秀教师，河南省学术技术带头人，获河南省教育优秀管理人才、河南省五一劳动奖章、开封市优秀教师、开封市优秀班主任、开封市十大杰出人才等荣誉。

【编者按】

　　河南省开封高级中学（以下简称"开封高中"）创建于1902年，由清末河南省大学堂和开封府中学堂沿革而来，曾为全国三大规模学校、八大优秀中学之一。2005年被评为河南省首批示范性普通高中；2017年被评为河南省首批多样化发展示范校（综合创新类），被中央文明委授予首批"全国文明校园"荣誉称号。

　　宋全会介绍，开封高中诞生在风雨如晦的年代，成长于国家和民族的奋斗征程中，而今在实现中华民族伟大复兴的新征程中以更加勇毅的姿态砥砺争先。120年来，开封高中人聚如火焰灿烂，散如星光璀璨，在各行各业彰显开封高中之魂，践行开封高中精神。目前，普通高中育人方式发生重大变化，高考改革持续深化，站在这一历史节点，开封高中将以发展意识增强紧迫感，以责任意识筑牢使命感，坚守"全面育人"的教育理念，同心同德、踔厉奋发，以百廿峥嵘正风华、蓄势启航再出发的姿态，满怀信心与决心、志气与朝气，立足中原大地，努力建成全国一流名校。

"全面育人"的办学特质 ///////////////////////////////////

任萍萍：2022 年是开封高中建校 120 周年，作为一所百年名校，您认为开封高中是一所怎样的学校？有什么特质？

宋全会：开封高中的特质可以用一个词来诠释——全面育人，这也是我们一直以来的办学理念。开封高中多年来一直注重学生的全面发展，以"为学生的终身幸福奠基，为社会的整体进步育人"为办学宗旨，以"综合素质高，有一定特长，为社会悦纳，可持续发展"为育人标准，不断完善育人核心内涵，培养出了一批又一批具有家国情怀、创新精神、健全人格和发展潜能的高素质毕业生。

"五育"并举：基于学生全面发展的育人活动 ///////////////////

任萍萍："全面育人"的办学理念在素质提升上的表现有哪些？

宋全会：培养德智体美劳全面发展的人是我们的使命与担当。开封高中的具体做法主要体现在德育工作模式、育人体系及心理健康教育上。

坚持德育为首——"一核四化"德育工作模式，即开封高中以立德树人为核心，形成教育常规化、主题教育系列化、节日专题教育制度化、教育形式活动化，实现层级递进式的德育目标。

坚持"五育"并举——打造"一主多元"活动体系。以高一心理剧比赛、高二60 华里远足活动、高三成人仪式为主线，不断完善多元教育并重的活动体系；利用青年业余党校培训、国旗下的讲话、班团会、修养课等阵地，加强学生品德教育，突出思想政治课的关键地位，做好党团组织活动和主题教育；统筹课堂学习和课外实践，强化实验操作，建设书香校园，改进科学文化教育，进一步提升学生的科学素养和人文素养；举办校园文化艺术节和绘画、摄影比赛，培养学生艺术感知、创意表达、审美能力和文化理解素养；开辟劳动教育基地，创新劳动教育的载体，丰富学生的劳动实践的途径；开设课程、主题讲座等，加强生涯规划指导，促进学生全面发展。

守护学生的心理健康，也是关注、引导学生更好发展的一项重要工作。在多年实践工作经验基础上，开封高中形成了"525"工作体系，即心理健康教育工作遵循发展性原则，围绕2级目标（总目标和具体目标），依托"心理课堂、团体辅导、个体咨询、校园心理剧、心理文化节"5种载体，通过培养"心理教师、全体教师、危机干预小组、心理委员、学生家长"5支队伍，创建"全员、全程、全方位"的三全心育环境。

课程改革：基于学生自主提升的教学方式 //////////////////////

任萍萍：您如何看待课程改革？

宋全会：课堂教学是课程实施的主要渠道，也是课程改革的主阵地。我校聚焦"培养学生核心素养，打造高效课堂"这一目标，进一步明确了"以课标考纲为方向，以课本内容为根本，以导学提纲为载体，以学生学会为目的"的教育教学改革思想，突出学生的主体地位和教师的主导地位，培养学生核心素养，提升学生关键能力，提高学生学习效率。

聚焦课堂教学，围绕"聚焦育人方式变革的课堂效率提升"的核心目标，大力推进教学方式的改革，实行"1+1"双螺旋教学模式，即1节正课+1节练习课、1份导学提纲+1份随课作业，正课使用导学提纲，练习课使用随课作业。教师课堂教学更加高效，学生自学能力明显上升。同时，遵循学生认知规律和成长规律，根据学生的个性差异因材施教，对不同学生使用"导师式""教练式""保姆式"方法教学或辅导。

课程是育人的有效载体。开封高中基于学生多元发展的育人载体，从课程设置入手，不断加强对课程规划与建设的研究与实践，重点体现在"人文社科、科技创新、生活健康、艺术审美、公民社会"五大领域，对其课程设计提出了多元性、独特性和拓展性的要求，从而让学生在丰富的课程内容和课程实践中提升自身核心素养。

课程推进过程中，学校特别注意一点：充分尊重学生的选择权，更加注重学生的发展指导、实践探索，适时转变教学方式，从而增强育人效果。

基于"学生发展"这一核心内容，开封高中在研发校本课程时，更加注重学生的多元发展。学校根据学生的兴趣和个性发展需要开发课程资源，自主安排教学内容、教学进度和考核评价，建设了一批独具特色的校本课程，促进了学生多元、个性发展。

例如，学校开发数学、物理、化学、生物学等理科拓展课程，创新人才培育模式；开发"钱学森实验班"培养课程，邀请钱学森先生之子钱永刚教授到校讲学，将"爱国、奉献、求真、创新"的钱学森精神播种到学生心田；和相关机构及艺术院校长期联动与合作，不断加强文化课与艺术、体育等专业课程衔接，完善艺术、体育课程体系，拓宽艺体特长生的发展路径。

为了让学生有更好的未来，我们创新了体育课程模式，改变原有的"行政班级授课制"，根据学生的性别、爱好和特长选项编班。这样下来，学生每年的学习科目有必修项目、专选项目和选修项目，从中学到一至两项运动技能。教育部中小学体育教学指导委员会耿培新主任在考察我校体育课堂改革时曾言："这是全国体育教研组的一面旗帜。"

全面部署，迎接新挑战 /////////////////////////////////

任萍萍：2022 年 6 月，河南启动新高考改革，开封高中将如何应对新教材、新高考带来的挑战？

宋全会：面对挑战，首先，我们做好学校课程规划和顶层设计工作，积极探索学习全国名校改革经验。计划与哈尔滨三中、上海复旦附中、郑州外国语学校、郑州市第一中学等学校建立长期联系，定期组织高考改革经验交流。同时，计划邀请教育部、中国教育学会、北京教科院等专家学者到我校进行政策解读，为全校教师答疑解惑，为学校决策提供指导和经验参考。

其次，在文理选科指导上加大力度，计划借助高校、家长等多方面的力量，丰富学生对学科、专业、职业的认知。同时，总结过往的实践探索的经验，制订学生发展指导制度，构建高中三年一体化、系列化的学生发展指导体系，在理想引导、学法指导、心理疏导、职业规划、健康生活等方面形成独具学校特色的指导模式与指导策略。

学校简介 >>>

开封高中创建于1902年，由清末河南省大学堂和开封府中学堂沿革而来，曾为全国三大规模学校、八大优秀中学之一。2005年被评为河南省首批示范性普通高中；2017年被评为河南省首批多样化发展示范校（综合创新类），被中央文明委授予首批"全国文明校园"荣誉称号。学校以"为学生的终身幸福奠基，为社会的整体进步育人"为办学宗旨，以"综合素质高，有一定特长，为社会悦纳，可持续发展"为育人标准。建校120余年来，走出了一大批党政军高级领导干部、作家、艺术家、外交家等知名人士，20余年间为清华大学、北京大学输送百余名优秀毕业生。

集团化办学，助力区域教育优质均衡

——对话绵阳市实验小学教育集团总校长唐辉

◎唐辉

绵阳市实验小学教育集团党委书记、总校长。2020
年被评为四川省中小学名校长，2021年被聘为四川省
卓越校长工作室主持人。

【编者按】

　　作为集团化办学的成功示范，绵阳市实验小学教育集团（以下简称"绵阳实小"）为区域
教育优质均衡高质量发展提供了参考样本。近年来，绵阳实小依托智慧教育，开启了新的教
育变革探索。以优秀的文化凝聚人心，以先进的理念创新实践，以丰富的资源成事成人，书
写教育新生活，走出了具有鲜明特色的个性化办学之路，树立了独树一帜的办学品牌。

　　2012年，学校迈入集团化办学的阶段，绵阳实小由核心校实验小学和成员校涪
城路小学、长虹世纪城小学、南山小学组建而成。在集团化办学过程中，唐辉一直
坚持"努力营造教师、学生生命共同成长的幸福乐园"的办学宗旨，不仅让原有的
三所薄弱学校的师生实现了跨越式成长，同时也实现了优质教育资源的快速扩张，
使得集团原有学区的广大人民群众对优质教育资源的需求得到进一步满足，引起良
好社会反响。

集团化办学的成功探索 //////////////////////////////////////

任萍萍：集团化办学中，成员校之间既要保证统一与协调，又要兼顾各自的灵活性和创新性。这个平衡如何把握？绵阳实小成功的关键何在？

唐辉：自 2010 年开始，我校逐步构建"强校＋薄弱学校"融合、"强校＋新建学校"代办、"城市学校＋农村学校"领办三种方式共生的集团化办学模式。以创新式连锁管理为指导，形成部门纵线贯通，校区横面统筹的"线块结合、交互融通"的管理组织结构，为兼顾各分校"和而不同"的独特性和创新性提供可能。

老子言："道生一，一生二，二生三，三生有形。"一聚而成气，气聚而成形，形生万物。因此，多年来，我们紧紧围绕学校发展的核心——教师精气神的提升，施以"顶层设计、输出转化、督调推进"，凝聚不竭的发展动力。文化精神的互通互融、优质师资的带管带教、科研项目的智慧扎根、高品质学生活动的分层实践，各校区都在有形资源的自我构建中悄然共享着集团无形的精神资源，并成为其教育新内涵的缔造者。不断地拓源开渠、下自成蹊，各校区在转型中不仅找到最佳的变革之路，而且以自我发展推动了区域教育高质量均衡发展。

教育教学改革助力人才培养方式革新 //////////////////////////

任萍萍：有观点认为，工业社会的教育体系已经无法适应信息社会的发展需要，教育体系应顺应数字革命的需求进行一场新的变革。绵阳实小在教育数字化转型方面有过或者未来计划进行哪些实践？

唐辉：2022 年秋，绵阳实小全面启动涪城区智慧教育示范区建设项目示范校建设。在数字化转型中，我们逐步依托科大讯飞智慧课堂资源中心，搭建校本特色资源库；依托数字化校级教研平台，构建教师线上线下混合式研修模式；依托数字化学生综合素质评价平台，构建"育评融合"的特色评价模式；依托数字化校级课后服务平台，构建创新课后服务模式，从而形成开放的教育生态体系。

任萍萍："双减"政策的出台，对学校教学质量提升、课后服务水平等提出了更高的要求。在您看来，学校应当如何据此进行教育教学改革？

唐辉："双减"政策的落地，需要学校校本化表达。学校应将学生发展核心素养与学校育人目标有机整合，对国家课程、地方课程和校本课程进行统整，研究基于儿童核心素养发展的校本生态课程建设，构建凸显学校办学特色的课程体系，努力使学校课程求新、求实，不求多但求精，为每一位学生的终身发展奠基。

一是国家基础课程建设突出人文高效，建立完善的组织形式和相关制度，确保国家课程高效落实，切实提升学校教学质量；二是进行跨学科整合与学科内整合；三是建立延时服务社团活动的课程超市，从真正意义上提高课后服务水平，使课程有利于学生的悦纳和选择。对课程进行时空统整，使课程与学生的志趣和水平相适应，与学生身心发展规律相吻合，从而更有利于学生达到最优的学习效果。

任萍萍：新时代背景下，如何落实"五育"并举？

唐辉：为切实落实"五育"并举，绵阳实小以扎根"五育"于教育日常，创新"五育"特色项目为实施途径。构建了全员育人、全程育人、全方位育人的全学科德育模式，把德育、智育紧密相融；探索"五融通"课堂教学实践，让学生在广阔的学习时空中形成创造力；建设校内"种植小实验"基地、校外"农耕劳动基地"，让学生在学习劳动技能中培养劳动品质。其中，以"五育"并举为思想引领的省级课题"小学'自主·互融'假期生活课程实践研究"荣获省政府成果二等奖，现已在全市多个区县进行推广性实践。

任萍萍：2022 年 4 月 21 日，教育部公布了新版义务教育课程方案和课程标准。您如何看待背后的教育改革导向？

唐辉：面对 21 世纪的教育新格局，2022 年版义务教育课程方案和课程标准的发布，对中国教育在现阶段要培育什么样的人、怎样培养人、如何培养人，给出了一个清晰且全面的表述。从加强"双基"到落实"三维目标"，再到学生发展核心素养，体现了教育从"教书"到"育人"的转变。育人目标的变化必将带来育人方式的变革，发展学生核心素养成为新一轮课程改革深化的方向。我认为学校应该做到以下两点：第一，从关注知识点的落实转向关注素养的养成，从关注教师"教什么"转向关注学生"学什么"；第二，需要课程观发生转变。我们需要更多地思考：如何让知识成为素养，确保基于核心素养的国家、地方、校本三级课程的落实，教师要开展基于素养的教学，学校要积极开发基于核心素养的校本课程，每所学校应该深入明晰核心素养背后的关键要义，找准适合学校的聚焦核心素养的课程改革路径，从素养到课程，从课程到课堂，从课堂到评价，一步一个脚印，稳健推行。

为个性化"自组织"的发展搭建平台 //////////////////////////

任萍萍：在推进教育信息化方面，您还探索、总结了什么经验与思考？

唐辉：以教育信息化、教育数字化，实现学校组织多圈层发展、教师个人多圈层发展。教育信息化、数字化既能突破时空的局限，还能高效地整合大容量资源，更为个性化"自组织"的发展搭建平台。

例如，教师研修"自组织"圈层的构建，不仅能变研修交互中的他动模式为自主模式，而且能通过信息化、数字化平台实现跨圈，达到破圈或多圈互通的目的，从而丰富教师研修的价值，实现教师多元成长的空间构建。

再如，学校基于校情，从不同领域寻找共发展的联盟学校。即使相距千里，我们也能通过教育信息化、数字化平台，形成"伙伴式"互助成长，从而实现真正意义上的教育均衡发展，即学校、教师教育思想与先进理念的同频共振。

智能时代，我们可以利用广阔的网络互联空间形成不同的圈层，给予学校集体或教师个体更多元发展的可能，让教育的发展充满生命的活力。

以研究促发展，家校协同育人 //////////////////////////

任萍萍：家庭教育是孩子成长非常关键的一部分，家庭教育与学校教育应该如何配合？学校在家校共育方面进行过哪些有益尝试？

唐辉：以研究带动发展。我校不仅组建家长学校，还以"新时期'润心导行'家长课程实践研究"为核心组建家庭教育专项研究团队，成立了全学科教师志愿者、家长志愿者共建的家庭教育专业讲师团。经过近一年的实践，我们已经推出系列春季全学段通识课程，随后我们将继续实践基础性年段认知课程、拓展亲子实践课程。同时，探索出新时期"润心导行"家长课程实施策略，即基础性家长课程润心策略，亲子实践性活动课程导行策略，学生成长关键期热点、难点问题预判和教育引导策略，探究家长课程学习效果反馈式评价标准，让"家长学校"真正成为一所高品质学校。

学校简介 >>>

　　绵阳市实验小学教育集团创建于 1960 年，系四川省首批办好的重点小学。学校坚持科研兴校，全面推进素质教育。经过半个多世纪的发展，2014 年 9 月被人社部、教育部联合表彰为全国教育系统先进集体。近年来，在前期学校教学改革的基础上，以"建立学校教育教学新常态""创建一批有影响的教学改革项目""培育一批教育教学领军人才"等项目为载体，牢牢抓住"学校管理""课堂教学""学生发展"三个阵地进行现代型学校建设。

发挥教育信息化的"引擎"作用，将"智慧"落到实处

——对话武汉市第十一中学校长陶勇

◎陶勇

　　教育硕士，正高级教师，武汉市第十一中学校长。湖北省人民政府第八届督学，武汉市人民政府第三届督学，湖北省中学化学教学常务理事，湖北省教学学术委员会副主任委员，华中师范大学免费师范生导师，华中师范大学化学学院教育学士学位论文兼职导师，中央电化教育馆培训中心智慧教育项目校长导师。获武汉市政府专项津贴、武汉市学科带头人等多项荣誉。

【编者按】

　　武汉市第十一中学（以下简称"武汉十一中"）创新性地提出用信息化撬动现代化，注入国际化，擦亮科技特色的办学品牌。学校从整体布局稳步推进智慧管理、聚焦课堂积极探索智慧教学、数据驱动精准指导智慧学习等多维度，促进教育的均衡发展、优质发展、创新发展。

　　武汉十一中基于"一切为了学生的发展，为了一切学生的发展"的办学宗旨，历经多年探索与实践，以智慧校园建设为着力点，充分发挥信息技术与教育教学理念和应用创新的重要作用，探索新时代学校发展新模式。

"教育信息化是教育深化改革的支点" //////////////////////

任萍萍：您如何理解"教育信息化"？

陶勇：教育信息化可以充分挖掘学生的学习潜能。在传统课堂上，教师受外部环境制约，认为学生听不全、学不透，缺乏对学生学习潜能的深入挖掘。现在，基于互联网和人工智能等信息技术手段，教师能够有效唤醒学生学习动力、激发学生学习兴趣、培养学生学习能力，引导学生进行自主学习和自我教育。这是当代学习范式重建的前提和基础，也是教学改革深化发展的支点和标志。

智慧校园建设 ///////////////////////////////////////

任萍萍：学校从哪些方面推进教育信息化建设？

陶勇：武汉十一中于 2016 年引入了科大讯飞智慧课堂，推动教学手段和理念的革新；借力智学网大数据精准教学平台，变革课堂教与学方式，致力于学生全面发展、个性发展与终身发展。

在硬件设施建设上，武汉十一中的网络环境从之前的 300M 升级为 1000M 光纤，智慧课堂系统从 2.0 版本升级到 4.0 版本，师生平板移动终端实现 27 个班级全覆盖，为师生课堂实现丰富的交互模式提供条件。建立大数据个性化学习服务中心，在不改变教师批改习惯的前提下，实现答题卡制作、扫描、云端阅卷与数据分析等功能，有效帮助教师减负。

在软件设施覆盖上，武汉十一中充分利用大数据精准教学系统对学科平衡、教学重难点、学业波动等进行阶段教学动态预警，及时召开学科质量分析会调整教学策略，积极开展学生个性化学习手册和学业质量报告，促进教师由过去粗略的学情判断转向多维度、全面化、精准化大数据学情分析。

以学生为中心的课堂 /////////////////////////////////

任萍萍：智慧课堂如何推动课堂模式创新？

陶勇：教育思想的转变、课堂模式的革命对于我们来说是很大的挑战，结合当今社会的人才标准，武汉十一中致力于建立"以学生为中心的课堂"，着力培养学生的分析、综合及评价能力，而智慧课堂正是我们实现这一目标的有力武器。尤其是一些原本难以在课堂实现的实验，现在通过智慧课堂同步推送至学生端口，并且实验过程完整呈现、实验细节放大聚焦，帮助学生立体理解知识点，提升课堂教学有效时长。

同时，智慧课堂将"学、练、评"高效率地融为一体，通过全场景伴随式地采集学生数据，完整记录分析高中阶段每一位学子的学习轨迹和知识点掌握数据，精准刻画学生学情"画像"，告别传统教学评价的"直觉化"。

武汉十一中的智慧课堂至今（至 2022 年）已有 7 年探索历程，从以前单纯的功能性应用，逐渐走向教学精准化、学情数据化、学习个性化。课堂教学资源、课堂吸引力不断增强，学生学习热情显著提高。近年来，武汉十一中为清华大学、北京大学输送了一批高质量人才，成为两校人才基地校。

线上教学的探索实践 //

任萍萍：武汉十一中对线上教学有哪些思考与实践？

陶勇：停课不停学期间，武汉十一中围绕如何强化学生学习的内生动力、如何提升学生的自我效能感两方面，迅速搭建起学校的学习管理框架，全年级各学科的线上教学流程围绕四个主要流程开展。

第一，前置学习，自学指导。武汉十一中利用智学网发布前置学习任务单，反馈学生自主学习成果，并利用系统中的题库组织训练与线上单元月考，及时检测线上学习成果。第二，利用相关线上直播平台，组织学生开展主题探究和学习的交流。第三，巩固训练，图谱完善。充分利用智学网的同步课训练，实现训练内容精准、训练力度适中、训练反馈及时、训练点拨到位。第四，检测反馈，补偿提升。我们成立了武汉十一中线上学习专家团队，对教师的直播课做出相关指导，避免无意义的学习或者硬性的引入，影响学生的学习。

外部环境的限制促进了教育教学"以教为主"向"以学为主"课改理念的转变，推动构建以学为主、以学为本的课堂教学体系，实现从教学设计、教学活动到课后答疑反馈的全流程，推动学习中心课堂和学习素养评价的实践探索。

面对新高考的挑战 //

任萍萍：武汉十一中如何应对"3+3"模式的新高考？

陶勇："3+3"新高考模式下，学生面临20种不同的考试组合可能。武汉十一中依托教师、人工智能、大数据技术三方资源，建设了包括学生自我认知与生涯探索系统和学生自我培育管理系统的智慧化应用平台。其中，智慧化生涯发展教育平台实行双导师制，系统建立生涯发展档案袋，全面记录学生综合素质养成情况，为学生职业规划、智能学科提供精准服务平台。

同时，武汉十一中构建了分年级递进式主题指导策略。高一年级重在生涯认知，引导学生了解自己的性格、能力、优势、不足、价值观和学科兴趣，着重于自我的探索和规划。高二年级重在生涯探索，主要围绕未来职业取向和"6选3"，引导学生探索与自己兴趣、性格相匹配的专业，做出合适选择。高三年级重在生涯选择，主要围绕志愿填报，引导学生深入了解自身感兴趣的专业，着重进行职业和专业的对接指导，辅助学生选择高校与专业。

发展能适应未来的创新型人才 /////////////////////////////////

任萍萍：在科学教育方面，学校进行了哪些探索？

陶勇：科学教育是民族进步的重中之重，教育工作者责无旁贷。学校培养的不仅是成绩优秀的学生，而且是能适应未来新时代发展的创新型人才。学校不仅通过课堂主渠道进行知识普及，开发了以校本教材《创新改变我们的生活》为蓝本的系列科技课程，还在校内设立科技创谷，打造数字图书馆、3D智造空间、计算机编程教室、AI人工智能实验室等十多间创客教室，为全校学生提供自由、开放、安全的学习及实践环境。

用开拓性的教育情怀点燃学生的创新梦想，用前瞻性的教育智慧引领他们创造精彩生活，是我们武汉十一中教育者的使命。武汉十一中着眼未来发展趋势，结合新课程改革要求，不断加强校园智能化、现代化升级，争创全市领先的智能化、现代化品牌高中。

学校简介 >>>

武汉市第十一中学创建于 1954 年，系武汉市"九大名高"之一的省级示范高中。学校以"一切为了学生的发展，为了一切学生的发展"为办学宗旨，全心致力于"信息化、现代化、国际化、科技特色"名校建设。先后被评为湖北省最佳文明单位、湖北省首批数字化校园示范校，成功加入中国科学院设立的湖北省科技教育首席联盟校。

教育信息化正在从"小联接"走向"大联接"

——对话上海市高安路第一小学校长滕平

◎ 滕平

正高级教师，特级校长，上海市高安路第一小学校长。第十一届国家特约教育督导员，上海市人民教育督察员，上海市小学教育管理专业委员会理事，上海市提升中小学（幼儿园）课程领导力研究（第二轮、第三轮）专家指导组成员，徐汇教育学会副会长。获全国先进工作者、全国三八红旗手、全国特色教育先进个人、上海市"四有"好教师等荣誉称号。

【编者按】

"让学习无处不在"是上海市高安路第一小学（以下简称"高安路一小"）创建上海市教育信息化应用标杆培育校的愿景。学校正在尝试以人工智能为助推，建设更完善的多元交互平台，通过数据驱动下的精准教学、实时评价及资源推送，提升教学效能，探索学生自适应学习，希望让每个学生都能通过学习找到自己的个性化发展道路。

滕平始终认为，任何教育，其实到最后就是培养一个幸福的人、完整的人。教育数字化转型背景下，她正带领高安路一小的师生打造融数学、艺术、自然、劳动教育、信息技术等多学科知识为一体的"未来课堂"，通过现代技术手段营造轻松、愉悦、高互动的学习环境，引导学生课内外结合，学习从校内走向校外。

"人是教育的原点，也是教育的归宿"////////////////////////////

任萍萍：结合您近40年的从教生涯，您认为教育的本质是什么？

滕平：1984年，我走进了高安路一小，从事教育这么多年以来，我深深地感受到，人是教育的原点，也是教育的归宿。任何教育其实到最后就是培养一个幸福的人、完整的人。在培养学生成才之路上，我始终在思考教育如何作用于学生的全面成长，并引发其生命质量的精彩绽放。

高安路一小创建至今，培育出了著名运动员姚明及一大批科技、艺术、体育人才。但我始终清醒地认识到，学校的功能并不完全在于培养出几个特长生和学习尖子。学校教育不仅要认识学生的共性，更要发掘学生的个性，提供更多的机会，让每一名学生都能通过学习找到自己通向成功的个性化发展道路。

所以，我们提出了"七彩高一"的办学方向，以此推动学校新时期的发展。"七彩高一"旨在让不一样的学生有不一样的精彩，努力发现每一名学生特有的兴趣爱好和特长，注重教育的不同视角和不同层面、不同内容，为每一名学生开发潜能、发展个性、选择学习提供通道，将学生可能的潜质转化为引领其全面进步的实际能力。

七彩课程　"七彩高一"/////////////////////////////////////

任萍萍：在课程建设方面，高安路一小有哪些特色理念与经验？

滕平：一直以来，我们总是在思考，什么样的课程能够支撑"不一样的孩子，有不一样的精彩"？什么样的课程能够支撑"学生的未来"？

通过对教育本质的不断认识、对人的成长规律的遵循，我们把求知需求多元化背景下的课程体系架构作为促进学生全面成长的核心载体，在充满无限创造空间的领域中，围绕"七彩高一"的办学理念，在国家课程学习的基础上，着力构建具有校本特点、较高精神品位的"七彩课程"体系，为学生的可持续发展提供丰富多彩的课程资源，如"创智空间""亲近艺术""健康宝贝""成长脚印"等，让有爱好、有个性、有特长的学生有选择学习的机会，引导学生做最好的自己。

在此基础上，学校还打造了"X"课程，即留白课程。因为教育并不是要用无限多的内容填满学生的时间，恰恰是要留出一块空白，让学生发现自己的兴趣，再整合资源以满足他们的主动学习需求。

随着时代的迅速发展，我们还充分利用技术与资源给予学生更多的课程体验与经历，课程组织也从单一走向综合，构建以学习者为中心，融数学、艺术、自然、劳动教育、信息技术等多学科知识为一体的充满愉悦、高互动的学习环境，打造面向学生未来能力培养的跨学科课程，如以"走进永不消失的马路""走进名家故居"等为代表的少先队行走系列课程。

同时，我们以课程为载体，对学生开展融知识学习、体验实践、情感熏陶为一体的综合素养培育，让"七彩课程"在学校课程改革中发挥独特的优势，让学生在课程中看到不一样的自己、走向未来的自己。

教育信息化从"小联接"走向"大联接" ////////////////////////

任萍萍：高安路一小是上海市信息化应用标杆校，也有现代化的"未来教室"，"未来教室"如何颠覆传统的课堂？

滕平："让学习无处不在"是高安路一小创建上海市教育信息化应用标杆培育校的愿景。我觉得，"未来教室"应该是一个"大课堂"的概念，在这样的教室里，学习的样态应是开放的、线上线下结合的、沉浸体验的、连接校内外的。具体来说有以下场景：

一是通过智能教学辅助"自适应"学习，汇聚过程性学习行为。学校通过推进智慧课堂应用，建立起"课前—课中—课后"相对完整的学习小场景。课前，记录学生导学预习的时间；课中，教师有针对性地解答疑问，并通过平板电脑完成课堂交互练习，即时统计学生对于知识点的掌握情况；课后，自动推送一份个性化的作业。在智能技术的帮助下，学习变得简单、生动、有趣，同时所有在平台上发生的交互痕迹将作为过程性记录支撑评价、决策和画像的生成。

二是智慧应用联接课堂学习、社会实践等不同学习场景。我认为，新时代的教育信息化将从教育内部"小联接"走向教育与其他各领域的"大联接"。近年来，我们基于学生学习的需要，开发了项目式学习平台、七彩新大陆平台。这些智慧平台应用将校内课堂学习、校外探究等学习组织方式联结在一起，为学生提供工具、支架等帮助，并为学生提供一个完善的评价、积分和奖励体系，让学生产生内驱力，学习拥有满足感。

三是数字管理整合资源、增强学习体验。学校整合所属学区的公共资源服务于学习，并充分利用学校的空间优势，围绕课程、活动主题、组织方式实现场景重构，通过空间的灵动、智能设备的配置，完成专用教室的升级改造和沉浸式体验空间建设，在增强学习体验的同时，为学生提供更广泛的学习空间和更多的学习机会。

以信息化助力教育减负增效 ///////////////////////////////

任萍萍：在以信息化助力"双减"落地、实现"五育"并举等方面，学校是如何探索的？

滕平：如何利用现代信息技术和人工智能真正为教育减负增效，也是一个大家非常关注的实际问题。

对于教师，技术的应用如阅卷系统、质量监测分析，有效减轻了批阅试卷、分析成绩等重复和繁杂的工作量，为学情分析提供了不同维度的量表，引导教师的评价从经验转向精准和科学。与此同时，优秀的课程资源、数据信息可以辅助教师开展有效校本研修，建立共案研讨、个案设计的协作，形成知识共享库，实现优质资源的供给优化和专业能力的共同提升。

对于学生，"双减"背景下，智慧教室的设计、智能穿戴设备和学习设备的配置，可以提供更丰富的学习资源，让学生更好地开展个性化学习探究；还可以为每一名学生提供学情分析报告，让学生精准了解自身的不足，从而制订个性化的学习方案。在培养学生自主学习、探究能力的同时，也有助于形成基于学习模式和学习情境的实施标准，提高教师教学的有效性。

以人工智能技术助推教师队伍建设 ///////////////////////////

任萍萍：在教育数字化转型的背景下，您认为人工智能等技术怎样助推教师队伍建设？

滕平：信息技术的迅猛发展使得教师专业发展能力内涵更丰富。例如，在课程领导力方面，既要提升信息技术作为独立学科的课程设计与实施能力，又要实现信息技术与学科课程整合，实现信息技术与学科教学的深度融合；在课堂教学方面，基于学生在课堂中对于教学实施情况的评价反馈，不断促进教师听取建议、自我提升、改变和不断优化，形成双向互促的教师发展力。

信息技术的发展、大数据意识的兴起，让教师不断注重培养"数据素养"。数据素养让教师多了"一双慧眼"。在日常教学过程中，教师要学会借助技术的应用积累数据、分析数据，在原有教学经验的基础上，通过数据催生新的思考和认识，让教学建立在数据的支撑和佐证之上，最终真正实现"因材施教"。

数字化理念对学校提出更高的要求 ///////////////////////////

任萍萍：对于学校未来的数字化转型发展，您有哪些思考？

滕平：随着标杆校建设工作的深入推进，我们发现，数字化理念会对学校提出新的、更高的要求，这是亟待解决和研究的问题。

一是学校原有的组织管理体系需要变革，这是教育信息化发展的必然要求。学校需要顺应信息化规律，建立能够释放信息技术活力的教育管理机制与模式。这并不是否定现有的行政组织架构，而是要结合新的时代需求进行创新。在新的组织管理体系中，管理者和成员角色定位将发生变化，会对每个人提出更高的要求，也需要每个人充分发挥能量与优势。

二是教师的信息化应用能力培训必不可少，需要将教师的数字胜任力纳入教师培养体系和教师在职培训中。学校可以通过组团调研、观摩研讨等形式，推动教师了解技术发展，思考技术与教学、管理如何融合；需要大力推动教师利用各种信息化工具探索教学，提升信息化教学能力、信息技术与课程的融合能力，强化教师的信息网络安全意识、数据伦理意识，以适应数字化时代教育发展的需要。

学校简介 >>>

上海市高安路第一小学创建于 1955 年，坚持"不一样的孩子，不一样的精彩"办学理念，注重基于学校教育的不同视角与不同层面，透视学生"最近与最优的发展区"，开发学生潜能，为学生的个性发展和学习创造良好的环境。学校以深厚的教育积淀、优秀的师资队伍、一流的教学质量、鲜明的办学特色，造就了"七彩高一"名校品质。

创新驱动，高位构建未来教育

——对话西安高新第一中学校长王淑芳

◎王淑芳

特级教师，西安高新第一中学党总支书记、校长。享受国务院政府特殊津贴专家，全国中学教育科研联合体常务理事，陕西省教育厅"春笋计划"领导小组成员，陕西省教育学会常务理事，西安市政府首届督学，陕西省民办教育协会副会长，创新人才教育研究会常务理事，中国民办教育协会中小学专业委员会第二届理事会副理事长，中国教育学会高中教育专业委员会第六届理事。

【编者按】

西安高新第一中学（以下简称"高新一中"）创建于1995年，1998年被评为省级重点中学，2009年被评为陕西省首批示范高中。学校以"为时创新，人尽其才"的校训为基，大胆探索、稳步推进普通高中新课程改革，挖掘信息技术与课堂教学深度融合范式，努力促进学生全面而个性化的发展。

王淑芳认为，未来不仅是知识的竞争，更是创造力的竞争、是智慧的竞争、是独立思考的竞争。面对科技带来的教育"必然"，她说："未来的教育不能只教知识，'教'和'育'一样，'教'的是知识，'育'的是文化。技术重塑教育的力量，但教育的本质终究要回到教育本身和人性的认知上来。"

一切为了学生 ///

任萍萍：作为陕西省首批示范高中，高新一中一直饱受赞誉，请您为我们介绍一下学校的基本情况。

王淑芳：高新一中创建于 1995 年，老校长在 22 年前提出的"以人为本，以学生为中心，面向世界培养高素质人才"理念一直沿用至今，走过了 20 年风风雨雨，从小到强。"敬业奉献，爱生如子，崇尚科学，追求卓越"是学校一直以来的核心文化，秉承"为时创新，人尽其才"的校训，学校创立了陕西省首个国际课程班和钱学森实验班，搭建了"一体两翼"的发展架构，在学生培养上实现品德与学识同步卓越，通过理念引领、文化沁润、课程实施、评价引导等，让学生自由、全面地发展，为培养创新拔尖人才奠定基础。

"一体两翼"，构建特色课程体系 /////////////////////////

任萍萍：您刚刚提及学校"一体两翼"的发展架构，请您简要介绍一下。

王淑芳："一体"就是以高中课程为主体，为培养高、精、尖人才夯实基础。"两翼"：一是在高中开设国际课程，拓展国际视野；二是开设艺术教育课程，培养形象思维。围绕育人目标，形成基础性、拓展性和创造性三个层次课程体系。学生领导力、名家讲堂、励志、走近钱学森、国家安全教育、研学旅行、生涯教育等开放的、高品质的育人课程，为学生当下和将来的学习、生活和个人发展做好了准备，让他们在面对选择时更有信心，更具有独立的思想、独立的人格。我们还与国际接轨，用国际意识和视野发展教育，目前已与 4 个国家 9 所学校建立姊妹校关系，每年有300 余名学生赴外进行为期半年的交流学习或进行短期社会实践活动，为学生的全面发展创造更多可能性。

未来教育要培养全能型学生 ///////////////////////////////

任萍萍：您认为，人工智能与大数据等信息技术的飞速发展，为教育领域带来了哪些改变和挑战？

王淑芳：未来，高中学校可能的变化是——教书的功能趋于弱化，而育人的功能不断强化；教书的功能趋于同化，而育人的水准则因为师资差异不断分化；班级授课的形式可能大大减弱，而导师制则大行其道；学校从象牙塔转变为学生与社会与未来生活的桥梁。

学科知识的更新速度将加快，以学科教学为核心的课程体系将面临重大挑战。未来，学生发展核心素养将不再单纯地从学科的角度来考虑，而将从人的素养来考虑教育的发展和人的发展。

从前的"学习"更多的是把不懂的学会——这是学科性的思路。现在，"学习"则意味着还需要系统性、综合性的思维，需要学会借助各方力量寻求解决问题的路径。

从国际趋势看，在高中阶段，已经有很多学校开始让学生学习不同的学科，或者学习同一学科不同水平层次的内容。比如，以活动课程、课题研究、探究式学习、主题式学习、项目等为抓手，进行跨学科共同学习，让学生以团队合作的形式用创造性的方案解决复杂的问题。这种学习方式聚焦于问题的解决，且问题没有唯一的答案。

让学生学会借用外脑是教育面临的又一挑战。内脑是自己的大脑，外脑就是别人的智慧。未来，人的外脑会越来越多、越来越强。但是人的大脑功能的衍生和人体其他功能的衍生一样，都是要通过学习才能够实现真正衍生的，不学习不会自动衍生。

未来，学生能否适应社会发展的需求，这跟学生对这些衍生功能的掌握程度紧密相关。我们不只是要发展自身，还要不断学习运用外手、外脚、外耳和外脑。

校园的概念将重新界定。未来，学生创新能力的培养将来自学校与企业的结合、学校与社会的结合、中学与大学的结合。学生更多的成长与发展将来自学校提供的资源与课程。高中教师承担的教书的功能将可能让位于 AI 智慧学习技术，在传授知识方面转变为向学生提供学习路径、学习方法指导，从为学生提供学科教学转变为带领学生探索社会生活与科学技术，从负责为学生传授知识转变为引导学生成人成才。因此，全能型教师才能培养全面发展的学生，教师的水准决定了育人的水准。

信息化要贯穿教学、教研、管理全流程 ///////////////////////

任萍萍：在您看来，以信息技术助力提升教学质量有哪些途径？

王淑芳：面对科技带来的教育"必然"，我认为，未来的教育不能只教知识。高新一中率先打造以人工智能、大数据、云计算和物联网为基础的新型智慧化校园环境，以智慧校园建设为发展战略，开发网络教学资源、建立资源体系，借助智慧平台开展空中课堂与网络教科研管理，将教学、科研、管理及各类学校资源和应用系统高效整合。2017 年，建设大数据精准教学考评管理系统；2018 年，建设智能远程教研互动平台；2021 年，利用 5G 技术，启用全新云校教学系统，不断将智慧服务延伸扩展到更广阔的领域，已初步实现数字化、智慧化、智能化校园。

对学生发展来说，智能化的设备能够提供多元丰富的数字化学习资源，还能根据学习者画像提供个性化、针对性的因材施教服务，为学生的个性化发展与综合发展提供智慧解决方案。

对教学管理来说，智能化的设备能够帮助教师精准备课、实现差异教学、进行个性辅导、提供教学全息画像、推动育人综合评价，同时还能建立师生数字档案、记录存储学习经历与成果，为教学决策提供支撑。

对教师教研来说，智慧教研平台能够进行教师画像，对教师行为特征进行客观表征、准确发现、动态预测，既有助于教师自我诊断、评价教研绩效、反思教研过程，也有利于学校管理者对教研活动的循证管理和监控。

未来，学校将结合实际，稳步推进智慧校园建设，促进教育信息化与教育教学的深度融合，构建与教育现代化发展目标相适应的网络化、数字化、个性化、终身化的教育体系，进一步提升办学品质，努力办好人民满意的教育。

"5G+ 智慧教育"试点示范 ///////////////////////////////////

任萍萍：多措并举之下，学校的信息化建设获得了哪些成果？

王淑芳：近年来，高新一中将 5G 融入教育教学实践，取得初步成效。在 2021 年工信部和教育部联合开展的"5G+ 智慧教育"应用试点评选中，高新一中云校智慧教育服务体系项目成功入选，成为全国第一批"5G+ 智慧教育"试点示范项目。在新一代信息通信技术与教育教学融合创新中，学校上下齐心，充分利用 5G 技术，围绕教、考、评、校、管等教育领域重点环节，通过丰富的 5G 应用场景，把高新一中优质的教学资源推向全省 10 个地市近 30 余所学校及西藏阿里地区，受益师生达 2500 余名。

让信息技术在教学中发挥作用，是教育工作者的担当 ////////////

任萍萍：对于教育教学向数字化转型的发展态势，您持有什么看法？

王淑芳：教育数字化转型是时代所需，更是学校发展、学生发展所需。这是一项长期任务，只有坚持创新迭代、持续发展，才能不断催生更加高效、富有弹性的教育新生态。而如何让信息技术在学校建设中发挥作用，为学生学习科技知识做好基础铺垫，是教育工作者的担当。

以数据为基础，要实现数据智能驱动的教育变革与重塑，不仅需要考虑学生学的数据，还要深入教师的教、管、评等多方面。第一，突破日常教学。通过对课堂中教师和学习者的建模分析，形成基于数据采集、分析、应用的闭环，为课堂教学模式的改进和教学结果的优化提供支持。第二，重构教育评价方式。以学生在学习过程中的动态数据为基础，形成学生核心素养发展阶段评价报告，构建"五育"并举的学生综合素质评价体系，创新和完善学生品德发展、智育启发、身心健康、审美能力和劳动实践的评价新机制。

校长要成为"开拓者" /////////////////////////////////////

任萍萍：建设高质量教育体系是当下常谈的话题，而在数字化转型的新形势下，新情况、新问题不断出现。面对这些挑战，您认为校长究竟要做哪些改变？

王淑芳：推进基础教育改革与创新必须回到学校教育的原点，以学校教育的整体性和系统性变革为着力点，实现教育创新。校长作为学校教育改革与创新的重要负责人，必须要有回归本源的创新能力和创新基因。

第一，必须具有较强的创新观念和创新意识。创新观念在学校教育实践过程中承担着奠基和指引方向的责任。持续推动观念创新是新时代教育事业更好地回归生活世界、发挥教育促进人全面发展功能价值的关键要素。

第二，必须具有持续学习的专业能力。这就要求校长不断努力成长为教育家型校长，能够捕捉到促进学校教育创新的有益内容，并付诸实践。

第三，必须具有宽阔的教育视野、较强的教育判断能力和营造学校创新氛围的素养，面对不断变化的复杂教育环境，能够识别教育创新和发展机遇。通过回归本源的创新素养构建，推动教育品质的持续升级和教育事业的生态化发展。

学校简介 >>>

　　西安高新第一中学创建于 1995 年，2009 年被评为陕西省首批示范高中。学校始终坚持"教学寓德，活动育德，实践养德，评价导德，管理促德"的德育工作原则，以"体验式"德育为特色，打造认知、情感、行为三位一体的学校德育模式，全面提升学生的综合素质。

赓接时代需求：百年老校的"智慧"探索

——对话阜阳市第三中学校长王永庆

◎王永庆

阜阳市第三中学党委书记、校长。获全国优秀教师、阜阳市学科突出贡献工作者、阜阳市优秀教师、阜阳市专业技术拔尖人才等荣誉称号。

【编者按】

作为一所拥有百年历史的学校，阜阳市第三中学（以下简称"阜阳三中"）一直求新求变。多年来，为促进学生的全面发展，学校持续进行教学改革。在教育信息化不断发展的背景下，阜阳三中始终与时代变迁同频共振，积极探索新的教学范式，沉淀出智慧课堂下"滴灌式教学法"，取得显著的教学成果。

作为高中学段校，阜阳三中深化智慧教育应用，大刀阔斧变革教学模式，其背后所需的勇气与魄力是不言自明的。勇于直面时代需求者，也得到了时代的馈赠，近年来，阜阳三中升学率不断提高，教育质量日益提升。这所百年老校正在依托智慧教育，为皖北大地躬身示范着教育高质量发展的"阜阳三中方案"。

百年老校"智慧"转型 //

任萍萍：在您眼中，阜阳三中是一所怎样的学校？有什么特质？

王永庆：阜阳三中不仅是一所百年老校，更是一所百年名校；不仅是近代以来颍淮大地教育发展的历史缩影，更是近代以来阜阳地区人才的摇篮；是历史与现代赓接、人文与科学荟萃、奋斗与创新相拥、立德与树人并进的人才滥觞之地。

一百多年来，阜阳三中在沧桑巨变中紧扣时代脉搏，与历史共振同行，阜阳三中"求实、求变、求新"的基本特质一直未变，"敦品励学、明志致远"的初心未改。

阜阳三中人有大格局、大情怀，永立阜阳教育发展潮头，阜阳三中教育信息化发展就是最好的佐证。

任萍萍：教育信息化 2.0 时代，阜阳三中的发展目标和发展战略是什么？

王永庆：所谓教育信息化 2.0 工程，简单讲就是全面促进信息技术与教育教学融合创新发展。信息技术必须融入教育教学，为教育教学服务，这不仅是信息技术教师的事，也是所有教师和教育工作者的事。2019 年，我来到阜阳三中后，一直要求教师要利用信息技术提高课堂教学效率、优化巩固训练、实现课后多人次个性化跟踪辅导，打破原有教学的时空限制，并在此基础上制订了我校"十四五"教育教学发展战略——打造"'智慧课堂'下滴灌式教学法"。

任萍萍：2018 年，阜阳三中被安徽省教育厅确定为安徽省智慧校园示范学校。请问阜阳三中智慧学校建设的总体思路是什么？主要开展了哪些工作？

王永庆：阜阳三中在信息化建设方面一直走在全省前列，2018 年被确定为安徽省智慧校园示范校后，在学校原有智慧校园建设规划基础上"提速增效"。一方面，加快智慧校园硬件建设速度，并对原有硬件建设不合理之处进行优化调整，如取消了部分功能室门禁的人脸识别系统、扩容校园内网络、更换数字监控系统和数字屏幕、升级报告厅电子设备系统；另一方面，提升智慧校园实际运用效果，重点是提高智慧课堂教学实操化效果，培训教师如何在课前备课、课中讲课、课后巩固中运用智慧课堂技术提高教学效率和学生自主预习、复习效果。通过举办教师智慧课堂建设推进会、培训会和展示课，智慧课堂成为教师日常教学常态化使用方式。

任萍萍：阜阳三中在智慧学校建设过程中遇到过哪些难题？如何解决？有哪些可以分享的经验？

王永庆：最大的难题是如何使智慧学校建设在教师的"教"和学生的"学"两方面发力，提高教学效果，这也是教师是否愿意使用智慧课堂教学的关键所在。

我们的办法就是不断优化推进"'智慧课堂'下滴灌式教学法"，归纳总结出课前、课中、课后21条教师必须掌握的实操性技术，通过过关课、展示课让每一位教师掌握；通过智学网阅卷系统优化考试成绩分析、建设大数据学科题库，利用技术系统分析的结论，进行针对性推题和个性化反馈辅导，加强智慧课堂技术在高三复习中的应用，利用智慧课堂技术加强班会课建设。

"五育"并举，培育时代新人 //////////////////////////////////

任萍萍：您认为什么因素成就了阜阳三中出色的教育质量，阜阳三中希望培养什么样的毕业生？

王永庆：近年来，阜阳三中教育教学质量跨越式提升，其中原因很多，但我认为最关键的是"'智慧课堂'下滴灌式教学法"的实施。我们利用信息技术的力量优化、细化了教育教学、学习管理、思政教育的各个环节，实现了大数据快速、精准分析了教与学存在的问题和薄弱环节，再利用信息技术迅速、精准地推题补救，实现了真正意义上的诊断式教学、精准性指导、目标化托底。

阜阳三中期望的毕业生应该具有根植于内心的社会责任、无须他人提醒的道德自觉、自我践行有限的自由、善于换位思考善待他人的善良。这是阜阳三中为党育人、为国育才的初心。当然，更希望能"欲栽大树柱擎天"。

任萍萍：学校是教育人、培养人、塑造人的主阵地。围绕提高学校教育质量，确保学生在校内学足学好，阜阳三中做了哪些探索实践？

王永庆：学校无小事，事事是教育；教师无小节，处处是师德。学校的根本任务是立德树人，高中三年是学生成长的黄金期、"灌浆期""拔节期"，因此，学生的学习应该是全方位的学习，是"五育"并举的学习。

阜阳三中以课程为抓手，建设校本化的科学有效的课程体系，实现立德树人、"五育"并举。学校除了文化课的课程体系外，还构建了丰富多彩的具有校本特色的音体美艺术课程、兴趣社团活动课程、志愿服务实践课程及生活习惯、安全管理、心理健康等德育课程供学生选择。所有课程的价值指向必须是立德树人和"五育"并举。

任萍萍：："双减"是学校深化教育教学改革的契机，您觉得教育信息化将承担何种角色，发挥怎样的作用？

王永庆：："双减"是发展社会主义教育的必然举措，关系到"为谁培养人，培养什么样的人和怎样培养人"的问题。

教育信息化为实现"双减"提供了技术性工具，正如前面所说通过大数据分析可以做到精准教学和巩固训练，使"题海战术"无果而终；通过信息化优化增强教师团队协作备课教学，提高整体教学质量，使校外培训班无法延续，最终关门歇业。因此，现代学校首先应该是现代信息技术学校，要不断推动信息技术与教育教学全面深度融合。

"信息化领导力"如何生成？ ////////////////////////////////

任萍萍：：您怎样理解"信息化领导力"这个概念？信息化领导力如何生成？

王永庆：：《关于实施全国中小学教师信息技术应用能力提升工程 2.0 的意见》中"三提升一全面"的第一个"提升"就是提升校长的信息化领导力，可见校长的信息化领导力是信息技术 2.0 工程能否落地、如何落地、落地程度的关键。从这个角度看，我认为"信息化领导力"就是指校长对信息化在国家全面发展、教育未来发展中作用的理解力、领悟力和执行力。

校长要深刻理解"没有信息化就没有现代化"的战略内涵，放大格局，在审时度势中明白未来教育的信息化发展趋势，提前布局学校未来信息化发展方向，主动制订学校信息化发展战略，强力推行，全面推动信息技术与学校教育教学融通发展。

任萍萍：：陶行知说："校长是一个学校的灵魂。"您觉得一位优秀的校长应该具备哪些素质？

王永庆：：优秀的校长应该具有宽广的视域和格局，执着的育人信念和育人情怀，敏锐的洞察力、预见力和判断力，果敢的作风和无畏的精神。

有专家说高品质学校的校长要有"五修三力"，通过愿景、信念、心智、学术、情感等五项内容修炼，才能具有领导力、凝聚力、发展力等三种能力，即通过"五修"而形成"三力"。我很认同这个观点。

学校简介 >>>

阜阳三中创建于 1906 年，前身为清颍中学堂，系安徽省省级示范高中、市教育局直属学校。先后获第二届全国文明校园、安徽省先进基层党组织、安徽省中小学智慧学校示范学校等荣誉称号。2018 年以来，阜阳三中大力秉承"人民教育为人民"的教育初心，以高质量党建引领学校高质量发展，坚持"精、细、实、恒"管理理念，不断深化教育改革创新，精心打造"'智慧课堂'下滴灌式教学法"，着力提升教与学的针对性，深入开展"一课一研"和对学生学法的指导，推动学校教育教学质量高速发展。

教师"举重若轻"，才能为学生"减负增效"

——对话山东省德州市第一中学校长王志祥

◎王志祥

正高级教师，特级教师，山东省德州市第一中学党委书记、校长。从教30年来，一直从事一线教学工作，注重因材施教，注重培养学生思维能力、创新精神。获全国优秀教师、全国中小学优秀德育工作者、德州市突出贡献青年专家等荣誉称号。

【编者按】

山东省德州市第一中学（以下简称"德州一中"）以"勤奋好学，积极向上"为校训，以"以人为本，以学生为中心，以教师为第一资源"为办学理念，以"立德树人，成人成才"为办学宗旨，确立了"一个坚持、三抓、两注重"（坚持党建统领，抓常规、抓改革、抓评价，注重思想道德建设和文化建设）的工作主线，积极运用信息技术，形成了"1121"高效课堂建设和"礼仪责任"德育创新两大特色和亮点。

在王志祥看来，国运兴衰系于教育，教育成败系于教师。只有拥有了专业化的教师队伍，才能促进学生的个性化、多样化发展，学校的特色建设及内涵发展也就水到渠成。在教育信息化发展道路上，教师队伍要将信息化素养与教学技能科学整合，才能举重若轻地助力学生的个性化成长。

专业发展托举个性成长 /////////////////////////////////////

任萍萍：德州一中的办学目标是"学校持续发展、教师专业发展、学生个性发展"，在教师专业发展和学生个性发展上，学校是如何探索的？

王志祥：德州一中顺应学校内涵发展的需要，在两方面持续探索。

一是重塑教科研共同体，以省市基地建设为平台，营造教师专业发展的绿色生态场。学校以化学、英语两个省级基地为学科培育试点，紧密结合八个市级"强科培优"学科，依托基地建设平台进行教科研协同创新，利用3~5年时间建成省市级特色学科发展品牌，赋能特色高中建设。

二是实施优师梯队培养工程，分类分层促进教师的专业成长。学校借助新锐教师、骨干教师、卓越教师三级分类培养体系，建设共研、共学、共享、共建机制，使得教师专业成长呈现多层次、多类型的梯队发展态势。

好的教育应当尊重每一位学生的个性化差异，让学生得到全方位和个性化的发展。学生的个性化发展需要课程的引领，因此，我校的课程建设原则是，建立科学、现代、高效、创新、个性化、有特色的课程体系。"科学"即课程体系要符合教育教学规律，符合课程理论要求，能够精准落实国家课程标准；"现代"即符合新课改精神；"高效"即针对性强，有效贯彻学校育人理念培养目标；"创新"即课程体系要对接高考综合改革；"个性化"即能够面向全体，满足每一名学生的选择，满足学生个性化发展需求；"有特色"即学校文化传统一脉相承，蕴含学校文化特色。

倾听孩子"心语"///

任萍萍：德州一中是德州市中小学心理健康教育示范基地，从最初的心语工作室到现在的高科技、现代化心理健康中心，为什么学校如此重视学生的心理健康教育？技术设备升级对心理健康教育有哪些助益？

王志祥：学校心理健康教育是针对在校青少年开展的教育活动，目的在于提高和培养学生的心理素质，帮助学生学会恰当有效地应对现实生活中面临的各种压力、进行情绪调节，所以学校一直很重视心理工作，把预防问题发生、促进学生心理素质的提升作为我们的总体工作目标。习近平总书记在全国卫生与健康大会上强调，要加大心理健康问题基础性研究，做好心理健康知识和心理疾病科普工作，规范发展心理治疗、心理咨询等心理健康服务。我们也希望学校能够成为心理健康知识普及的窗口，尽最大努力帮助学生树立心理健康意识与求助意识。

另外，重视学生心理健康教育工作也给学生管理提供更广泛的视角，使每一位教育工作者重新看待学生的问题，有效帮助学生改善行为问题，构建良好的师生关系和家庭关系，真正做到家校共育。可以说，心理健康教育使教师以一种更涵容、更接纳、更理解的态度面对学生，有效提升教育服务质量。我校 2013 年成立心语工作室；2020 年成立心语工作指导中心，现有专兼职心语团队成员 32 人，对所有班级实行承包制，无缝隙关爱每一名学生。

技术设备升级对心理健康教育的助益主要体现在两方面。首先，设备的提升可以满足个别学生的需求，如自助设备可以让学生自选心理科普内容，更有针对性地开展心理健康教育；再如，沙盘的使用，可以成为心理咨询的一个抓手，咨询师可以通过沙盘有效解读来访者的内心世界，帮助其更好地成长。同时，通过团体沙盘游戏可以促进团体和谐，增强团体凝聚力。

其次，平台的应用可以通过心理健康筛查，组织完成日常心理检测，可以及时了解全校师生的心理健康状态，为后期心理工作提供数据支撑，有效预防危机事件发生。设备和平台的升级使用，起到心理疏导、身心放松、情绪宣泄等作用，大大提高了工作效率，同时让学生心理健康教育工作更加科学、规范。

摆脱信息"孤岛" ///

任萍萍：近年来，德州一中在教育信息化建设上有哪些举措？取得了哪些成果？

王志祥：2021 年，学校引入"智慧校园管理平台"，深入应用 5G、大数据、云计算等新一代信息技术，充分发挥数据作为新型生产要素的作用，推动学校教育数字转型，极大地提升了学校的管理水平和教育治理能力，为教育管理及学校管理决策提供高效应用和数据支持。教育信息化发展解决了长期以来困扰学校的很多管理问题，如业务管理依赖纸质文件流转，以及现有信息化系统多为"孤岛式"和"烟囱式"应用，缺乏数据融合贯通等问题。

四项举措为教师"减负" /////////////////////////////////////

任萍萍：您认为德州一中在大数据技术助力个性化教学的实施上，还有哪些可以提升的空间？未来有什么规划？

王志祥：我校目前已基本完成智慧校园大数据中台的搭建，完成 OA 办公、宿舍管理、德育管理、访客管理、考勤管理、请假管理、学生档案系统、移动门户等模块的应用，并对这些软件系统进行了统一融合。同时，一期还建设配备了宿舍闸机、访客一体机等硬件，实现各个软件系统、硬件系统的互联互通，达到数据层面的一数一源、系统层面的融合联动、应用层面的智能协同，避免智慧校园数据孤岛、应用孤岛和系统孤岛的产生。

在下一阶段，教育信息化提升将主要从四方面实施。

第一，提升教师发展信息化支撑力度，真正为教师"减负"。针对日常管理中，教师的教籍、档案等个人资料无法实现实时更新的问题，建设相关的档案管理系统；针对教师无法共享优秀资源及教案等问题，建设校园云盘、资源中心等系统；针对新老校区无法实现同步课堂、名师课堂及资源无法使用等问题，通过建设同步课堂以及资源中心系统解决。

第二，在校园生活中，对学生进行精细化管理。在校园中，针对班主任在学生管理工作中不够精细化，学生的移动终端建设力度不够，导致学生无法实时分享、查看个人情况，通过扩建智慧班牌、成绩管理、作业管理等系统，构建德育管理系统，对学生进行全方位的综合素质评价。

第三，在家校共育模式中，整体提升家长和学校的"黏"度。因目前的建设工作使得系统无法实现联动，这也导致了家校共育无法真正发挥作用，所以针对家校共育，学校新增家校通话、家校课堂、德育信箱、食堂发布、互动作业等家长每日关心的模块，让家长想看就能看，学校想教就能教。

第四，加大基础支撑系统、校园安全管理及后勤服务系统建设力度。根据一期的建设成果，相应的需求也逐步凸显，如智慧班牌、监控融合、电子围栏、同步课堂、资产管理等基础支撑系统的需求日益增长。

教学管理者要有"气场" ///////////////////////////////////////

任萍萍：德州一中创建于 1929 年，薪火传承近百年。作为学校第 24 任校长，您认为一名合格的学校管理者应该具备什么素养？

王志祥： 我是教育战线上的老兵了，从教30年来一直在一线教学，但仍然是校长岗位上的新手，我也经常在思考要把学校带往哪个方向。结合学校的现状和自己的思考，我认为作为管理者，应该让学校教育处于一个现代化的、有特色的高度，契合社会形势的发展，为现代化的社会提供服务。要达到这样的高度，我认为校长应该做到以下四点。

一是要有教育情怀。教育是一个特殊的行业，需要付出，以学生的发展为本，以学生的成功来衡量教师的价值，所以管理者更要真心愿意干这件事，全身心投入教育管理。

二是教育理念不能落后。理念是一种文化的熏陶，能够润物无声，形成一种文化的"气场"。学校管理者要学会用这种"气场"熏陶学生和教师，用这种长期的、无形的"熏陶"把大家的价值观统一到一个共同的目标上。

三是要做好常规管理。目前，德州一中共有学生近万人、教职员工近千人，学校领导首先想到的应该是学校的平稳运行，学校要始终保持有序、科学、规范运行，这样学校的教学质量才能在稳定中提升。对于超级大校的管理，学校坚持的原则就是，分权一线、安全为本、绩优为先，保障每一个年级能够有充分的授权，能够自主地工作，确保安全底线，体现优质优酬。

四是要保有促进改革的意识。时代在发展，教育在发展，如果不跟随时代潮流，很多时候我们无法解决教育发展的很多瓶颈，如新课程改革带来的时代要求，核心素养要在课堂落地，基层教师理念素养不足以应对新课改提出的要求，学校如何通过改革教师培养来完成这个问题；再如，新的教育形势要求学校完成为党育人、为国育才的基本要求，学校如何构建综合育人体系，完成立德树人根本任务，这些都要通过改革完成。

这些都是我认为校长有必要以及能够坚持做好的一些事。

学校简介 >>>

德州一中创建于1929年，系山东省首批办好的十九所重点中学之一、省级规范化学校、首批普通高中省级学科基地、山东省教师专业发展研究基地。

如何以信息化助推学校高质量发展

——对话南昌市第一中学校长熊绮

◎熊绮

正高级教师，南昌市第一中学校长。获全国五一劳动奖章，获江西省劳动模范、南昌市"十佳"优秀校长、南昌市"洪城学师"等荣誉称号。被选聘为江西省督学专家，南昌市第十六届人大代表，南昌市第十六届人民代表大会教科文卫委员会委员。参与编著《中小学软实力》，主编《百年一中·杰出人物传》等多部著作，主持中央电教馆国家级课题"大数据时代中学智慧课堂教学实践研究"、省教育科学"十三五"规划课题"普通高中开展中华优秀传统文化教育的实践路径研究"等。

【编者按】

　　南昌市第一中学（以下简称"南昌一中"）的办学史就是江西基础教育的发展史，从1901年建校至今，已经走过120余年的风雨征程。百年的办学历史让学校积淀了深厚的文化底蕴，学校先后走出过23位中外院士，一批批杰出人才从这里扬帆远航。

　　作为应对时代发展的教育变革策略，智慧教育早已成为南昌一中在新时期的重要建设目标。学校针对教、学、考、评、管等方向，围绕网络化、数字化、个性化的教育体系，全面启动智慧校园建设，逐步迎来智慧教育"最蓬勃发展的时代"，为学校发展注入新的力量。

"人文""智慧""生态" //

任萍萍：请用几个关键词描述一下南昌一中的教育特色。

熊绮：那应该是"人文""智慧""生态"。

人文：学校坚持传承百年人文传统，内以特色课程为抓手培育深厚学识，外以实践活动为依托锻炼综合素质，在"国学人文"特色的校园文化熏陶下，着力发展学生核心素养。在丰富的课程体系下，培育良好的校园文化，增强学生的文化自信和民族自信，提升了自身的审美能力，完善了自身的知识结构。

智慧：我校作为一所国家级及省级现代信息技术示范校，从 2015 年 9 月开始的试点智慧课堂教学到如今的智慧校园整体建设，通过制订教师信息化发展规划，不断地开展信息化专业培训，在整体规划的基础上，逐步进行试点和推广应用，从整体布局到高位推进。可以说，我校把智慧教育建设上升到关乎学校整体发展的高度，这个"互联网＋教育"大背景下的系统工程逐渐清晰。

生态：南昌一中作为江西省绿色校园，无论是朝阳校区还是松柏校区，隔离了闹市的喧嚣，校园内香樟枝繁叶茂，院士亭、自强亭为师生提供了静谧的休憩之所，从孔子像广场到校园操场，干净整洁，世界环境保护日、禁烟倡议的年级组宣传栏和学生的手抄报，都让人感受到校园浓厚的生态环保气息。

智慧教学与管理经验沉淀 ///

任萍萍：南昌一中智慧校园建设得到各级领导肯定，请分享一下智慧校园在推进课堂教学创新、教师专业成长方面的经验与成效。

熊绮：我校从课堂教学中的现实问题入手，针对传统教学中教师采用个人经验分析学情，难以客观准确把握全班学生的整体情况和个体差异；由于班级规模大、课堂互动形式单一、互动反馈不及时导致课堂互动效率低；在传统的错题辅导与答疑过程中，由于时间、空间等客观因素的限制，存在辅导覆盖面小、答疑不及时等问题，研究制订智慧课堂教学研究与实践的总体方案。围绕课前、课中、课后全过程学习数据分析与评价，组织实施三方面研究与实践行动：基于预习评测学情分析，优化教学设计；基于随堂检测即时反馈，提升教学机智；基于多元评价智能推送，实现个性化辅导。

课前，教师根据新课内容录制定向微课，设置预习作业；学生根据教师的要求，阅读课本、观看微课、完成教师布置的预习作业。学生可以不再拘泥于传统课堂统一的计划进度，而是根据自己的情况主动、自主地安排学习；学有余力的学生，还可以借助资源平台有选择地超前预习、自主预习，提升学习能力。同时，教师也可以随时通过网络抽查学生的预习情况，对学生的预习作业批改、打分，及时调整后续的教学方案。

课中，交流互动，随堂检测，教学信息从单向变为双向，帮助教师精准判断学情，关注每一名学生，使教学始终在学生"会与不会"的边缘（思维最近发展区）进行，使课堂更加高效、教学更加精准。

课后，教师针对课中学情，利用平台海量题库资源、选择题自动批改等特点，选择合适的题作为作业，及时了解学生掌握知识的情况。学生可以随时随地登录资源平台自主选择学习内容、相互交流学习成果，学有余力的学生还可以自主拓展学习的广度和深度。如果存在学生感到比较难懂的知识点或习题，教师会采取录制微课的形式进行再次讲解，然后分享给学生；学生按照自身需求，通过观看微课、参与问题交流，解决疑难问题，进行自主学习。

2017 年至今，我校运用智慧平台进行课堂教学已逐步实现常态化，智慧课堂教学应用逐步推进，发挥智慧课堂效益，引导广大教师会用、善用、用好智慧课堂。近三年，平均每学年使用智慧课堂授课达 6684 次，教师课后给学生分享资源数 5934 个，网上阅卷 2324 次，组建校本试卷 439 套。

为使教师掌握信息技术与教学的融合点，我校分别以年级组、教研组、备课组为单位，多次邀请学科教研员、技术人员深入课堂，和教师们一起集体备课、教研、深入每个功能点，帮助教师从了解到运用，再到生巧；从旁观者转为参与者，甚至是创造者。

一是专业发展智慧化。我校大力开展智慧教学分享会，将教师们在教学实践中碰撞出的"智慧小火花""课堂小窍门"进行分享。特别是近几年连续召开的全国智慧课堂教学观摩研讨会和学科专题研讨会，通过智慧课堂优质课的观摩活动和点评，与会教师深刻领会智慧课堂教学的特点和实施策略，参与观摩的教师潜移默化地将这些理念融入课堂，并推广到教研活动中，对促进广大教师的专业发展起到了重要作用。

二是学情分析整合化。在把控教育教学学情中，我校分备课组以单次或单群体的方式，通过全年级的学业成绩发展趋势图以及历次各班各学科的学业对比情况，指导各班各学科教学。教师们可以根据考点训练频度及掌握情况，分析当前教学的遗漏点和薄弱点；并通过智学网数据资源建立年级的学科错题库，通过错题库分析年级的学情，精准找出当前所教学生高频错误的知识点和难点，精准地指导师生教与学。

"135"启发探究式与"三点六要"深度学习式 ///////////////////

任萍萍：南昌一中从 2016 年就开始试点应用"智慧课堂"，多年的探索实践，是否沉淀下相应的教学模式？

熊绮：经过多年的研究与实践，针对不同学科在教学内容、教学方式、教学评价等方面的差异，结合学科特点，我们构建了数学、物理学科特色智慧课堂教学模式，达到点面结合、全面推进的教学新形态。

第一，"135"启发探究式数学教学模式。

高中数学知识难度逐渐增大，传统教学中"填鸭式"的教学方法容易让学生感到枯燥乏味，难以接受，也很难达到理想的学习效果。学生是学习的主体，只有围绕学生开展充分活跃思维的课堂才是学生真正参与的、有效的课堂。

"135"启发探究式教学模式中的"1"是指"让学引思，让学习真正发生"这个核心目标，围绕核心目标开展一系列启发式、探索式教学活动。"3"是指"课前""课中""课后"三个教学环节，形成教学闭环。"5"是指实施课堂教学的五个环节，分别是"创设情境，激发兴趣""问题驱动，启发探究""典例剖析，指导示范""变式训练，认知深化""拓展应用，总结提升"。在信息技术的支持下，实现创设教学情境、互动式教学、知识构建、知识迁移与链接、课堂学生思维生成、学习效果反馈与过程性评价、个性化巩固，从而充分启发学生思维，促进学生数学思维培养，让学习真正发生。

第二，"三点六要"深度学习物理教学模式。

新课程、新标准要求教师转变教学方式，树立"学生是教育主体"的观念。但在课堂教学中，大部分学生未成为真正的主体，仍存在浅层学习、被动学习问题，学生思维长期处于低阶水平，久而久之失去了学习的兴趣与能力。在新课程、新教材、新高考"三新"和"双减"政策背景下，开展深度学习是新时代育人的要求，是提升学生核心素养的关键，更是实现减负增效的有效途径。

"三点六要"深度教学模式中，"三点"即以创设情境为切入点、以提升学生探究能力为重点、以培育高阶思维为核心点，"三点"有效助力深度教学模式的顺利开展；"六要"即课堂教学实施中的六个环节，课前准备、情境导入、课堂探究、应用拓展、课堂小结、作业布置。教学过程中，技术有效融合教学，实现时空拓展、内容重构与流程再造，助力情境化、结构化、活动化的深度学习的开展。通过"三点六要"模式的实施，提升学生探究能力，培育学生的高阶思维，提升学生核心素养。

学校简介 >>>

南昌市第一中学创建于 1901 年，秉持"正心明道、格物致远"的办学理念，从传统经典文化入手培育学生健全人格，打造师资团队，拓宽办学路径，提升办学效益，以凝练学校特色、专注学校内涵发展为主轴，以坚定的教育信仰行走在教育的理想之路上。学校先后荣获全国教研工作先进单位、全国中学信息技术创新应用示范学校、全国文明校园、江西省重点中学、江西省普通高中特色学校等称号。

如何打造一所智慧型品牌学校

——对话北京市育英中学校长徐素霞

◎徐素霞

北京市育英中学党委书记、校长。曾承担、参与多项市区级课题研究，在核心期刊上发表多篇论文。获海淀区青年先进教育工作者、海淀区教育系统优秀教育工作者、海淀区三八红旗手、首都文明职工、海淀区优秀书记校长等荣誉称号。

【编者按】

1948年，北京市育英中学诞生于革命圣地河北平山县西柏坡，是一所有深厚底蕴的红色传统学校。学校坚持以"尚红勇进、焜德常青"为核心办学理念，以"去华求实、进德修业、和谐聚力、臻于至善"为办学特色，坚守"让每个生命绽放光彩"的教育理想。近年来，学校致力于建立完整的智慧教育体系；创设融合学习内容、学习方式、精准教学、个性化自主学习为一体的人工智能环境；打造新型教与学模式，构建人工智能环境下的人才培养新模式，实现基于"智慧型"品牌学校建设的跨越式发展。

徐素霞认为，传承与创新是智慧校园建设中的重点，坚守优良传统的同时，将现代的信息技术融入教学、管理、学校文化等方方面面，方能更好地辅助育人质量的提升。"尊重规律踏踏实实办教育，面向每一个学生的生命发展一定是教育的发展方向。未来，我们将以大数据和人工智能技术为双翼，在教育改革与实践中持续创新，跨入内涵发展更加丰富的新育中时代。"

教育的价值在于成就每一个生命

"让校园成为学生们一生中到过的最好地方" ///////////////////

任萍萍："让每一个生命绽放光彩"是育英中学始终追求的教育理念，这句话蕴含着怎样的文化内涵？

徐素霞：一所学校，文化育人是根本。对育英中学而言，就是在"尚红勇进、焜德常青"这一文化的支撑之下，对让每一个生命绽放光彩的执着追求。我们一直秉持的理念是教育需要面向每一名学生的生命发展过程，是帮助他们生命丰富完善的过程。这就表示我们每一名教师，必须对教育有敬畏之心，一是正视差异，绝不能轻言放弃任何一名学生；二是立德树人，把学生的可持续发展能力放在首位；三是实现校园学习资源的丰富性与公平性。对此，学校要做的，首先，培养教师具有正确的教育价值观，提升对生命发展的敬畏感和教育之于人的生命发展的基础性作用的认识，尊重生命、尊重规律；其次，全面育人，把社会主义核心价值观教育放在首位，培养有发展后劲的国家所需人才；最后，加强课程资源供给，让学生在丰富多彩的课程学习中不断找到自己的发展增长点。

打造面向未来的智慧型品牌学校 ///////////////////////////

任萍萍：作为一所传统的老牌名校，育英中学在多年的办学过程中，教师队伍基本功很扎实，教学成绩也非常突出。如今，当面临社会、经济的急剧变化，您认为学校要如何适应？

徐素霞：党的二十大报告强调，坚持为党育人，为国育才，全面提高人才培养质量。教育必须关注社会、经济的发展与变化，尤其是科学技术的进步。人工智能时代，人类的学习方式与教育形态正在发生革命性变革。学习内容与技术深度融合的多样化课程与学习资源，可以更好地服务于每个学习者的个性化需求，教育是不可能置身事外的。在坚守来自西柏坡的红色传统的基础上，学校把握社会科技进步的机遇，以人工智能作为促进学校教与学方式变革的重要载体，建成一所面向未来的智慧型品牌学校，探索全面育人、创新人才培养的新内涵。

信息技术给教育教学模式带来了一次巨大跃迁。目前，学校新建、扩建已经完成，智慧教育的硬件环境大幅提升，但在资源积累和全面深入应用方面还不足。比如，实现学生个性化学习资源的推送服务，针对个人进行数据分析，这些都要求学校的数字化资源库有足够的积累。当这些资源积累到一定程度，我们的智慧学习才能实现。

探索智慧校园"33N 模型" /////////////////////////////////////

任萍萍： 作为海淀区首批智慧教育示范区创建项目示范校，学校的智慧校园建设如何谋篇布局？

徐素霞： 作为海淀区新品牌学校，育英中学在抓紧硬件建设的同时努力提升软实力，大胆改革，在磨砺中求发展。针对学校师生面临的核心问题，学校着力推动以学生为中心的校本教研转型，走研教一体化、科研兴校之路，多措并举，逐步构建出大数据驱动下"33N"智慧教育模式。

第一个"3"由三个模块组成。第一个模块是教育环境的智能升级。学校于2019 年 11 月从周转校区搬回新建校园，实现了校园无线网络全覆盖，移动终端覆盖率 100%。新校园提供了更优质的教学环境，常规教室录播设备全覆盖，选课走班、常规考勤电子设备全覆盖，基于数字化的实验室、数字化学科专业教室、科技教室、教室智慧工作室等达到领先水平，智慧课堂教学终端的课堂教学新模式得到普及应用。第二个模块是建设"云 + 端"一体化资源体系。构建资源管理框架体系，实现资源生产、载入、应用、更新等全流程管理。构建学科知识图谱，并围绕教师备课、网络教研、在线教学、学生学习、课后服务等应用场景，整合名师资源，开展优质资源建设，实现资源与知识图谱的匹配，为基于资源的诊断和精准推荐提供支撑。目前学校正在开展校本题库建设，已建设九年级至高三化学学科 11 本教辅共计 300 多套校本资源，教师具有基础题库建设能力和一定的应用能力。第三个模块是建设可视化教学大数据平台。学校正在构建校园办公管理、教务教学管理、学生成长、教师成长、资源管理与共享等一体化的智慧校园平台，对学校、班级、教师和学生等各个层级的智慧教学应用成效实时监测，通过大数据挖掘，有效评价考核学校，创新学校教研路径，发掘教育教学规律，提升教育教学质量，实现"用数据说话、用数据决策、用数据管理、用数据创新"。

第二个"3"是以学情驱动贯穿课前、课中、课后三个课堂教学环节。课前，教师在进行备课时，可通过智慧教学设备分析学生的课后作业数据和课堂学习行为数据，获得学情分析报告，精准了解学生学习效果。同时，系统可为教师推荐合适的备课资源，从以前的"人找资源"转变为"资源找人"，大大提升了备课效率。课中，实现立体互动、精准讲评。学校建设了智慧课堂教学环境，推动学科课程在活动组织、教学模式、评价方式等方面的改革。如数理化学科，可以基于知识图谱、智能推荐等技术，为学生精准规划学习路径、推荐个性化练习题；语文和英语学科，依托语音合成、语音评测技术，实现即点即读、跟读及对话练习等，提升教学互动性，营造标准语言学习环境；体育学科，通过可穿戴智能终端采集学生体质健康信息、通过 AI 视觉摄像头智能识别学生运动水平，为学生建立体质健康成长档案，开具科学运动处方，指导学生健康成长。课后，基于知识图谱和个性化推荐技术，根据学生学情推荐个性化作业。学生也可自主登录资源平台自选微课学习、自选题目练习，进行巩固提高。

"N"则以技术赋能精准教学、语言教学等 N 个教学核心场景。例如，精准教学场景下，教师借助试题智能标注工具，按照知识点、难易程度、核心素养、命题情境等维度创作试题，也可基于试卷试题分布、知识点分析等整体把控，科学地命题组卷，大幅提升命题的科学性与精准性，提高命题效度。再如，针对听说教学，一方面，我们可利用现有的机房环境，营造人机对话考试的模拟环境，实现与正式考试流程完全一致的学校常态化全真模拟训练和听说教学排课模式；另一方面，在普通教室内开展英语听说教学、全班互动练习、智能评分，解决听说教学难以常态化开展的问题，从整体上提高听说教学质量，提升学生整体英语听说能力。聚焦校园管理场景，我们可通过智慧校园各数字化系统，伴随式采集学校在教学、学习、管理和考试等方面的数据，生成教师和学生全息档案，形成个体画像、群体分析，构建过程性、多元化、综合性的师生评价，清晰了解学生"五育"发展以及关键能力培养情况，常态化精准掌握教师发展情况，有效促进学生健康成长，精准助力教师队伍发展。

多措并举，强化校园"教学主阵地" //////////////////////////////

任萍萍： 2021 年 7 月，中共中央办公厅、国务院办公厅颁布《关于进一步减轻义务教育阶段学生作业负担和校外培训负担的意见》。一年来，这场改革取得了重大进展，推动了校内校外教育体系的全面重构。在这场变革中，育英中学做了哪些动作？发生了什么样的变化？

徐素霞： "双减"减的是学生过重的作业负担，增的是教师教育教学的本领、学校面向全体学生的增值能力、社会对国家教育的公信力。以"双减"为核心，优化学校内部供给，要全面提高课堂教学质量，力争让每一名学生在校内学会、学足、学好；要加强团队研究，以科学的学业评价和高质量作业设计为切入口，促进教学质量提高，促进学生能力素养提高。落实"双减"，对学校和教师都带来巨大的挑战和机遇。

为保障"双减"在学校的落地，我们综合应用智学网、资源平台、个性化学习手册等建设育英中学特色化校本题库，基于作业练习等全场景学情分析和学业评价数据解读，进行个性化作业设计、精准高效教学与学生个性化辅导。根据科学的数据分析反哺课堂教学，提升课堂效率，优化作业设计，提升作业质量。"资源平台＋智学网＋个性化学习手册"应用模式打通了学校教学全阶段数据，让作业服务于教师精准化教学、学生个性化学习。大数据与人工智能技术已经成为教师践行"数据驱动因材施教、先学后教、以学定教"教学理念的有力抓手，探索"双减"下教学改革之路的有力双翼。

教育要具备"人的温度" //////////////////////////////////

任萍萍： 未来，在人工智能的助力下，学校教育将会发生怎样的变化？

徐素霞： 新技术的诞生与应用，必将对我们的教育提出更新、更高的要求。我认为学校教育的变化主要体现在：面向未来的人才培养目标的转变与完善、教学环境的快速改变、学生学习方式的转变、教学评价方式的变化、人工智能技术在教育管理领域的深度应用等方面。这是我们基础教育必须迎面而上主动改变的。但是，对于人工智能和信息技术建设和应用不能盲目。北京师范大学资深教授顾明远认为，"人工智能＋教育"正在使教育发生革命性变革，但教育的本质不会变，可以概括为：

一个人通过接受教育，努力提高生存能力，过上有尊严而幸福的生活；提高为社会服务的品德和能力，为社会、为人类作出应有的贡献。"人只能由人来培养，不可能由机器来培养。"儿童的成长需要有思想信念、有道德情操、有扎实学识、有仁爱之心的教师来指导、帮助。教师永远是学生成长的引路人。教育要提高人的生命质量和生命价值，技术替代不了教师对学生精神世界的影响。所以说，技术始终要服务于教师的"教"，服务于学生的"学"。教育永远需要具备人的温度，永远要关注人的情感反应、人的生命完善。

学校简介 >>>

北京市育英中学 1948 年创建于革命圣地西柏坡，1949 年随党中央机关迁入北京，是一所底蕴深厚的传统名校。2010 年被评为海淀区示范高中校。2015 年 3 月加挂"北京教育科学研究院实验学校"校牌。2019 年成立小学部，即北京教育科学研究院实验小学，形成了小初高一体化发展的办学格局。近年来，学校被评为北京市课程建设先进单位、海淀区新品牌学校、全国青少年校园篮球特色学校、海淀区教育信息化实验学校等。

学校应如何顺应教育信息化

——对话合肥市第八中学校长杨开仁

◎杨开仁

　　高级教师，合肥市第八中学党委书记、校长。合肥市政协委员，合肥师范学院教育硕士兼职导师，教育部中学校长培训中心第10期全国优秀中学校长高级研究班学员。

【编者按】

　　作为华东地区重要的人才培养摇篮和安徽省首屈一指的名校，合肥市第八中学（以下简称"合肥八中"）不论是校园软硬件设施的建设，还是学生综合素质的培养，都走在前列。合肥八中在安徽省率先探索教育信息化，一直将其作为重点工作狠抓不懈，在以智慧课堂为核心的基础上向教师和学生两端延伸，实现了从基础建设到智慧课堂、从辅助手段到深度融合、从数据化到个性化、从传统授课到数字教师全覆盖。

　　杨开仁认为，教育信息化不仅是教学设备的信息化，更是教育理念的信息化。"我们正面向一个信息时代，正在步入智能时代，教育要与时俱进，我们的学生要在学校里形成面对未来挑战的知识、能力与素养。这不是计算机时代的教育新基建，也不全是移动互联网时代的教育新基建，而是面向信息时代与智能时代的教育新基建。"

"全面铺开、降低门槛、实用驱动、渐进融合" //////////////////

任萍萍：据了解，合肥八中是安徽省内最早开始探索信息化的学校，请您分享一下学校的探索历程和经验。

杨开仁：早在 2006 年，合肥八中就已经开始了信息化尝试。2009 年，合肥八中在体育、艺术等部分学科开展选课、分层、走班教学并开始数字化校园建设。2010 年，被评为安徽省中小学数字化校园建设示范学校。2012 年，成为全国首批百所数字校园示范校建设项目学校。自 2013 年起，合肥八中全面进行课程改革并逐步建设"智慧课堂"。2017 年，举办首届全国智慧教育观摩研讨论坛，来自五湖四海的 2000 多位校长、教师与八中的智慧教育来了一场亲密接触。

如今，合肥八中已全面覆盖大数据精准教学系统，全校 115 个班级均常态化使用智慧课堂。在质量管理平台上引入了 GPA 对学生进行综合考评，社团活动和选修课程的选课、教师评教等均在平台上进行。同时，建成 STEAM 和 AI 实验室，打造精品的信息化教育课程。从基础建设到智慧课堂，从辅助手段到深度融合，从数据化到个性化，从传统授课到数字教师，信息化为合肥八中插上了腾飞的翅膀，展示了合肥八中形象，提升了学校品牌影响力。

在教育信息化发展过程中，合肥八中始终围绕"养平民情怀，育卓越人才"的育人目标，采取"全面铺开、降低门槛、实用驱动、渐进融合"的方式推进教育信息化应用，为"以学生发展为本"的课程建设提供有力保障。信息化建设初期，针对部分教师不愿用、不会用、不常用的情况，学校通过"全员培训人人会用""开示范课人人会用""检查反馈人人要用""座谈研讨人人活用""比赛激励人人争用"的"五用"模式全力推进信息化建设。目前，精准化教学已经成为合肥八中教师的自觉行为，信息化正在倒逼教师教学行为的变化。

安徽省内最早探索智慧课堂的学校 //////////////////////////

任萍萍：作为安徽省内最早探索智慧课堂的学校，合肥八中目前已经探索、提炼出了智慧课堂的哪些应用成果与经验？

杨开仁：合肥八中积极探索基于智慧课堂的教与学行为大数据应用，利用智慧课堂采集学生学习行为数据，实现了师生行为画像，为教师的精准教学和学生的个性学习提供了积极的指导。

基于智慧课堂的常态化应用，转变了师生教与学方式。课前，采集预习过程性数据，生成可视化学情报告，帮助教师掌握学情；课中，灵活调用各类资源，实时采集师生互动数据，动态调整教学策略，形成以教师为主导、学生为主体的课堂教学新模式；课后，全面汇聚教与学数据，构建学生知识与能力图谱，定位知识薄弱点，智能推送个性化学习资源，减少低效重复学习。

随着"双新"国家级示范校的深入实践，合肥八中重构了学校课程方案顶层设计。通过创设智慧课堂情境，发挥学生小组作用，变革课堂教学方式，落实学科核心素养。积极开展基于智慧课堂的大单元教学行为大数据采集与分析，构建了三大维度 21 个方向的指标体系，分析不同学科间应用的差异性，形成不同的应用模式，为教师教学行为提供数据支撑，也为学生终身发展奠定基础。

合肥八中从二十年前开始探索智慧课堂应用，在这个过程当中，学校对于智慧课堂的管理和运维也在不断改进。经过这些年探索，合肥八中逐渐形成了独具特色的"智慧课堂运维服务结构图"，包括学校、教师、学生、技术四方面。第一，学校致力。学校将运维纳入常规管理，定期进行资金投入。第二，教师得力。学校定期对教师进行培训，将信息化技术纳入校本培训基本课时。第三，学生助力。各班班委中增设电教委员，学校对电教委员进行集中培训，使其快速熟悉新技术的应用，成为教师的好助手。第四，技术给力。当在使用智慧课堂过程中遇到有难度的问题或是在教研过程中需要新的应用点时，专业的技术团队会给予强有力的支撑。

"三新"工作稳中有进　履责国家级示范校 //////////////////////

任萍萍：作为首批"双新"国家级示范校，合肥八中在"双新"的落地实施方面探索了哪些经验？

杨开仁：合肥八中作为全国首批"双新"国家级示范校，在推动"双新"高质量实施上当表率、做示范，深入研究新高考，将提升教学质量、锻造教育品牌当作使命，在"三年规划"指引下，实现"三新"整体协同推进目标任务。

我校深度打造具有学校特色的"业务大练兵"活动，囊括了备、教、改、辅、练、考、研各方面。活动形式多样，有认真充实的集体备课，有丰富多彩的微讲座，有精心准备的各级各类公开课，还有共研共做共讲高考题等，不一而足。

推动"双新"落地实施，需要有效破解基于学科核心素养大单元教学中的问题与障碍，教师需要聚焦课程建设、课堂教学、教学质量、教育评价、作业设计与教学管理等内容，持续深入开展新课程、新教材教学研究和实践探索。"双新"视域下，我们积极探索集体备课的转型。根据"大单元"对教师进行分组，形成若干个单元设计团队。队长负责设计与目标达成相匹配的大任务，队员在大单元设计的基础上进行分课时教学设计，在"大任务"的统领下整合学习情境、学习内容、学习方式、学习资源，设计若干个相关联的学习活动，以实现学科核心素养的达成。单元设计团队最后呈现的是一个完整的大单元教学设计。

我校基于大单元教学的课堂教学变革成果丰硕。合肥八中共同体在全市"大练兵"活动中斩获 12 个团体一等奖，是合肥市三所新课程新教材实施国家级示范校中唯一一所获得市教育局认可的合肥教育创新提名奖学校。以"教师学生同发展"为理念的教育科研创新成果显著，两年来市级以上课题结题 6 项，各类论文或省级以上大奖及公开发表 130 多篇，并有教师作为合肥市唯一代表开设全国示范课。

在"三新"背景下，生涯规划有许多实践问题需要解决。合肥八中是全省第一所推行生涯规划课程的学校，三年赋予 6 学分。通过学习、实践、思考，学生能认识自我，树立正确职业观念。经过培训考核，全校有 62 名教师获得中级生涯规划师资格。在"三新"背景下，教师不断提高生涯指导能力，助力学生成长。

肩负国家级示范校的使命，我们将示范、辐射、帮扶作为责任和推动自身发展的动力，从帮扶合肥地区的 19 所共同体、3 所集团校，到引领阜阳、宿州等地区的友好校，再到引领辐射全国名校联盟，开设市级以上公开课 40 多节，举办讲座交流 20 余场。

打造"432"银杏德育体系　创新德育形式 ////////////////////

任萍萍：请您介绍一下合肥八中是如何创新德育形式的。

杨开仁：合肥八中全面贯彻党的教育方针，深入实施《中小学德育工作指南》，建设"432"银杏德育体系，培养学生家国情怀和人文精神。

创新德育形式，以学生喜闻乐见的方式，潜移默化、卓有成效地对学生进行教育，落实立德树人根本任务。"432"银杏德育体系中的"432"，即"四聚焦、三融合、两建设"，聚焦理想信念、责任担当、行为习惯、心理健康，融合学生课程、家长课程、教师课程，着力建设 10 门德育课程和 8 个德育品牌。

我们制订了《合肥八中学生自主管理方案》，将中学生领导力培养纳入合肥八中学生实践活动课程。通过管理方案，我们进一步培养青年学生的自主管理和组织协调能力，为优秀的学生干部提供锻炼与成长的平台，营造学生自主管理的校园文化氛围。

养平民情怀，育卓越人才。在 2021 年合肥市普通高中教育教学质量评价中，合肥八中在学生品德发展、学校教学管理、学生学业成绩、学生特长发展、学生身心健康、教师专业成长、学校课程实施 7 个维度中，各项指标最终得分均名列前茅。

学校简介 >>>

合肥市第八中学创建于 1956 年，系安徽省省级示范高中、普通高中新课程新教材实施国家级示范校、全国百所数字化校园项目校、教育部网络学习空间应用普及活动优秀学校、网络学习空间人人通专项培训基地学校。学校倡导"视阅读与运动为生命"的办学理念，培养学生终身阅读和运动的习惯，将三年成长目标定为阅读 800 万字、跑步 480 千米；开设戏曲、陶艺、烹饪、机器人等七十余门选修课，引导学生进行职业生涯的有益探索，成为学生高中生活的难忘回忆。

和悦智慧教育，打造学生"全发展成长圈"

——对话青岛西海岸新区双语小学教育集团校长杨世臣

◎杨世臣

齐鲁名校长，特级教师，青岛西海岸新区双语小学教育集团校长。齐鲁名校长领航工作室主持人，青岛市首批和第二批名校长工作室主持人。获全国创新名校长、全国优秀校长、全国十佳科研创新校长、全国百名德育专家、山东省 2011 年度十大教育创新人物、山东省优秀教育工作者、青岛市优秀教育工作者、青岛西海岸新区首批领军人才等荣誉称号。

【编者按】

2021 年 12 月，2020 年全国中小学教师信息技术应用能力提升工程 2.0 典型案例评选结果揭晓，青岛西海岸新区双语小学教育集团五台山西路校区成功入选；2021 年 8 月，学校被教育部评选为 2020 年度全国网络学习优秀学校，是青岛市唯一入选的小学。一所创建仅三年的学校，何以跨入全国评比优秀的行列？又是如何以智慧教育为抓手，让每个学生成为"最好的自己"的？总校长杨世臣给出了答案。

在杨世臣看来，大数据潮流正澎湃兴起，数字化转型升级已经开启，大数据、人工智能、物联网、云计算正快速改变人类的生产与生活。科技强国，教育责无旁贷。在他的带领下，学校完成了和悦智慧校园建设，构建了初步应用课堂教学与运动健康的大数据分析系统，形成了智能校园环境，实现智能育人、个性成长、全面发展、

未来构建，让每一个学生真正成为有理想、有本领、有担当的时代新人。

智慧教育，撬动学校高质量发展 ////////////////////////////

任萍萍：青岛西海岸新区双语小学教育集团五台山西路校区被教育部评选为2020 年度全国网络学习优秀学校，也是青岛市唯一入选的小学，您认为学校能够成功评选的关键因素是什么？

杨世臣：2021 年 8 月，我校被教育部评为 2020 年度全国网络学习优秀学校。消息传来，全校师生振奋。"问渠那得清如许？为有源头活水来。"这一荣誉不仅是对学校近年来智慧教育建设的肯定，也反映出了学校在短短几年内取得快速发展。究其原因，我想总结为以下四点。

第一，区级统筹，明确方向。2019 年，青岛西海岸新区启动"因材施教"人工智能 + 教育创新应用行动项目，全方位推进智慧教育应用。在区教体局的统筹领导下，我校因势利导，顺势而为，成为首批智慧教育基地校，搭乘区智慧教育建设的顺风车，引领师生迈向了信息化的崭新高地。

第二，思想先行，实践先行。教育信息化 2.0 时代，信息技术不仅在改变现在的教育，同时也在塑造未来的教育。自 2019 年建校起，我们快速确立了以智慧教育为立足点、突破点、发展点，依托集团化办学优势制订了"智慧教育三年发展规划"，从顶层设计到落地实施进行一体化管理，以网络学习空间应用带动信息化教学模式创新，构建独具特色的和悦智慧教育模式，让智慧科技为教育教学插上翅膀，加速学校现代化建设。

第三，智慧团队，以点带面。学校成立了以智慧教育专家王立新为组长、集团总校长为副组长的智慧教育研究中心，组建了"六部三中心"，以办公、课堂、活动、家校、外联为主要场所，通过智慧技术的结构化设计，实现和悦育人目标的高效达成和完美构建。

第四，群策群力，全力以赴。在智慧教育研究中心的组织下，学校坚持"以校为本、整校推进"的理念，以课程建设为立足点，精心组织、精细落实、精湛研修、精准考核、精彩展示，以教师成长为抓手，以课程建设为载体，以学以致用为导向，以学生发展为目的，获得了一系列教育教学硕果。我想，信息技术与课堂、课程、管理、教学、评价紧密地融为一体，关键在于教师们的创意落地、落细、落实。

和悦智慧教育模式，让每个学生幸福成长 ////////////////////

任萍萍：青岛西海岸新区双语小学教育集团是如何将和悦教育与智慧教育融合，打造独具特色的和悦智慧教育的？

杨世臣：和悦智慧教育是和悦教育与智慧教育的结构化融合，通过智慧教育设计，实现和悦教育思想，成就每个学生的全面发展、个性成长和未来构建；创建高质量、现代化、有特色、省内一流、全国知名的卓越学校；培养厚德乐学、自主合作、具有国际视野的卓越少年；为每一个学生的幸福人生奠基；让学校成为师生共同成长的乐园。

在整体结构上，和悦智慧教育以和悦思想、和悦文化、和悦课程、和悦活动为主体，以智慧教学平台与智慧办公 OA 为载体，以因特网、移动网、物联网为联通方式，以智能技术、智能分析、智能推送、智能沟通为手段，以云计算、大数据分析、区块链、云存储为支持模块，构建智慧化教育结构体系，包含智慧办公、智慧课堂、智慧课程、智慧视野、智慧评价、智慧视窗、智慧家校、智慧体育八大结构。

我们希望通过和悦智慧教育，给每个学生最适宜的教育；一切为学生的当下和终生幸福服务，让学生德智体美劳和谐发展、幸福成长，让学生、教师和家长及彼此之间走向和谐，都获得幸福；给每个学生快乐有爱的智慧化学习方式，点燃每个学生的生命渴望和未来成长。

"五步智学法"，促进"双减"落地见效 ////////////////////

任萍萍："双减"政策下，学校是如何通过智慧教育实现减负增效的？

杨世臣：归根结底，教育的主阵地是学校，教育的主战场是课堂。要减轻学生负担，根本之策在于全面提高学校教学质量，做到应教尽教，强化学校教育的主阵地，使学生回归校园、回归课堂。我校借助信息技术，整合形成"五步智学法"，以学生的学为中心，彻底变"课堂"为"学堂"，变重"教"为重"学"，最终形成能够提升学生核心素养的教学模式。

第一步，学情智诊断。课前，教师利用智慧课堂的作业中心板块，发布预习任务，学生完成课前检测并提交。智慧课堂对每个学生的答题情况进行智能分析，制订学习策略，实现精准教学，以学定教。

第二步，课堂智活动。依据课前检测的分析数据，将失分较少、难度一般的问题通过小组合作或是学生专家的方式解决。学生通过小组探究讨论，分享收获，质疑解疑，补充纠错，夯实沉淀，在互动碰撞中实现对知识的认知、发现、顿悟和对自我的超越。

第三步，教师智引领。教师组织学生互助学习、自主分析学习、任务分层式学习。在学生展示过程中，教师注意学生的疑难困惑点、碰撞争论点、偏差错误点和思维闪光点，根据学生的生成性回答适时引导点拨，以使对问题的思考更深入、更精辟。在这个过程中，学生的表达越来越完整，对知识的理解越来越深刻，实现了深度学习。

第四步，达标智检测。课堂上，教师根据学习目标以多种形式检查学生对学习任务的完成情况，如利用智慧课堂平台中的随堂检测功能实现课上内容的当堂检测，教师也可利用智慧课堂平台的作业中心功能进行检测。多种方式、不同途径对学生进行达标测评，展现学习成果。

第五步，资源智推送。教师利用智慧课堂平台发布同步练习题，学生完成练习后，平台会自动统计并分析学生掌握情况，并根据作答情况，一键推送个性化学习。学生通过学生端获取系统智能推荐的资源进行学习，从而实现资源的"精准推送、个性推送、动态推送"。

通过"五步智学法"，最终引导学生在充满快乐、和谐的氛围中自由活泼地成长，使课堂教学焕发生命的色彩，这也是和悦教育的中心。

学校简介 >>>

青岛西海岸新区双语小学教育集团五台山西路校区于 2019 年正式启用，根据集团的总体规划，学校与青岛西海岸新区双语小学实施一体化办学，理念共享、师资共享、设施共享、发展成果共享。学校致力于创建高质量、现代化、有特色、省内一流、全国知名的和悦学校，以和悦的文化、和悦的校长、和悦的德育、和悦的特色、和悦的课程、和悦的课堂、和悦的家长、和悦的学生、和悦的教师、和悦的保障十条途径，达成培养厚德乐学、自主合作、具有国际视野的卓越少年的育人目标。

智慧教育的每一步，我们都走得非常坚实

——对话郑州市第四十七高级中学校长叶小耀

◎叶小耀

正高级教师，特级教师，郑州市第四十七中学教育集团校长，郑州市第四十七高级中学党委书记、校长，郑州市第十七高级中学党支部书记、校长。第十一届国家特约教育督导员，教育部首批卓越校长领航工程名校长，教育部基础教育教学指导专业委员会委员。

【编者按】

精准教、个性学，减负增效、因材施教，教育信息化的成果正体现在每一名教师和学生的日常教与学里。郑州市第四十七高级中学（以下简称"郑州四十七中"）已经将智学网和个性化学习手册融入日常教学。为更好地利用大数据助力教育教学，学校投入建设了"大数据教研中心"。日常水平检测与阶段性考试都通过智学网采集、分析学生数据，帮助教师进行针对性教学；学生考完试，通过大数据分析学生的知识薄弱点，进行错题整理和解析、个性化推题，打印生成个性化学习手册，已经成为四十七中特有的个性化教学模式。

作为全国智慧教育实验学校、高中新课程新教材实施国家级示范校，郑州四十七中通过智学网和智慧课堂等信息化产品的深度应用，实现了智慧校园建设的全覆盖，完成了学校在教育信息化道路上的跨越式发展。叶小耀对学校未来的发展充满信心："人工智能已经上升为国家战略，信息化教学也成为不可阻挡的时代

潮流。"

"双新"示范校的"双新型"教师队伍建设 ///////////////////

任萍萍：在落实"双新"方面，学校进行了哪些探索？

叶小耀：2020 年，我校被评为高中新课程新教材实施国家级示范校后，在落实"双新"方面，进一步聚焦、深化学科建设工作。2022 年，省教育厅启动了河南省普通高中学科基地评审工作，在经历了材料初评、现场答辩复评、实地考察终评三个环节的严格评审后，我校外语学科中心、思想政治学科中心被认定为全省首批一级学科基地。

学科中心成立后，学科育人的各环节、各要素得到了关注，扬优势、查问题、补短板成为各学科的自觉行动。学科建设规划为学科的科学可持续发展提供了保障，"基于学科、为了学科"植根实践的研究促进了教师的专业成长，"双新"实施过程中学科层面的问题找到了解决方案。三年来，28 名教师成长为省市级学科带头人，十余人被评为正高级教师、特级教师、省市名师；课程开发成果丰硕，形成了必修课程、选择性必修课程和选修课程为体系的结构化学科课程群，为学生创设了自由选择的机会；以大单元教学为核心素养培育路径的新教学方式得到应用，形成 75 节人人"双新"代表课优秀课例，英语、政治、地理的学科课例在省级、国家级教学展示平台上示范、推广；我校 14 个学科大单元教学实践案例及跨学科综合课程建构与实施案例在全国论坛展示，线上观看人数达 30 万人次，彰显了郑州四十七中的示范影响；大美育课程建构、大思政课程建构等 10 余项课程建设研究项目通过省级课题结项；跨学科协同研究的成果《诗经文化综合课程：优秀传统文化教育与育人方式变革的融合创新》获得河南省基础教育教学成果特等奖。

信息化助力"更新迭代"教学新模式 ///////////////////////

任萍萍：您所说的"更新迭代"具体是指什么？

叶小耀：所谓的"更新迭代"，就是改变传统的教学模式，朝着智慧化、信息化教学的方向前进，探索智慧教育。我校 2015 年做了一些尝试，通过验收获得了河南省信息化示范校的称号。2016 年，我校被确认为全国智慧校园建设实验学校。以此为契机，学校引入大数据精准教学系统，作为学校智慧教育建设的重要组成部分，为智慧校园建设保驾护航。

我校在智慧教育的探索道路上主要经历了两个阶段。第一个阶段是智学网的应用。在应用之初，学校以智学网为应用平台，探索基于大数据的教与学基本模式：以周测为切入点，以各类测试普遍使用为推广点，以智能作业为常态化应用点，从评价入手，由易到难，由浅入深，稳扎稳打，逐步推进。在不断探索中，基于大数据的讲评课教学基本流程逐渐形成。目前，大数据讲评课已经在高中部三个年级全面展开。随着大数据教学的推进，教师们发现变化接踵而至：评卷方便了，只要有网络就可以改卷；数据报告产生得特别快，再也不用做数据的统计，薄弱知识点、薄弱学生、薄弱班级一目了然，讲评对象、讲评侧重点心中有数；辅导训练也能结合学生的个性化学情，有目的、有方向、有效地助力学生个性化学习。

第二个阶段是智慧课堂的应用。平板电脑进入课堂，改变了传统的教学方法，教师可根据学生知识掌握程度和综合素质发展情况开展针对性教学与个性化学习，让精准化教学成为常态。学校还专门制订了《智慧课堂教师机使用管理规范》，各年级长期入驻专业技术人员，并组建实验班教研组，及时解决教学中出现的各种问题。在传统教学过程中，评价和反馈的周期比较长，教学方式和课堂形式比较单一，信息来源相对比较狭窄，小组互动的效果很难直观地检测与呈现。智慧课堂完美地弥补了这些不足。对教师而言，智慧课堂减轻了教师的教学负担，尤其是课堂检测实现当堂反馈，教师能及时掌握学生的学情，随时调整节奏，更好地完成教学任务；对学生而言，智慧课堂新颖的互动方式提升了学习兴趣，基于互联网的学习方式，也让学生在较短的时间内搜集到更多的学习资料。

另外，2019 年 1 月，我校的大数据教研中心正式揭牌投入运营，学校真正实现了以数据为实证的精准教研，这是学校教育信息化进程中具有里程碑意义的大事。有了大数据教研中心，学校也有了大展拳脚与全国乃至世界教育智慧相连的有利契机。我们想要把这里打造成一个集录课、传输、远程互动、数据汇聚与分析等功能于一体的智能中心。我们可以在这里录课与偏远学校联动，助力教育扶贫；还可以与全国名校建立基于互联网的校级交流，共享教育成果；更可以与"一带一路"沿线国家的相关学校建立远程互动课堂,拓宽教育视野。

共享智慧教育红利 教育信息化成效显著 /////////////////////

任萍萍:在这一过程中,学校取得了哪些实际的成效?

叶小耀:这几年,学校以新教育理念为引领,积极探索课堂教学方式与手段的改革,注重信息技术在教育教学活动中的合理运用。

首先,探索借助信息化手段提升课堂实效的有效策略,逐渐形成具有学校特色的智慧课堂模式。

我校利用数据提升教育教学质量和教育管理服务水平,从而更好地推进教育治理体系和教育治理能力的现代化。

教学质量过程分析,是针对校园智慧考试的信息化应用数据,从学业水平发展、大数据教研、教学活动及效果和教学质量预警四方面进行统计分析,以期通过教学质量分析反馈智慧考试的应用成效。

2022 年,我校外语学科中心、思想政治学科中心被认定为河南省一级学科基地,两门学科聚焦高中新课程、新教材,深入探索外语课程、思想政治课程在内容整合、选课走班、单元教学、表现性评价等方面的实施路径。

其次,通过智慧引领,示范带动,学习型成长团队不断壮大。在以素养为导向的智慧课堂建设中涌现出一大批在信息技术融合课方面颇有造诣的专家能手,以省、市学科中心组成员,全国全省优质课一等奖获得者为代表的中青年骨干教师队伍不断壮大,精准评价教学模式效益大大提升。

最后,最关键的成效,是学业质量稳步提升,学生可持续发展能力显著增强。国宏班连续一本率达 100%,平均分均高于一本线 125 分以上,大部分学生进入重点大学就读;省级宏志班一本率近 100%,每年体育生、艺术生中有一大批考取体育类、艺术类名校。并且,毕业生综合素养不断提升,进入高校后保持充足发展潜力。

智慧课堂有效推进的关键是人 ////////////////////////////

任萍萍:您如何看待"人工智能入校园"这样的大趋势?

叶小耀：身处"互联网+"时代，我曾提出"要利用互联网技术，整合学科资源、建设智慧校园，打造智慧课堂，提升教学评价的及时性和有效性，以此作为实现学校新的跨越式发展的着力点"。我认为，人工智能时代学校最根本的变化是学校不再是为未来职业做准备，而是真正为人的终身学习、终身发展而准备。智慧教育的核心是智慧课堂，智慧课堂有效推进的关键是人，是学校、教师、学生、家长达成共识，步调一致，形成合力。我们将继续在实践中反思，在反思中推进，着眼于教育的终极目标，着眼于学生的成长，着眼于教师的发展，不忘初心，砥砺前行。

学校简介 >>>

郑州市第四十七高级中学创建于 1996 年，现已发展为一校九区的协同发展架构。经过积极探索努力，集团在宏志生教育、国际理解教育、体艺教育、创客教育等方面积累了丰富的经验，形成了鲜明的办学特色，得到社会各界的一致认可，先后被授予全国文明单位、全国文明校园、全国智慧校园实验校、中央电教馆人工智能实验校、普通高中新课程新教材国家级示范校、全国国防教育示范学校、国家汉语国际推广中小学基地、河南省示范性高中、河南省数字校园标杆校、河南省信息化应用示范校、河南省普通高中多样化发展示范学校、河南省德育教育先进单位等百余项荣誉称号。

数智时代，要借助科技让教育回归本真

——对话江苏省姜堰第二中学校长游忠

◎游忠

正高级教师，特级教师，江苏省姜堰第二中学党委书记、校长。获第二届全国优秀地理教育工作者、第七届江苏省优秀地理教育工作者、泰州市名教师等荣誉称号，主持或参研10多项国家级、省级课题。

【编者按】

江苏省姜堰第二中学（以下简称"姜堰二中"）坚守本真教育理念，传承乐学思想，发扬超越精神，前瞻谋划学校发展，在可为处有作为，在能为处大作为，不断增强学校发展优势和核心竞争力，力争建成全国知名、省内一流、百姓满意的"二中"，为姜堰"教育立区"战略的实施贡献智慧和力量。学校通过优化已建的3个省级课程基地、未来教室、STEAM创客空间、音视频一体化智慧平台以及智慧管理系统，前瞻性规划智慧校园建设，于2020年被评为江苏省首批智慧校园示范校。

游忠认为，教育信息化的实践探索不仅是国家推进教育信息化和基础教育课程改革的客观需要，更是学校网络教学深化研究和特色持久发展的内在需要。教育工作者要学会借助科技的力量，成为学生学业生涯的设计师，也成为自己职业生涯的规划师，与学生共同享受科学、高效、正向的教育生态，让教育回归本质。

数据驱动可持续发展 ////////////////////////////////

任萍萍：姜堰二中如何进行教育信息化的探索与实践？

游忠：姜堰二中 20 世纪 90 年代末就在全市乃至全省率先为教师配置笔记本电脑，开始了教学资源数字化、计算机辅助多媒体教学和网络环境下的课堂教学的探索，先后搭建了校园网站、论坛、教师博客、网络教研群、教学资源库、智慧教室等平台，不断拓展协同办公与教学交流。

经过 20 多年的努力，学校创建了大数据赋能的智慧教学环境，形成了相互关联、服务于学生成长的"问题链"教学模式。数智赋能下的教学供给提高了课堂教学的质量，突出了课堂教学的针对性、实效性和创新性。教学模式的创新也推进了人才培养模式的创新，不仅能较好地实现数据驱动式的个性化学习、精准的集体评讲和个别辅导，提高学习效果，达成各阶段教学目标，促进学生全面而又富有个性的发展，而且也有利于教师实现"为了每一位学生的发展"的教育愿景，促进教师的专业成长，从而带动学校的特色发展和可持续发展。

"定制菜单"优化资源供给 /////////////////////////////

任萍萍：新高考背景下，姜堰二中对课堂教学、学业评估、作业布置等重要环节有哪些规划和部署？

游忠：新高考背景下，课堂教学必须摆脱知识中心的观念，以提升学生核心素养为宗旨，实现能力为重、生活为本和深度学习的回归。我认为，面对新高考，构建多维立体的精准评价体系是学校的发力点。精准评价促进更精准的教学，要从过程性评价与考核性评价两方面入手，从学生个体评价、班级评价和学科评价三个维度展开。依托大数据服务平台，学校将数据与育人相结合，依托数据库帮助学生量身打造"定制菜单"，帮助教师优化教学和管理上的资源配置，从而实现依据学生需求的作业供给，有效减负提质。

精准教学"闭环" ///////////////////////////////////

任萍萍：在大数据技术的应用上，姜堰二中进行了哪些突破性尝试？

游忠：在统一教学的背景下，"优等生吃不饱，中等生吃不好，学困生吃不了"的现象普遍存在，不同层次的学生存在不同的学习需求。现行的行政班与教学班无法分开，我们的课堂教学中存在很多仅仅是知识灌输与记忆的单向度过程，这折射出课堂教学供给主体、供给内容、供给方式和供给环境等方面的错配。

学校管理层意识到，必须尝试新方法，引入新技术，促进教学改革从"教"向"学"转变。因此，我们引入大数据精准教学系统，从智能组卷、数据采集、智能批阅到深度分析，再到精准应用，教学跟踪基于学情，教学问题的送达、回执、改进形成闭环，为学生的个性化学习、教师的精准诊断提供有效支撑，助力教学模式的创新。

学生的成长记录册 //

任萍萍：个性化分层作业的使用对于教师和学生有什么比较明显的影响？

游忠：对于教师而言，大数据生成的个性化分层作业可以帮助教师了解班级学情，进行学科监控，定位班级共性问题。个性化分层作业还有助于找出边缘生，找准薄弱学科和缺漏知识点，便于教师针对性辅导。

对于学生而言，个性化分层作业就是成长记录册，便于学生查阅考试得分情况，帮助学生分析优劣势，方便学生高效收集个性化的典例错题，同时为学生推荐补救训练题，有助于强化训练。

"解题"向"解决问题"转变 /////////////////////////////////

任萍萍：姜堰二中在数智赋能教学的实施上，还有哪些可以提升的空间？未来有什么规划？

游忠：学校应该长期跟踪利用数字化平台，增强"母题"意识，构建校本电子题库资源，实施校本介入的试题难易度评价机制和知识点、能力点的分类存储机制，为教师精准筛选和精准监控提供支撑，帮助教师寻找精准教学切入口，探索精准教学的方式，使课堂实现由"解题"向"解决问题"转变。当前教育正处于飞速发展的关键改革时期，为适应未来教育发展的要求，我校将紧跟信息化发展大潮，继续深化智慧校园建设，努力打造基于"互联网+"的校园智慧教学、智慧管理、智慧生活平台，提升办学品质，增强学校未来发展竞争力。

教育者要"返璞归真" //

任萍萍：教育信息化时代，您认为校长应该具备什么素养？

游忠：苏霍姆林斯基认为，校长对学校的领导，首先是教育思想的领导、业务的指导，其次才是行政管理。我认为，首先，校长要按教育规律从事教育工作，成为发展规划的设计师，让教育回归本真，让师生在教育过程中共同追逐快乐幸福的教育理想。其次，校长要有下沉到教学一线的专业精神，成为课程教学、专业成长的引领者。同时，校长要高度重视学校与家庭、社会各方关系，为学校改革发展提供强大的辅助动力。

学校简介 >>>

江苏省姜堰第二中学创建于 1943 年，坐落于三水古邑，2000 年被评为国家级示范性高中，2004 年被评为江苏省首批四星级高中，2019 年被评为江苏省首批高品质示范高中建设培育学校。近年来，学校以"培养具有健全人格、良好学力和创新精神的中国现代人"为育人目标，大力发展素质教育，教育教学质量稳步提高。

教学提质增效，学生全面发展

——对话内蒙古农业大学附属中学校长于涛

◎于涛

内蒙古农业大学附属中学党总支书记、校长。2003 年
7 月—2013 年 12 月任职于内蒙古农业大学学生处、党委
组织部，2014 年 1 月—2022 年 3 月任内蒙古农业大学基
础教育中心副主任兼附属中学副校长，2022 年 3 月起任内
蒙古农业大学附属中学党总支书记、校长。

【编者按】

创建于 1960 年的内蒙古农业大学附属中学（以下简称"农大附中"），坚守"为党育人、
为国育才"的教育使命，以"五育"并举为重要指导理念，积极探索新时代教育教学方法，
深化教育领域综合改革，落实"五育"并举和"双减"工作，积极探索构建动商、情商和智
商"三商"协调发展的育人体系。

于涛认为，作为培养未来人才的重要教育机构，学校应该直面时代命题，紧盯
时代需求，面向现代化、面向世界、面向未来，革新教育理念与教育方法，培养符
合时代需求的人才。

减负增效，推进"五育"并举 ////////////////////////////////

任萍萍：作为一所九年一贯制学校，既要面对小学一年级幼童，又要应对九年

级学生的升学，农大附中如何协调学生全面发展与应试压力之间的矛盾？

于涛：农大附中办学六十余年，通过坚持"乐学会学，健康发展"办学思想，落实和践行教育的初心和使命，协调学生全面发展与应试压力之间的矛盾。

为促进教育教学减负增效，近年来，我校陆续引入智慧课堂、大数据精准教学系统和智能班牌，以人工智能、大数据技术推动学校教学信息化转段升级，以深度应用探索新型教与学模式，切实减轻师生负担，为学生全面发展留足空间。

任萍萍："双减"之下，农大附中如何实现教育教学提质增效减负？

于涛：学校主要采取以下措施提高教学效能。一是坚持党的领导，坚持党建引领，促进党建与中心工作的深度融合。通过发挥党组织和党员的战斗堡垒和先锋模范作用，汇聚力量深入研究解决教学效能的工作机制，带头钻研和实践学科课程、课时、课型科学安排。二是扎实创建以培养学生自主学习习惯和能力为落脚点的高效能教学设计。高质量课堂要有精准的教学目标、合理的教学方式、愉悦的教学氛围、实在的教学效果和明确的效果考核；依托智慧课堂强化全过程学习理念，依托大数据进行学情分析、作业管理，打通课前、课中和课后，强化自主学习理念，创新布置查找问题补足短板的自主探究作业，强化乐学会学有机融合理念，呵护学生学习兴趣，教会学生自主学习。三是依托信息技术，强化管理服务水平。在大数据支撑下，通过智慧教育深化应用，提高教学针对性，为师生减负，努力让教师有充足的时间认真备课、认真设计作业；通过科学布置作业、延时服务、线上线下教学融合等具体举措，让学生有充足的时间自主安排学习，并且愿意主动自主地安排。

任萍萍：2022 年 4 月，教育部印发最新版义务教育课程方案和课程标准。当年9 月起，体育课成为义务教育阶段仅次于语文和数学的第三大主科。农大附中近些年一直将体育教育放在育人体系中的基础性位置，经过长时间的实践，学校沉淀下来哪些值得分享的经验？

于涛：学校坚持"体育就是德育"的育人理念，把"每天锻炼一小时，健康工作五十年，幸福生活一辈子"作为体育教育教学目标，实施了以"一个目标、两个机制、三项制度、四个品牌、五项措施"为主要内容的师生体质提升工程：一个目标是让全体师生养成热爱体育运动的生活习惯；两个机制是体育课教学和校外体育作业联动机制，教师和学生共同参与的体育活动互动机制；三项制度是全体师生参加的跳绳月测评奖罚制度，跳绳不达标班主任考核一票否决制度，全体师生参与的活动课制度；四个品牌是跳绳、形体、网球和足球；五项措施是开展好全体师生参加的跳绳月测评和跳绳课外体育作业，开展好足球、乒乓球、篮球、形体（健美操）、键球等体育二课堂，开展好足球队、网球队、篮球队、舞蹈队、乒乓球队等运动队训练比赛，开展好九年级师生冬训和晨练，开展好全体师生参加的下午第四节体育活动课。

深化教育教学改革 ///////////////////////////////////////

任萍萍： 随着新课标的颁布，新一轮的教育教学改革即将开启。学校是如何应对的？

于涛： 学校高度重视新课标学习培训和贯彻落实，深入领会新课标和内蒙古自治区中高考改革精神要求，2022 年 7 月，学校依托智慧教育启动了教育教学改革，主要改革思路如下。

一是强化顶层设计，压实重点责任。学校层面，压实分管教育教学校级领导、教学委员会、德育委员会和教研室、教务处、德育处等职能部门责任。切实强化顶层设计，重点从教育教学管理角度思考如何做到精细管理、如何凝聚合力、如何统筹协调等。在深入学习领会国家教育政策和学校办学理念的基础上，带头研究制订中长期工作规划，研究明确年度常规工作和重点突破任务计划，坚持问题导向，修订完善制度流程，从实际出发细化分工职责，不断创新管理服务措施等。年级和学科层面，明确年级组委员和学科组长发力点。要切实强化主人翁责任感，发挥领导班子合力。重点从抓好贯彻落实角度思考如何调动教职工积极性、如何发挥团队整体合力、如何创造性高效能地完成任务、如何汇总梳理问题、如何记录与分析等工作机制问题。

二是坚持问题导向，聚焦重点任务。学校将日常教育教学工作分为常规工作和重点突破工作。常规工作方面注重完善工作制度和规范工作程序，注重统筹协调，避免内耗；重点突破工作方面教育和教学每年研究配套确定一项课题，一抓到底、抓出成效、抓出成果，每年的重点突破任务要敢啃硬骨头，要坚持问题导向，要充分开展调研后确定课题。

三是发挥团队力量，创新重点方法。结合学校九年一贯制学制特点，充分发掘"务实创新、爱心责任"的校园精神，力争在创新重点方法方面有所突破。例如，学科组集体教研采用分学段和分学科相结合的方式组织开展。

四是精益管理，注重效果，坚持考核评价到位。学校进一步分层次细化阶段目标，既要研究完善幼小衔接、小学高段、小初衔接和九年级等学段培养目标，又要研究完善语文、数学、英语、理科综合、文科综合、艺体劳综合六大学科培养目标，还要研究确定独立人格、文明礼貌、言行举止、诚实守信、勤劳质朴、认真严谨、刻苦钻研、思辨质疑和国际视野等育人目标。在这些目标的指引下，进一步探索构建周测评、月测评、学期测评、学年测评、幼小衔接综合测评、小学高段综合测评、小初衔接综合测评和毕业生综合测评等全面覆盖科学系统的考核评价体系。

盘活校本资源，助力大中小学思政课一体化建设 //////////////////

任萍萍：在大中小学思政课一体化建设方面，学校有哪些尝试探索，取得了何种效果？

于涛：学校高度重视大中小学思政课一体化建设工作，长期以来充分利用从幼儿园到博士后全学段得天独厚的优势，协调推动大中小学互动融合资源共享，在思政课和课程思政、主题教育、主题志愿者工作机制、师资培训和教研等多方面积极探索实践，为大中小学生提供了诸如校史馆、乳品国家重点实验室、马文化博物馆、草业重点实验室、中兽医展览馆等思政资源。下一步，学校还要努力为大中小学生打造互动融通的延时服务志愿者活动队、小手拉大手特色品牌活动、铸牢中华民族共同体意识主题讲坛、学农爱农教育活动月、绿色生态环保宣传队等思政一体化教育平台和载体。

学校简介 >>>

　　内蒙古农业大学附属中学的前身为创建于1960年的内蒙古农业大学子弟小学。学校在六十余年的办学实践中形成了"乐学会学、健康发展"的办学思想，坚持"自主创新，内涵发展，追求卓越"的办学方针，实践"立德树人、以德为先、全面发展、能力为重"的育人理念和"自主学习、自我管理"的教育教学总模式，积极探索构建贯彻落实"五育"并举要求的动商、情商和智商"三商"协调发展的育人体系，努力创建人人全面发展、人人皆可成才、人人皆能成才，充溢着爱和生命激情的平安文明校园、洁净魅力校园、运动健康校园和智慧数字校园。

教育信息化建设的内核是什么

——对话浙江省吴兴高级中学校长俞根强

◎俞根强

高级教师，浙江省吴兴高级中学校长。湖州市物理学会副会长，浙派名校长培养人选，湖州市教育和管理领军人才培养人选，湖州师范学院物理专业实践导师。一直奋斗在高中教育教学一线，注重新教材、新课改、新高考的研究，工作中坚持"学生的发展高于一切"，努力推进"以人为本"的美好教育。

【编者按】

创建于 2001 年 8 月的浙江省吴兴高级中学，在"以人为本，促进成长"的办学理念和"天生我材必有用"的校训引领下，成为浙江省一级重点中学、浙江省一级普通高中特色示范学校、浙江省现代化学校。面对教育信息化，学校积极探索精准教学模式，进行教育信息化实践，充分引进先进信息化教学设备帮助提升教育教学质量，以助力教师教学管理与学生学习成长。

俞根强认为，信息化基础建设不等于教育质量的必然提高，信息化设施建设也不等于教育信息化。把提高信息素养纳入教育目标，培养适应信息社会的人才；把信息技术手段有效应用于教学与科研，注重教育信息资源的开发和利用；支撑教育治理体系和治理能力的现代化，实现教育系统的结构重组、程序再造和文化重构，形成适应信息时代创新型人才培养需求的教育新生态，才是教育信息化的内核。

智慧课堂新探索 ///

任萍萍：作为浙江省首批精准教学实验项目学校，吴兴高级中学积极建设基于人工智能、大数据等新一代信息技术的智慧课堂，探索出了哪些特色教学模式？

俞根强：作为浙江省首批精准教学实验项目学校，我们致力于精准教学的实践与研究，一是把提高信息素养纳入教育目标，培养适应信息社会的人才；二是把信息技术手段有效应用于课堂教学、教学管理与教育科研，注重教育信息资源的开发和利用。

近年来，学校加大投入，逐年完善各项校园智慧学习空间硬件设施建设。学校建成生涯规划指导中心、人工智能机器人实验室、生命与物质高阶实验室，完善智慧文化中心（校园电视台），全面建成学校信息化管理平台，配备教师用平板电脑200余台、学生用平板电脑2000余台，实现了平板电脑教学全员化。

经过多年的反复实践与研究，我们构建了个性化精准学情诊断模式、精准作业"3×3"模式、精准预习模式等。

个性化精准学情诊断模式：学校通过实践与研究，以科大讯飞的大数据精准教学系统及智慧课堂为载体，提炼了数据积累—数据分析—诊断学情—优化策略的诊断模式，进而促进精准教学的实施。

精准作业"3×3"模式：基于大数据下的个性化诊断，学校全体教师经过反复实践、研究、论证，基本形成了符合我校学情的精准作业"3×3"模式，即由年级作业、班级作业、个人作业构成的横向维度和课前作业、课中作业、课后作业构成的纵向维度，力求作业既和谐统一，又分层个性，聚焦学生的核心素养。

精准预习模式：不同学生认知水平有高有低，知识结构也参差不齐。借助信息技术，教师能够考查学生在预习过程中的思维是否顺畅、学习过程是否清晰，而不仅仅关注学生预习的结果。基于精准预习的内容、检测和反馈几方面，构建了精准预习的实施方案及操作流程，即大数据—预习目标—制作素材—分享推送—学生预习—提交成果—成果评价—精准教学。

我们研究教学模式旨在使教学思路、过程更加清晰、流畅，但我们不提倡将教学固化。教学是一门艺术，艺术的魅力在于在动态中生成，在创新中发展。

智慧化建设进程 //////////////////////////////////////

任萍萍：您认为，高中教育信息化的发展关键是什么？纵观吴兴高级中学智慧教育发展历程，您有哪些经验与模式可以分享？

俞根强：经过多年的实践，关于高中教育信息化的发展，我与大家分享几个观点。

主管部门支持是基础。党和国家领导人都非常重视教育信息化，信息化教育在高中得以真正实施必须依靠党的领导和上级主管部门的大力支持，否则，无论是硬件还是软件，都会变成一纸空文、一个美好的愿景。

科学规划与顶层设计。教育信息化作为教育规划和教育事业发展的有机组成部分，发展理念和规划应融合在整个教育的发展理念和规划中。随着时代的发展，教育信息化的作用和地位日渐凸显，制定专门规划成为必然，科学和精准的规划在推进教育信息化进程方面发挥着越来越重要的作用。

理论研究与实践齐飞。中国基础教育借助信息技术不断探索教育教学规律和学生成长规律，并取得了丰硕成果。我们作为教育信息化的践行者，重点是充分利用这些研究成果，紧密结合新兴技术，深化应用，不断创新教与学方式，使信息化支持的教和学逐渐成为常态。

硬件与"软件"并行。硬件建设是躯体，软件建设是灵魂。教育信息化建设关键在于"应用"，再好的应用系统、再优质的教育资源，如果不应用于教育教学中也毫无价值。一方面，加强教育信息化建设，让教师、学生有更多应用可以用；另一方面，加强对教师信息化素养的培养、教师队伍的建设，只有这样才能促进教育信息化的发展。

信息化教学优势突出 //////////////////////////////////

任萍萍：对比传统教学，您认为信息化教学具有哪些特色与优势？

俞根强：信息技术与高中教育的深度融合，在我校已经成为教学常态，我认为信息化教学的优势主要体现在以下几方面。

有利于育人环境的创设。利用现代教育技术构建的课堂教学环境，信息来源丰富多元，教师和课本不再是唯一的信息源，多种媒体的运用不仅能够扩大知识信息的数量，还可以充分调动学生的多种感官，为学生提供良好的学习情境。

有利于提高学生的主动性、积极性。现代教育技术手段的加入，尤其是计算机和网络等信息技术的加入，使教师的主要作用不再是只提供信息，而是培养学生自身获取知识的能力，指导学生的学习探索活动，让学生主动思考、主动探索、主动发现，从而形成一种新的教学活动的稳定结构形式。

有利于个别化教学、因材施教。计算机的交互性使学生个别化学习成为可能，信息技术可以完整呈现学习的内容与过程，学生可自主选择学习内容的难易、进度，并随时与教师、同学进行交互，有利于因材施教，实现个性发展。

有利于互助互动、合作学习。信息技术的特性有利于培养合作精神并实现促进高阶认知能力发展的合作式学习。在信息技术的帮助下，学生通过互相协同、互相竞争或角色扮演等多种不同形式参加学习，这对问题的深化理解和知识的掌握运用很有好处，而且对认知能力的发展、合作精神的培养和良好人际关系的形成也有明显的促进作用。

有利于创新能力的培养与发展。信息技术的超文本特性，为培养学生的信息获取、信息分析与信息加工能力营造了理想的环境。互联网资源丰富，特别适于学生进行"自主发现、自主探索"式的学习，为学生发散性思维、创造性思维发展和创新能力的孕育提供了肥沃的土壤。

信息技术赋能"三新"//

任萍萍：您如何理解"三新"？在您看来，信息技术为学校实施"三新"带来了哪些助力？

俞根强：新课程、新教材、新高考改革是新世纪中国教育改革与发展的主旋律，与之紧密相连的评价改革也前所未有，高中课改因直面高考而备受关注，机遇与困难并存。为了人的发展，还是为了纯粹的升学，高中教育必须做出抉择，信息技术助力"三新"、为"三新"赋能是我们教育人的共识。

运用现代信息技术，有利于推动新课程改革。信息技术的发展对高中教育的价值、目标、内容以及教学方式产生了很大的影响。高中课程的设计与实施应根据实际情况合理地运用现代信息技术，既要充分考虑信息技术对课程学习内容和方式的影响，也要注意信息技术与课程内容的整合，注重实效。

随着信息时代的到来，信息技术与教学的深度融合是学科教学的一场深入革命。这场革命是在现代教育理论指导下，在学科课程教育教学设计与实施过程中，利用现代信息技术，运用先进的教育理念、方式与方法，解决传统教学中很难，甚至无法提出或无法解决的问题，以达到更高、更新、更好的教育教学效果，从而推进教育教学的深层次改革。

教育信息化要深化应用研究 /////////////////////////////////////

任萍萍：针对教育信息化、教育数字化，您还有哪些思考与感悟想要分享?

俞根强：首先，教育信息化建设要成立专业化的团队。老中青教师"优势互补"组建信息化教学团队，充分发挥不同年龄段教师的优势，共同研究热点难点问题，通过信息化这个"点"带动各学科的"面"，跨学科制订核心课程和特色信息化教学设计方案。同时，学校在经费上给予保障，让教师有精力、有激情完成信息化教学工作。

其次，教育信息化建设要融合创新，深化应用研究。教育信息化的核心内容是教学信息化，落脚点在师生信息技术应用水平的提升，以应用促进技术与教学深度融合。将信息技术逐步融入日常教学活动当中，加大实践和培训力度，做好常规的全员培训，重视特色培训，普及推广最前沿的教学理念与技术，培养创新人才，将信息化有机融入学校多维发展建设等教育活动之中，为师生提供实践创新的学习和展示个性的平台，享受信息化带来的教育变革。

学校简介 >>>

浙江省吴兴高级中学系湖州市直属高中、浙江省一级重点中学、浙江省一级普通高中特色示范学校、浙江省现代化学校。学校践行"以人为本，促进成长"的办学理念，获全国红十字模范单位、首批全国急救教育试点学校、全国青少年校园足球特色学校、省教科研先进集体、省首批精准教学实验项目学校等荣誉称号。

构建智慧共享共赢生态，
"五育"并举创新人才培养

——对话福建省泉州第五中学校长张海峰

◎张海峰

　　高级教师，福建省泉州第五中学校长，福建省优秀教师，泉州市第十六届人大代表。

【编者按】

　　福建省泉州第五中学（以下简称"泉州五中"）一直以来贯彻"以人为本，追求卓越"的办学理念，致力于加快教育信息化建设与深入应用，促进学校管理和教学方式的变革，坚持"五育"并举，不断完善人才培养体系，努力办好人民满意的教育。

　　泉州五中基于"三个课堂"构建整校推进的混合学习模式的探索实践，充分发挥示范引领作用，辐射多地学校，构建智慧教育的共享共赢生态，是《教育信息化 2.0 行动计划》的实践者、推动者、参与者和创新者。

　　张海峰认为，校长必须是学校里紧跟时代变化的第一人，要站在时代与技术的风口浪尖，当好主心骨、立好方向标，要跟上教育信息化的脚步，审视教育信息化的方式方法和路径走向。

人工智能助力加快现代化教育公共服务体系建设 //////////////////

　　任萍萍：您认为人工智能、大数据等新技术给基础教育带来了哪些影响？

张海峰：春秋时期，孔子提出"因材施教"的观点，集中反映了对受教育个体的关注。这是一项教育方法，更是一项被普遍认可的教育原则。在基础教育中"因材施教"，不仅考验教师的经验能力、师德师风、时间精力，而且对于教育治理的架构也是一项巨大的挑战。人工智能、大数据技术的出现，从某种程度上而言，为基础教育的教学模式和管理架构带来了新的可能性。

从指导性而言，人工智能和大数据技术促进了教育决策的科学化和资源配置的精准化，加快形成现代化的教育公共服务体系，为现代教育治理提供决策辅助。

从教学的个性化而言，基于人工智能和大数据收集的过程性教学数据，经过系统分析之后，可以为教师提供更完整、更科学的精准教学指导方案；为学生提供具有针对性的学习方案，提升学习兴趣，培养自主学习习惯。

当然，新技术融入传统教育的过程中，也不免出现其他问题。技术带来的巨大便捷性，可能会弱化校园管理者和教师思考、分析的能力；面对丰富而优质的教学资源，教师（尤其是边远、贫困地区的教师）对于教学钻研的积极性也有可能下降。所以面对新技术我们还需要有更多思考和探索，如何合理发挥其价值的研究之路可谓任重道远。

"滚动式"课堂改革推进，一校多区"一体化"管理 ///////////////

任萍萍：在将泉州五中建设为福建省教育信息化示范学校的路上，您认为校长扮演着什么样的角色？学校是围绕哪些方面来建设的？

张海峰：我认为，人在一个集体、社会上扮演的角色是随着环境的改变而时刻变化的。作为全面负责学校系统工作的人，学校的发展、教师队伍的培养、学校品牌的创建，都跟校长息息相关，所以校长必须是学校里紧跟时代变化的第一人。

随着教育信息化2.0时代的到来，传统的校园管理模式和教学方式受到新技术的冲击。2020年，疫情防控给教育形式带来深刻影响，借由信息技术进行线上＋线下融合教学的方式开始在全国各地普遍发展。作为校长，站在时代与技术的风口浪尖，我觉得必须当好主心骨、立好方向标，要跟上教育信息化的脚步，同时也要审视教育信息化的方式方法和路径走向。

在这方面，我们紧跟国家教育改革的战略，与时俱进，动态化更新教育思想，滚动式推动校园管理改革和课堂教学改革。通过完善一校多区教育管理一体化平台，实现上下协同联动、跨校区、跨部门、跨层次的业务无缝衔接，联合审批办理，全面支撑一校多区教育教学、管理服务等环节，推动学校教育治理水平的整体升级。

通过优化教育信息化基础环境，部署智慧教育系统，打造高品质课堂，着力构建教学相长的师生关系。我们以举办省市公开教学周为抓手，滚动式推动课堂改革，探索智慧课堂、课程思政多学科融合、自主学习、混合式学习等课堂模式。加强大规模开放网络在线课程（慕课）建设力度，开发建设泉州五中慕课学习平台，培养学生自主学习的习惯与能力。积极探索"互联网+"背景下教学模式变革，注重启发式、互动式、探究式教学，整校推进信息化2.0提升工程。接下来，我们要聚焦"双新"实施，推进"五育"并举，结合信息技术深化课程改革，更好地发挥区域示范辐射作用。

构建"三个课堂"探索混合学习模式 ////////////////////////////

任萍萍：泉州五中在构建"三个课堂"等信息化学习模式上拥有独到经验，可不可以和我们分享一下？

张海峰：从2014年开始，我校致力于构建基于"三个课堂"的学习模式，不断丰富线上学习资源，加快开发线下教辅丛书，形成两种资源融合，开启混合学习模式，通过帮扶、交流等方式促使区域、城乡、校际差距有效弥合。

在建设初期，我校出台《泉州第五中学应用"三个课堂"构建混合学习模式的实施方案》，从建设重点、硬件建设、管理团队建设、奖惩机制等方面保障"三个课堂"顺利推进，使教学教研活动有章可循。同时，我校分阶段投入专项资金用于教育信息化设施资源的优化，包括基础网络建设和慕课、校园网、智慧课堂等不同平台的软硬件完善，并搭建了微课和慕课两大资源模块。教师基于以上信息化教学资源和翻转课堂理论，开展混合学习的实践探索。后来我们又引入了第三方的智慧课堂系统、大数据精准教学系统和个性化学习系统，打开了"精准教"与"个性学"的新型教学模式大门，形成了学情精准分析—讲评精准分层—学生个性化反馈辅导的教学模式，在落实"双减"政策，实现教学提质、减负、增效上进行了有效探索。在具体教学过程中，教师可以根据大数据反馈的信息，将不同层次的学生进行分组，先组织学生在组内互动、讨论，教师在必要时给予指导；对于学生普遍存在的经讨论也不能有效解决的疑惑，教师适时地进行讲解；对于一些重难点，可结合历年考试真题的变化趋势，做好总结与归纳；对于个性问题，借助个性化学习系统为知识掌握程度不同的同学推送不同量、不同难易程度的变式题，进一步提高不同层级学生的思维水平，实现"因材施教"。

在开展线上线下的混合学习模式实践中，我校探索解决学习资源优化、混合学习模式建构、个性化学习、教师信息素养提升以及校际合作和均衡发展等问题，成效显著。

科创育人，促进核心素养培育 ///////////////////////////////

任萍萍：泉州五中注重科技创新，学生多次在国家级、省级科创大赛获奖，学校是如何利用信息技术辅助实现素质教育的呢？

张海峰：科技创新是国家发展的战略要求，也是学校教育的重要课题。我校科创教育紧紧围绕学生发展核心素养的要求，通过科创与学校的互动互融，将创新能力培养向前延伸，着力培养学生的科学思维、创新精神和实践能力。制订了《泉州第五中学"五优一全"育人模式转型方案》，明确以培养"全面发展且个性彰显的每一个具体的学生"为目标。基于素质教育的实现，学校推行"领袖计划"，倡导"活动育师生"，将德智体美劳融入课程及各类活动中，构建多样化的"教师引领＋学生社团＋校本课程＋研究性学习＋校园节日"的俱乐部活动课程。

我校设立科创中心，依托校本课程的开设，推进课内与课外、校内与校外、学校与家庭的资源整合。先后开设 Arduino 创意设计与编程、LEGO 机器人搭建与编程、3D 建模与 3D 打印、平面设计与激光雕刻、树莓派与 Python、智能家居的应用、mBot 机器人设计与编程等人工智能相关课程，积极探索"互联网＋"背景下教学模式变革。同时，着力培养一批理念先进、业务精湛、成果显著的人工智能教育名师，以点带面，逐步开展人工智能教育，全面提升学生的创新意识和创造能力。开放实验室，探索并落实全面开展验证性实验和探究性实验教学，进一步推进课堂教学改革，创新教学方式，培养学生具有正确价值观念、必备品格和关键能力。引导学生利用课外时间在实验室里进行小制作、小发明、小创造，激发学生的好奇心、想象力和求知欲。探索理科类社团参与实验室的管理，既可充分发挥实验室的功能价值，又能凝聚志趣相投的学生形成团队，提升自主管理、合作探究等能力。

坚守教育初心，发挥示范引领作用 ////////////////////////////

任萍萍：作为福建省十大名校之一，泉州五中是如何发挥典型示范作用与社会担当的？

张海峰：所谓"能力越大，责任越大"。泉州五中能有今天的发展，离不开每一位师生的努力，离不开上级教育单位和社会各界给予的支持和帮助。在坚守"为党育人，为国育才"初心使命的同时，我校也非常关注"我们应具备怎样的社会担当"这一问题。近年来，我校充分发挥优质教育资源的示范引领辐射作用，积极响应泉州市教育局"5G+专递课堂"行动方案，以"中心校带教学点""一校带多点、一校带多校"的教学和教研组织模式，实现"三个课堂"促进区域教育均衡发展。与福建晋江、永春、泉港、安溪、石狮、龙岩等地和四川、西藏等地多所学校建立对口帮扶关系，让我校优质、连续、实用的高质量线上课程资源走进帮扶学校师生的视野，进一步发挥我校优质教育资源的示范引领辐射作用，推动优质教育资源跨区域共享，构建共享共赢的"三个课堂"应用生态。

2016年，我校获福建省普通高中课程改革示范校荣誉称号。2017年，我校举办刘殊芳校长办学理念研讨活动，来自全国各地的260名专家、校长观摩我校的教育教学改革创新做法。活动中，我校对云课堂混合学习模式和促进学生自主发展、全面发展的典型经验进行了分享。2019年11月，全国品牌高中教学大会暨教师发展名校长高峰论坛在我校成功举办，我校向全国各地同行分享新高考应对策略和教育信息化成果，获得广泛好评，《人民日报》《泉州晚报》、泉州电视台等多家权威媒体报道我校教育信息化等方面的办学成果，为我省数字校园建设竖起一面旗帜。

学校简介 >>>

福建省泉州第五中学创建于 1902 年，系八闽大地最早创建的公办学校之一。解放初学校即被确定为福建省首批重点中学，1994 年成为全省首批通过的第四所一级达标中学。近年来，学校先后被评为福建省普通高中多样化发展改革试点实验学校、福建省教育信息化示范学校、福建省普通高中课程改革基地校、福建省首批示范性普通高中建设学校、全国文明学校等。办学 120 余年，培养出 4 万多名毕业生，杰出校友有中国科学院院士庄长恭、吴新涛、郭光灿及中国工程院院士李龙土、李幼平等。

深化人工智能应用　落实教育减负增效

——对话长沙师范学院附属小学校长张华

◎张华

长沙师范学院附属小学总校长、长沙师范学院附属小学校长、长沙师范学院附属天健小学校长、长沙师范学院继续教育学院副院长。全国五一巾帼标兵、省芙蓉百岗明星、湖南省优秀教师、省新时代名校长培养对象、省未来教育家培养对象、省教师培训师培养对象，在教育领域有着深厚的理论功底和丰富的教学及管理经验。

【编者按】

在教育信息化2.0的时代背景下，长沙师范学院附属小学以构建生态型智慧校园为目标，开展了关于智慧学习、智慧管理、智慧生活等方面的探索，迅速成长为湖南省教育信息化常态化实践的优秀学校。2018年、2021年作为湖南省教育信息化先进代表，在教育部全国基础教育信息化成果展示交流会上展示交流。先后获评教育部全国基础教育信息化典型案例学校、全国人工智能教育实验学校、湖南省教育信息化创新试点学校、长沙市未来学校创建校。

长沙师范学院附属小学是无产阶级革命家、教育家、新中国教育事业的奠基人徐特立于1912年创建并担任校长的学校。作为新时代这所学校的校长，张华传承徐特立老校长大爱、求真、创新的精神，用润育的方式培养国家和民族的栋梁之材。"我们培养的是面向未来的孩子，需要具备面向未来的能力，从现在就需打好基础。"张华这样说到。这和徐特立所说的"台阶是一层一层筑起的，当下的现实是未来理想的基础"有异曲同工之妙。

与时俱进，把最好的事物带给学生 /////////////////////////////

任萍萍：为什么要在学校里发展智慧教育？

张华：荀子在《劝学》中说："假舆马者，非利足也，而致千里；假舟楫者，非能水也，而绝江河。君子生非异也，善假于物也。"他们都不是生性禀赋有太大的差别，而是善于利用物而已。这是我在作教育信息化方面的讲座时特别喜欢分享的一句话。无论是作为教师，还是作为校长，我都竭尽所能把最好的事物带给学生们。所以一直以来，我都在思考：身处在互联网乃至人工智能时代的我们，该怎样带着学生们"善假于物"呢？

接触到智慧教育其实是机缘巧合。2017 年年初，学校派骨干教师到深圳参加活动，他们带回了关于 VR 教学设备、智慧课堂系统的宣传资料，如虚拟情境中的学习、基于精准数据的学习。信息技术竟然以如此便捷、精准的方式解决了很多困扰师生的问题，为教育教学减负增效。如果能让我们学校的学生们用上该有多好！心动不如行动，主动联系、现场体验、试点应用、全面推进，长沙师范学院附属小学在教育信息化之路上迅速成长。

智慧推进，踏踏实实前行 ///////////////////////////////////

任萍萍：长沙师范学院附属小学在教育信息化建设之初，是如何取得各方的认可和理解的？

张华：学校在从试点到全面推进智慧课堂的过程中面临了巨大的压力，我时刻提醒自己：任何新事物在推进之初很大程度上会面临质疑与抵触，只要方向正确，那就要坚定执着。

教育信息化工作的推进要有想法、有思路、有智慧，当时我将工作的重点放在了家长与教师两方面。

对于家长，主要是观念的转变。我们充分发挥线上、线下家长会的作用，与家长沟通对于时代、社会发展的观察与判断。通过《互联网时代的认知与学习》等专题讲座的学习与各种方式的研讨，引导家长认识互联网时代发展的趋势、智慧课堂的特点与优势、学校的推进思路与工作流程。"孩子们是信息时代的原住民，信息技术的方式是他们未来的生存方式，因此必须具备信息技术的能力。"家长对学校智慧课堂的全面推进予以了理解和支持。

对于教师，观念的改变与信息化素养的提升都至关重要。一是加强宣传、培训、研讨，消除畏难情绪，把设备与技术充分运用起来。二是加强过程管理，不断发现问题、解决问题，循序渐进，引导全体教师从会用，到用好、用活。三是多搭平台，充分展示，让教师在活动中收获与成长，从而找到更多的自信，赢得更好的机遇与平台。

循序渐进，建设"未来学校" //////////////////////////////////

任萍萍：长沙师范学院附属小学目前是从哪几方面建设智慧校园的？

张华：目前，我校致力于融媒体视域下的"未来学校"创建，从点到面，融合创新，利用信息技术让有限的物理空间和无限的虚拟空间实现了比较完美的结合。积极开展信息技术常态化应用，合作创建的长沙师范学院附属创远小学、长沙师范学院附属春建小学、长沙师范学院附属天健小学建立智慧课堂新型教学模式，解锁在线教学新路径，用网络联校强化辐射引领，奏响了学校教育信息化新篇章，通过智慧教育，引领学校高品质发展。

第一，利用智慧课堂提效率。学校的中心工作是教育教学，应该说我校智慧教育最大的亮点与特色便是全员、全学科、常态化实践智慧课堂。智慧课堂全面变革课堂教学的形式和内容，积极构建信息技术时代的信息化课堂教学模式，有利于实现教学决策、评价反馈、交流互动、资源推送等方面的数据化、智能化、即时化、立体化。我校所有班级均已部署超脑环境，师生均配备平板电脑，充分发挥技术优势，为学生提供泛在化学习条件，帮助学生实现个性化学习，提高学生自主学习效率。信息技术让教与学越来越精准高效，形成现代教育技术与小学教育教学深度融合新形态。

第二，利用在线教育聚优势。停课不停学期间，我们通过智慧课堂教师端组织学生们预习、发布和批改作业、推送课后小结或拓展微课，而学生们则通过学生端提交作业，虽然没有见面，但智慧课堂让我们实现了课前、课中、课后的精准教学。

此外，我校还精心组织了系列线上活动：经省体育局审批的长沙师范学院附属小学总校及对口帮扶学校的云上运动会、抗击疫情绘画（书法）大赛、居家小能手，等等。所有任务发布、作品提交、评价全部在线上完成，积累了充分的线上教育经验。在此基础上形成的线上教学典型案例《"五育"并举，"宅"家战"疫"》，经省教育厅遴选上报教育部。

第三，利用网络联校促均衡。为共享优质教育资源，助力教育质量提升，进一步推进教育均衡优质发展，我校通过"1+N"网络联校项目，与吐鲁番市第六小学、龙山县内溪学校、龙山县白岩书院小学、溆浦县葛竹坪镇中心小学、统溪河镇学校等多所学校结对帮扶。学校以特色课程分享、名师课堂共研等为重点，线上线下同步，定期常态化开课，充分发挥名师和骨干教师引领示范的辐射作用，不断提升帮扶校师生教育信息素养和学校教育信息化建设水平，促进城乡教育均衡发展，初步形成与帮扶校之间理念共享、资源共用、优势互补、合作共进的良好局面。我校还为即将走向实习、见习岗位的师范院校学生输送优质课堂，让更多未来教师和联校学生在云端欢聚。

积极探索，形成"1324"模式 ////////////////////////////////

任萍萍：据了解，长沙师范学院附属小学目前已形成了基于本校学情的"1324"教育教学模式，能否请您具体介绍一下这个模式？

张华：通过五年多深入研究与实践探索，我校在畅言智慧课堂的基础上构建了基于现代教育技术与小学教育教学深度融合的"一平台三同步两主体四融合"新模式（简称"1324"模式）。

"一平台"指基于畅言智慧课堂平台搭建的一个前端入口统一、后台数据交互的"融平台"，将各类学校教育教学过程中需要的应用平台、各类自主开发的教学资源、随机调取的互联网资源以及应用过程中生成的海量数据都集中到融平台上，实现数字化资源的集中管理和高效共享。

"三同步"指依托"融平台"打破学校、家庭、社会的壁垒，打造学校之间、家校之间、校社之间协同育人新环境。

"两主体"指充分发挥教师和学生主体地位，构建基于精准大数据的因材施教和个性化学习的教育教学新形态。

"四融合"指基于动态教情学情数据分析，全员、全学科、常态化开展智慧教育，实现课堂内外"教学决策数据化、评价反馈即时化、交流互动立体化、资源推送智能化"，激发师生兴趣，提高教育教学效率，减轻师生教与学的负担，全面提升师生核心素养，形成现代教育技术与小学教育教学深度融合新形态。

传承大爱，润育英才 //

任萍萍：您怎么理解一所学校校长的职责，校长最重要的品质是什么？

张华：我心中履职尽责的好校长可以用三句话概括：坚定理想信念，率先垂范，做爱岗敬业的表率者；坚持规范办学，改革创新，做科学治校的践行者；坚信教育无界，示范引领，做教育均衡的推进者。没有爱就没有教育。我觉得校长最重要的品质是有情怀、有大爱。

学校简介 >>>

长沙师范学院附属小学系湖南省教育厅直属小学，由无产阶级革命家、教育家、新中国教育事业的奠基人徐特立于1912年创建并担任校长。学校紧扣徐特立老校长的教育思想，传承大爱、求真、创新的精神，面向全体学生办学，遵循生命发展规律，用"润育"的方式培养品德高尚、身心健康、个性飞扬、诗书传家的国家、民族所需要的栋梁之材。1960年被评为全国教育先进单位，校长出席全国文教群英会，得到周恩来总理的亲切接见。目前，学校不仅在教育信息化方面走在前列，而且是教育部中法百校交流计划项目学校、教育部全国规范汉字书写教育特色学校、全国足球特色学校、省文明标兵校园、省语言文字规范化示范校、省首批语言文字推广基地、京湘教育合作项目学校、省教育厅国培基地校、省课改样板校、省"大国长技"项目试点学校、省中小学课程教学资源建设学校等。

以人发展为本　激发生命核能

——对话哈尔滨德强高中副校长张金玲

◎张金玲

　　高级教师，哈尔滨德强高中教学副校长。2017年担任德强高中教学副校长以来，深入研究精准教学，在进阶式集体备课、利用数据进行五层成绩分析等教学管理策略方面成绩显著。获哈尔滨市"三育人"、市三八红旗手、区"四有"好校长等荣誉称号。

【编者按】

　　创建于1996年的哈尔滨德强学校，是哈尔滨首批获得办学资格的民办学校之一。自建校以来，学校多次受到国家、省、市级表彰，获得全国"民办百强"学校、哈尔滨市示范性高中等荣誉称号。科技赋能的教育大背景下，作为德强学校的高中部，哈尔滨德强高中认真贯彻落实国家教育发展方针，将信息技术手段与日常教学深度融合，积极探索传统教学方法之外的教育方式。

　　张金玲认为，未来教育教学一定是建立在信息化基础之上的。在新高考政策背景下，德强高中利用信息化技术，注重加强学生全面发展指导，将生涯规划教育纳入高中三年的全程，结合实际教学安排，系统有序设置生涯教育的内容。

牢固校风　强化教风 //

任萍萍：在您眼中德强高中是一所什么样的学校？有什么特质和办学理念？

张金玲：我校创建于 1996 年，是哈尔滨市首批获得办学资格的民办学校之一。我校具有优良的办学传统和厚重的学校文化，建校以来，多次受到国家、省、市级表彰，获得全国"民办百强"学校、哈尔滨市示范性高中等荣誉称号，同时还是清华大学、北京大学、北京航空航天大学、西安交通大学等全国知名高校的优质生源基地。

哈尔滨德强高中认真贯彻落实国家教育发展方针，秉承"修德、励学、强身、致远"的校训，坚持"以人发展为本，激发生命核能"的办学理念，牢固树立"团结、诚信、求真、力行"的校风，强化"严教、善导、立己、达人"的教风，紧紧围绕教育教学这一中心工作，通过建立健全管理制度、搞活内部分配评价机制、开展各种教育科研活动，不断改善办学条件，牢固树立安全意识，教育事业取得了长足发展，近年来，在教科研成果及高考成绩方面都有所突破。

进阶式集体备课制度 //

任萍萍：德强高中的教学质量一直走在全市前列，您有什么经验可以分享吗？

张金玲：德强高中打造"名师引领、智慧共享"的进阶式集体备课制度。目的是摒弃恶意竞争，追求合作共赢，通过集体备课、教师分工合作，为教师提供同层次统一、不同层次进阶的教学资源（包括课件、习题、考试题等），从而为教师减负。通过进阶式备课，为不同层次的班级提供进阶的教学资源，从而实现精准教学，为学生减负。

以技术为支撑　建立学生全面数据库 ////////////////////////////

任萍萍：新冠病毒感染疫情在一定程度上倒逼学校向信息化转型。围绕此方面学校有过哪些布局？发生了哪些变化？

张金玲：新冠病毒感染疫情对全球教育教学产生了巨大的影响，特别是对高中阶段的课程体系和教学方式提出了挑战。"停课不停学"的在线教育尝试，推动了高中教育信息化技术的加速应用，无论教师还是学生，都更注重探索传统教学方法之外的教育方式，更注重利用网络的资源支持教与学，更注重多种途径的沟通，努力对特殊情况下的新需求做出回应。德强高中也是一样，将信息技术手段融入线上教学，使用智学网进行线上考试，对考试数据进行科学分析，这些都是我们向信息化转型的做法。

德强高中以智学网提供的技术为支撑，为学生建立生涯心理测评和考试测评体系等全面的数据库。通过测试及作业为学生积累知识的数据库，及时为学生提供正确指导，有利于教师精准教学。

每次测试，德强高中均使用五层成绩分析法，分别是针对学生个人的错题分析和得分情况分析，以及为学生推送精准的练习题；针对班级的单科成绩分析，为教师试卷讲评提供精准数据和相似习题；针对班级的全体学生成绩分析，为班主任管理班级提供精准数据；针对教研组的成绩分析，为集体备课提供精准数据；针对学年的整体成绩分析，为学年管理提供有力支持。

信息化技术促进学生发展更全面 ///////////////////////////

任萍萍：2023 年是黑龙江实施新高考的第三年，新高考给学校带来了哪些变化？为了适应这一改革，学校方面又做了哪些调整和布局？

张金玲：新高考给学校带来的变化有目共睹：一是学生发展更全面，文科思维与理科思维碰撞融合，有助于提升综合素质；二是成长路径更多元，选科组合强调个人兴趣特长，志愿填报也由学校导向转为专业导向；三是未来志向更明确，学生选定选考科目的同时也基本确定了报考专业范围，学习动力被有效激发。

为了适应高考改革，我校做了很多工作。第一，注重加强学生发展指导的全面性，将生涯规划教育纳入高中三年的全程。我校结合实际教学安排，系统有序地设置生涯教育的内容，形成了高一"认识自我，规划三年"、高二"学习体验，职业规划"、高三"总结收获，未来展望"的生涯教育安排。第二，有序推进选课走班制度。制订选课走班指南，规范学生选课流程与调换机制，向学生做好宣传动员，利用信息化数据，在调研学生选课意愿的基础上，引导学生较为充分地了解高考政策与高校专业，在结合自身兴趣特长的基础上科学进行选课走班。在整个选课走班的过程中，信息化技术发挥了巨大的作用。

打造混合学习"新常态" //

任萍萍：信息化建设成为未来教育发展的一个趋势。您心目中未来的教育教学是什么样的？在学校的规划上，您又有什么愿景？

张金玲：我心目中的未来教育教学一定是建立在信息化基础之上的，能够充分发挥现代信息数据的实际意义。无论是学校，还是教师，都要进一步思考教育技术的多样化运用，在提升学生基于信息技术、数字技术的学习、探究与创新能力上做出实质性的探索。变革一支粉笔、一间教室办学校的教育形态，拓展学习空间，打破课堂空间和学段局限，利用网络资源推进开放式混合学习，创新 STEM 实验室、创客空间、项目式学习等，打造混合学习"新常态"，让师生随时可在"学习中心"进行沉浸式学习。这也是德强高中未来教育的愿景。

学校简介 >>>

哈尔滨德强学校创建于 1996 年，是一所开放式、研究型、国际化、现代化的寄宿制完全学校，也是哈尔滨市首批获得办学资格的民办学校之一。建校以来，多次受到国家、省、市级表彰，获得全国"民办百强"学校、哈尔滨市示范性高中等荣誉称号，同时还是清华大学、北京大学、北京航空航天大学、西安交通大学等全国知名高校的优质生源基地。

践行"因材施教"，传承"研究型基因"

——对话四川大学附属中学副校长张谦

◎张谦

　　四川大学附属中学副校长，成都市中小学高级教师专业技术职务评审评委，成都市教育学会综合实践活动专业委员会理事，四川省教育学会高中教育分会副秘书长，四川师范大学研究生校外导师，西华师大研究生校外导师。曾被国家留学基金委公派至英国学习教学专业理论和策略，参与多项关于高中教育教学改革、智慧教育、教育国际化的教育部重点课题、成都市重点课题研究，作为主要研究人员参与的课题获得省政府一等奖。

【编者按】

　　四川大学附属中学（以下简称"川大附中"）拥有近120年的办学历史。作为四川大学的附属学校，川大附中形成了鲜明的"以研究性课程和研究性教师培养研究性学生的'培养—研究型'大学附中"办学特色和理念文化。近年来，学校依托人工智能、大数据技术，实施教育教学变革，取得了显著的办学成果。

　　张谦认为，新时代，用好信息技术将是学校进一步发展的重要支撑。顺应时代召唤，培养时代新人，需要立足课堂，革新教育教学方式。作为四川省三所国家级"双新"示范校之一，川大附中更是责无旁贷，将依托信息技术探索教育改革新路径。

如何在规模化教育之中实施因材施教 ////////////////////////////

任萍萍：有观点认为，因材施教才是真正的教育公平。您如何看待这种观点？川大附中是如何在规模化教育之中实施因材施教的？

张谦：因材施教是孔子很早就提出来的，是一种教育方法的提倡；教育公平是指受教育的机会均等。从某种意义上来讲，只有当教育者眼中见人，看到学生，因材施教才能实现真正的教育公平。

川大附中依托教育信息技术与教育教学的深度融合，通过"五育"并举研究性课程的开发与实施落实因材施教，具体做法就是"学科课程校本化、项目课程个性化"。除开齐、开足、开好学科课程之外，学校每学期都可以为学生提供六十多门学科课程之外的项目课程，包括综合实践活动课程、劳动课程、学科选修课程和校本课程，实现100%学生选课走班，在一定程度上满足学生的个性化学习需求，达成学生全面发展和个性发展的有机结合。学校从原来的只有学科课程发展到现在的五大课程体系全面实施，从关注学科课程中的学生活动体验到关注项目课程中的学生活动体验，课程逐渐向统筹课堂学习与课外实践的、实现"五育"并举的、促进学生在活动的深度体验中学习与发展的、研究性的课程体系发展。师生的教学集体生活现象发生了实质性的改变，从育分转为育人，包括拓展学习视野、投入实践活动、感受意义关联、自觉反思体验、乐于对话分享、认同体验评价六大方面，这样就能确保在学校的教育教学中实现因材施教。

"研究型基因"如何贯穿于教育教学全程 /////////////////////////

任萍萍：川大附中的血液里，始终流淌着大学的研究精神。作为一所研究型的高中，川大附中如何将自身"研究型基因"贯穿于教育教学之中？取得了何种成效？

张谦：作为四川大学的附属中学，学校坚持用课题研究引领学校研究文化，将"研究基因"百年化育，形成了底蕴深厚的大学附属中学研究文化。近年来，我们与时俱进，进一步梳理并凝练了学校文化体系和内涵，培育和践行社会主义核心价值观，全面贯彻党的教育方针，落实立德树人根本任务，发展素质教育。学校不断强化大学附属中学研究文化，在四川大学研究型大学文化的持续浸润下，坚持在研究与改革中工作与学习、在工作与学习中研究与改革，彰显"培养—研究型"大学附属中学的办学特色，培养"全面发展、学会研究"的学生。

学校还坚持以研究性课程和研究性教师培养研究性学生。我们以"培养—研究型"大学附属中学为特色发展目标，严格按照国家要求开齐、开足、开好五类课程，同时强调各类课程均须具备研究性，五大类研究性课程构成了研究性课程体系。

如何应对"三新"///

任萍萍：川大附中是教育部在 2020 年选定的四川省三所"双新"实施国家级示范高中之一，学校在实施过程中有哪些有效尝试？

张谦：面对实施新课程、使用新教材，我们面临许多挑战与困难，如师资、硬件、管理、教研、制度等。从 2018 年起，学校就已经做了积极的准备，我们对照重庆等先行区的同类学校，实施新课程，使用新教材，并将选课走班中需要的，如师资队伍、硬件设施设备、管理机制、校本教研、相应制度等配齐。

教育部《普通高中课程方案（2017 年版 2020 年修订）》在"培养目标"中提出"普通高中课程在义务教育的基础上，进一步提升学生综合素质，着力发展学生核心素养，使学生成为有理想、有本领、有担当的时代新人"。由此，我们可以将新时代普通高中教育的重要特征称之为"素养立意"，这与之前的"知识立意""能力立意"有显著变化。

学校从 2020 年开始坚持不懈地努力，在课程建设、教学改革、考试评价等关键领域积极探索，开发和实施了"五育"并举的研究性课程体系。2022 年 9 月，四川省全面开展高考综合改革，学校继续在开发选修课、推进选课走班、加强学生发展指导、实施综合素质评价、健全学分认定办法和完善办学质量评价等重点环节实现突破，创新综合实践活动和劳动教育方式方法，在研究性课程体系建设、教学改革、素养立意的考试评价、以"双新"实施进一步彰显学校办学特色等方面形成一系列可借鉴、可推广、可复制的有效经验和成果，形成有效的示范辐射机制，引领作用突出，真正成为"双新"实施的国家级示范高中。

任萍萍：您怎么看待新一轮高考改革？面对新高考，川大附中有哪些应对策略？

张谦：新一轮高考改革是一项重要的国家战略，作为示范校，我们必须站在育人方式变革的高度，基于学校"培养—研究型"办学特色，在现有"五育"并举的研究性课程体系上进行优化建构，使"五育"并举的五大研究性新课程体系开发充满活力、学校课程组织管理保障机制更加完善，以核心素养为导向，高质量开好国家规定的各类课程，促进学生全面而有个性的发展。

川大附中基于"培养—研究型"办学特色，以培养"全面发展、长于研究"的学生为育人方式变革的目标，以课程、教学、评价等育人关键环节和重点领域为变革的主要对象，基于核心问题构建了"五育"并举的研究性课程体系，解决了如何走出普通高中特色发展的育人方式变革之路的问题。

如何上好"大思政课"//

任萍萍：在大中小学思政课一体化建设方面，川大附中有过哪些尝试探索，效果如何？

张谦：大中小学思政课具有鲜明的政治属性，共同任务是立德树人，共同目标是培养德智体美劳全面发展的社会主义建设者和接班人。川大附中非常重视思政课的开设，严格按照国家要求开齐、开足思政课。同时，学校抓住重要的时间节点开展思想教育课程和活动，如"一二·九"歌咏比赛、国家安全日课程、"五四"青年节表彰大会等。

川大附中还把国防教育作为学校思政教育的重要抓手，取得了相应成绩，得到了相关部门的充分认可。2015 年，教育部、公安部、解放军总政治部在全国遴选 16 所优质高中办空军青少年航空学校，经过严格考核，学校因深厚的国防教育底蕴成功入选并承办空军航空实验班。空军航空实验班采用军地合作、联合培养、多元保障的培养模式，以将每一位学生培养成为"目标意志的楷模、纪律常规的标杆、成绩提升的榜样、身心和谐的样本、家国情怀的载体"为育人目标。

国防教育促进了学校的整体发展，学校连年获得市教育局教育教学质量表彰奖、办学特色突出学校（国防教育）奖、中国科协和教育部的英才计划优秀奖并在全国进行经验交流，教育部及中国教育科学研究院曾三次在我校举办高质量发展等经验推广活动。

学校简介 >>>

四川大学附属中学创建于 1908 年，为四川大学前身四川省城高等学堂附设中学堂。作为四川大学的附属中学，学校承继四川大学文脉，具有独特的"研究基因"，也由此形成了鲜明的"以研究性课程和研究性教师培养研究性学生的'培养—研究型'大学附中"办学特色和办学理念文化。

教育信息化提档升级
建设创新型学术型新优质高中

——对话安徽省宿城第一中学校长张涛

◎张涛

　　安徽省宿城第一中学党委书记、校长，全国教育系统先进工作者，安徽省首届"教坛新星"，宿州市首届劳动模范，宿州市首届十佳校长。

【编者按】

　　围绕建设创新型学术型新优质高中的目标，安徽省宿城第一中学（以下简称"宿城一中"）努力实践"让学生享有幸福教育的快乐，让老师享受教育成功的幸福，让社会享用优质教育的福祉"。近年来，更是紧随教育信息化的改革浪潮，运用大数据分析和个性化学习技术，建设师生多元发展的平台，搭建师生自主选择、自主发展的舞台，创造自由呼吸的教育。

　　在宿城一中，"元宇宙"不再是神秘晦涩的新概念，变成了学生"创客"们触手可及的科技。近年来，宿城一中积极探索，将"元宇宙"应用于教学实践，先后开展了多门关于"元宇宙"的课程，如机器人开发、3D打印、人工智能与航天科技等。校长张涛认为，"元宇宙"为信息技术与学科融合提供了新的发展方向。

元宇宙为教学信息化提供新方向 ///////////////////////////////

　　任萍萍：为什么会如此重视将"元宇宙"应用于教学？

张涛："元宇宙"构建了一个数字化的世界，能够改变人们的生活方式，进一步提高社会生产效率，在教育领域，它为信息技术与学科融合提供了新的发展方向。近年来，我校积极探索，将"元宇宙"应用于教学实践，先后开设了多门关于"元宇宙"的课程，如机器人开发、3D打印、创客教育、科技创新制作、人工智能与航天科技等，开发了多样的、丰富的教学内容，初步形成了特色化的教学组织形式。

2015年，我校建成宿州市首家标准3D打印机创新实验室，现有多名教师能独立使用3D打印技术进行设计及教学，促进学生设计创造能力和动手能力的提高。

此外，我校还开设了一系列创客教育课程，包括Arduino创意设计、动画设计、算法数据结构等。在创客教育的影响下，学生的思维发生了很大变化，他们更积极地参加全国中小学电脑制作活动、信息学奥林匹克竞赛、青少年科技创新大赛等实践活动，并有近百人次获得国家、省、市级奖励。

这些做法及科技创新制作、人工智能等相关课程的开设，使得我校在特色高中建设方面的特色不断凸显，校本课程体系建设初见成效，课堂教学方式更加灵活，教师专业发展路径更加多样，学生社团活动更加丰富多彩，学校文化建设明显加强，多角度、全方位促进了学生全面而有个性的发展。

宿城一中智慧教育实现器利人和 ///////////////////////////////

任萍萍：2017年，学校被安徽州省教育厅确定为安徽省中小学智慧学校示范校，宿城一中在智慧教育上做出了哪些有效探索？学校教学模式发生了哪些变化？

张涛：智慧教育是在云计算、移动互联、物联网、大数据、人工智能等新兴信息技术迅猛发展的形势下，教育信息化提档升级的必然要求，对于教育高质量发展有着积极的促进作用。2017年，我校被确定为安徽省中小学智慧学校示范校，以此为契机，学校进一步推进教育信息化建设。一方面，加强软硬件，升级改造学校网络环境，建设智慧课堂、特色功能教室等，升级教室多媒体设备，提高智慧教育的基础环境支撑水平；另一方面，也是更重要的，立足师生实际需求，以应用为驱动，促进信息技术与教师教学、学生学习及学校管理和服务的融合。

学校从多方面促进教师的成长、信息化水平的提升以及教学模式的转变。一是加强对教师信息技术应用能力的培训；二是通过举办教师基本功大赛、微课大赛，促进广大教师在信息技术与课程整合方面积极探索，不断提高应用信息技术的水平；三是运用智学网等教育教学平台促进教师精准评价和个性化教学。

目前，我校教师熟练应用信息技术开展教学活动已成为常态，许多教师能够根据不同信息工具的特点制作质量较高的多媒体课件，录制微课并编辑；使用智学网阅卷及大数据采集系统进行成绩分析、评价和教学指导；通过线上线下结合实现高效课堂与高效课外的有机衔接，促进深度学习；利用网络加强家校互动，促进家校共育。

大数据技术完善教学策略 ////////////////////////////////

任萍萍：您如何看待大数据技术在教育中的作用？

张涛：利用大数据跟踪记录每个学生日常的行为轨迹和作业、测验、考试等全过程的数据，并对这些数据进行智能筛选和自动处理，形成学生学业评价体系，可以帮助教师科学、精准掌握每个学生的学习情况，对每个学生的学习进行个性化指导。

不断探索、完善大数据技术在教育中的运用，利用大数据分析结果开展针对性的教学或改进教学方式，能够有效帮助教师因材施教、学生补缺补差、管理者科学分析与决策。大数据技术是完善教学策略、提高教学效果、提升学校教育质量的有效手段。

进一步运用大数据实现个性化教学 ////////////////////////

任萍萍：未来，宿城一中在大数据技术助力个性化教学的实施上有什么规划？

张涛：大数据技术通过对学生各学科测评分析、试卷分析数据的运用，可以对学生学习效果精准分析，找出学生在学习过程中的问题或者知识缺陷，帮助学生提升学习能力。大数据技术还可以帮助教师减少教学中的重复性工作，提高教学的针对性和效率，减轻教学负担，更好地实现因材施教。

但教育是一项十分复杂的工作，学生的成长不仅体现在考试成绩的提高上，学习习惯、学习能力、个性特长、综合素质等都是需要关注的。运用大数据技术可以更加精准、科学地掌握每个学生的学习特点、个性发展方向、综合素质发展情况等，从而为每个学生提供更加具有针对性且较全面的教学内容与教学策略。这是未来提升的重要方向，需要我们在教育教学理念的转变、硬件软件设施的保障以及人员培训等方面不断深入推进。

首先，继续加强对现代教育技术的学习、培训，使全体教师在教育理念上不断与时俱进，进一步提高运用大数据技术实施个性化教学的自觉性、主动性、创造性和系统性。

其次，提高硬件软件设施水平，引入适合学校实际的大数据应用平台，为大数据技术助力个性化教学提供技术保障。

最后，完善相关制度，发挥制度的引领、促进作用。大数据技术助力个性化教学关键在于应用，只有不断实践、不断总结，才能推进运用的深化，实现教育教学效果的持续提升。

学校简介 >>>

安徽省宿城第一中学的前身是创建于 1906 年的正谊中学堂，为皖北地区第一所近代中学，多年来始终在全市处于"领头羊"地位，为安徽省示范高中。学校先后被评为国家级现代教育技术实验学校、全国教育科研先进单位、全国特色学校、安徽省园林式单位、安徽省教育系统先进单位等。

智慧教育赋予学校新时代教育新内涵

——对话宁夏银川一中校长张永宏

◎张永宏

正高级教师、特级教师，宁夏银川一中党委委员、副书记、校长。全国基础教育科研先进个人，全国模范教师，全国优秀中小学班主任，全国杰出中小学中青年教师，教育部基础教育化学教学指导专业委员会委员，中国教育学会化学教学专业委员会理事会理事，教育部首期中小学名师领航工程学员，教育部中小学名师领航工程张永宏名师工作室主持人，享受宁夏回族自治区政府特殊津贴，自治区级骨干教师，宁夏全区师德先进个人，塞上名师。

【编者按】

宁夏银川一中致力于促进全区基础教育均衡发展，为学生的终身发展奠定坚实基础。学校开拓实施混合式教学、小组合作学习的教学模式，与时俱进地推进"互联网＋教育"，积极践行"三全育人"理念，广育英才，蔚为国用，赢得社会各界的高度评价与广泛赞誉。

如今，银川一中"互联网＋教育"使学生的"学"和教师的"教"都在发生革命性的变化，在每一个学生都拥有优质教育资源的同时，也让学习这件事变得更加方便快捷和充满乐趣，让学校充满生机与活力。

"一个都不放弃，一直都不放弃" ////////////////////////////

任萍萍：银川一中秉承"一个都不放弃，一直都不放弃"的教育理念。围绕这一理念，学校进行了哪些创新实践？

张永宏："一个都不放弃"是指平等公正地对待每一个学生，面对学困生，我们要呵护他们的自尊，树立他们的自信，挖掘他们的闪光点，并以此为抓手带动他们全面成长。"一直都不放弃"是基于教育的复杂性和转化后进生的艰巨性，从教育的大爱出发，持之以恒地善待他们、看到他们点滴的进步。银川一中多年来坚持"平行分班"和张弛有度、合理的作息时间就是本着按教育规律办事的原则，让学校教育回归本质。这是面向全体的教育，是成"人"和成"才"的教育，也是大面积提高教育质量的教育。

银川一中在平行分班、小组合作学习、团队合作中的创新与探索，为当前优质高中的发展提供了可行性路径。

平行分班是按照公开、公平的原则，根据高一新生的年龄、性别、成绩、兴趣爱好、个人特长等不同因素，将学生进行均衡搭配，并分到不同的班级。教师则按教学能力、教学水平、教学经验、教龄、性格、兴趣、特长、性别，以及组织、沟通、协调、管理能力等进行合理搭配。平行分班为每一个学生搭建了自主、自尊、自强的发展平台，也有利于教师的专业发展，是办好多样化、特色化普通高中教育的基础。

小组合作学习是平行分班的必然产物，每一个学生都能参与学习的全过程，激发学生全身心地投入有思想、有感情、有创造力的小组学习活动中，使课堂教学富有吸引力，这更是落实核心素养目标的有效途径。

从小组合作学习到团队合作是学校育人方式的重大转变。为了增强学生发展的自主性，银川一中从 2017 年起，开始实施班级结构性团队管理。通过实施班级团队管理、团队间分工合作，学生共同承担班级的公共职责，培养学生的责任意识和参与能力。学生在分工合作的过程中，学会了合作与分享；在解决班级的具体问题的过程中，提高组织协调能力。而班级结构性团队管理制度的推行，也增强了学生的责任意识和自主管理能力。

创新探索"三新"落地实施 ///////////////////////////////

任萍萍：在新高考、新教材、新课标的实施方面，学校进行了哪些创新探索？

张永宏：从 2007 年至今，十余年的持续发展，学校积极探索校本选修、学科竞赛等拓展性课程以及实践性活动课程体系，现已基本建成相对稳定的校本课程体系。

语文学科注重学生语文应用、审美与探究能力的培养，实施了语文实验室计划，让读书成为师生生活的一部分，丰富师生的人格素养；数学学科通过精选练习、强化训练、反馈校正，寻求让学生在较短的时间内获得最佳学习效果的方法；英语学科在优化课堂结构及课堂设计上狠下功夫，初步形成了以情景交际为核心、集各种教学法优点于一体的特色教学模式；体育、艺术学科在合理安排并完成学生基础教学要求的同时，尊重学生的特长和爱好，结合师资情况开展专项选课走班教学；信息技术学科实行分级、分项教学，开设基础班、编程班、多媒体班、机器人工作室、劳技创新班，为学生提供广泛的选择空间。

积极探索推进"互联网 + 教育"应用 ///////////////////////

任萍萍：作为人工智能助推教师队伍建设试点学校和宁夏"互联网 + 教育"试点学校，银川一中探索教育信息化的具体实践有哪些？目前已经取得了哪些成果？

张永宏：学校积极探索推进"互联网 + 教育"应用。2015 年，引入移动网络智能平台；2018 年，被确定为人工智能助推教师队伍建设试点学校和宁夏"互联网 + 教育"试点学校；2019 年，依托宁夏教育云平台搭建智慧学习系统，实现智慧学习常态化。目前，学校已基本形成以互联网为纽带的校园办公、教研活动、智慧学习、学生管理四大核心阵地的智慧校园服务体系，学校的治理方式、教师的教育教学方式和学生的学习方式正发生着前所未有的变化。

打通信息孤岛，构建智慧校园服务体系。学校积极整合已有的智能设备与信息化平台，制订校园信息化接入标准，构建智慧校园服务体系。我们将信息技术融入教育教学工作的各个环节，通过全校所有部门的信息编码，统一采集人、事、物伴随式数据，并汇总至智慧校园服务平台，打破校内信息孤岛和数据壁垒，提高工作效率。智慧校园服务体系通过定向开发，连接教务、行政、资产、人事、安全、财务、一卡通、图书馆等系统数据库，为其提供丰富的数据，实现基础数据的全校共享及统一管理。

构建办公自动化平台，实现精准高效校园管理。智慧校园服务体系已基本覆盖了学校管理的方方面面。例如，在学校事务通知管理中，通过搭建的智慧平台发布相关通知，在方便高效的同时，也使通知内容有据可查、清晰明了；在教师考勤时，可以使用智慧平台的定位签到功能，极大地提高了工作效率；教学管理中的公开课、汇报课等课程申报，行政管理中的文件审签、教职工请假、公务出差报销等工作都由层层审批转变为由一根网线贯穿始终，高效又便捷。

打造智慧教学模式，助推素质教育改革。银川一中经过智慧教学的实践探索，逐步形成了"1366"智慧教学模式。"1"指线上线下相结合的混合式教学理念，"3"指课前、课中、课后的智慧教学三大环节，两个"6"分别指基于人工智能的六类在线辅导和基于人工智能的六个创新素养活动平台。

疏通资源共享渠道，满足学生个性化发展需求。组织学生积极开展学习方法、学习规划、生涯规划、社会实践等活动成果的线上分享活动；组织教师针对高三学生进行复习策略、规范答题策略的录播辅导，针对高二学生进行文理选科录播指导、调适学生心理的录播讲座等；在学习资源方面，学校将优秀的试题、微课、阅读资料、教学课件、教学设计等推送给学生。实践证明，资源共享满足了学生个性化的发展需求，促进了学生的发展。

搭建智慧教研平台，助推教师教研能力提升。学校通过智慧校园服务体系建立各级各类公开课教学资源共享系统，整合课堂实录、教学设计、教学课件、教学反思等教学资源，建设资源库，同时利用评价标准进行智能化分类，助推教师教研能力提升。此外，教师还可以利用在线课堂，积极开展线上教学交流活动，积极推进优质资源均衡化，逐步形成"一点带多点""一校带多校"的新教学模式。充分运用"信息技术＋名师"的优势开展师徒结对活动，手把手教、面对面讲，在名师引领下，逐步形成网络协同式、网络研讨式、网络联盟式三大线上教研交流模式。

"1366"智慧教学模式 ///////////////////////////////////

任萍萍："1366"智慧教学模式具体是如何实践的？您认为智慧课堂是如何助力"课堂教学过程数字化"的？

张永宏：银川一中构建了一套可借鉴、可推广的智慧教学模式，即"1366"智慧教学模式。

"1"指一个理念，即线上线下相结合的混合式教学理念。以前的教学主要以线下为主，课堂就是知识传授的唯一途径，此种教学模式追求同一性，没有关注学生的差异性。学校的智慧教学模式则采用线上收集数据，线下评讲、讨论、总结的方式进行，提高了教育教学的针对性和实效性。

"3"指三大环节，即课前、课中、课后。学校完善智慧学习系统，整合学习资源，利用学习终端、教室触控一体机等教学工具，实现教学辅助、互动教学、个性化辅导、快速批阅、即时分析等一体化智能教学功能，使学生课前导学、课中互动、课后作业三大学习信息得到及时反馈，变革课堂教学模式，延伸教学内容，转变教师角色，提高教学效率，改变学生的学习状态和学习习惯。

第一个"6"指六类在线辅导，即针对学优生的"N对1"在线微辅导、针对全体学生的在线答疑微辅导、针对待优生的周六在线直播辅导、针对寒暑假作业的在线直播辅导、针对高一新生的先修课程在线录播辅导、针对本周知识点的在线轮测辅导。及时解决了学生的学业问题，为学生争取更多个性化发展的时间和空间。

第二个"6"指六项创新基地，即整合现有的创新资源形成智能语文阅览室、虚拟采编演播室、机器人工作室、创客空间工作室、人工智能实验室、虚拟仿真实验室六大创新实验基地，为学生搭建创新素养活动的平台。学生根据自己的兴趣和爱好自主选择创新实验基地。

智慧课堂的搭建，让教学更高效，让课堂更精彩。课前资料的推送和简单学习任务的设置，不仅助力教师掌握学生学情，还能够帮助教师集中力量解决重点问题。课堂中的随机点名、弹幕、小组展示等功能，让课堂活动更丰富，学生参与性更高。课后的线上作业能够帮助教师快速了解学生当天的学习情况，让教学更高效。

"三位一体"的学生评价体系 //////////////////////////////////

任萍萍：在创新评价改革、落实"五育"并举方面，银川一中还进行了哪些创新探索？

张永宏：银川一中采用"三位一体"的学生评价体系，包括学生发展性评价手册、学生成长记录袋、学生综合素质评价。对于学生的评价，不能"一刀切"，教师要当好引导者，等待学生成长为更好的自己。

建立学生发展性评价手册，关注和监测学生学习、收获的每一个环节。《银川一中学生发展性评价手册》全程跟踪学生的学习过程，促进良好学习习惯的养成和思维品质的培养。

建立学生成长记录袋，展示成果，记录成长，增强自信，发展自我，在教师指导下，每一个学生建立自己的成长记录袋，在这个过程中，逐步学会反思，并对自己的进步做出判断。同时，在成长记录袋的交流中，学生将学会欣赏他人，并在自我反思中收获成长。

实行学生综合素质评价，全面鉴定学生在每一个学段的学习和发展状况，促进学生全面发展。我们不要急于给学生下结论，更不要做出"一刀切"的唯一评价，而要看到学生生命绽放的各种潜在可能性，给学生一个鼓励的眼神、一个微笑的肯定、一句热情的赞美，这些积极的信号都将逐步引导学生慢慢成长。多采用增值性的、鼓励性的、积极的评价引导学生，用这些评价促进学生保持对学习的热情、对美好生活的向往和对未来的期许。

学校简介 >>>

宁夏银川一中创建于 1906 年，在宁夏高等院校诞生之前，一直有"宁夏最高学府"的美誉，系宁夏回族自治区教育厅直属学校、宁夏首批一级示范性高中、全国教育系统先进集体。曾获全国中小学心理健康教育特色学校、国家级语言文字规范化示范学校、全国中小学信息技术道德教育示范学校、全国中小学信息技术教学应用展演活动先进单位、世界机器人大会青少年电子信息智能创新大赛全国一等奖等荣誉。

信息化背景下老牌名小学的创新之路

——对话长春市朝阳区明德小学校长张玉英

◎张玉英

正高级教师，长春市朝阳区明德小学校长兼党支部书记。用 36 年的教育之路践行"做有情怀的校长，办有质量的教育"理念，获中国好人、全国骨干校长、全国百佳校长、吉林省政府津贴（突出贡献）专家、吉林省拔尖创新人才、吉林省五一劳动奖章、吉林优秀教育工作者、长春市道德模范、长春市首批教育家型校长培养对象、长春市杰出校长、长春市三八红旗手标兵、长春市首批科研专家等殊荣。

【编者按】

创建于 1962 年的长春市朝阳区明德小学，遵循"着眼这六年，为了今后六十年"的办学理念，历经责任教育、书香教育、智慧教育三个发展阶段。建校六十余载，学校着力培养终身学习和创新能力的新型教师团队，提升学生综合素养。信息化推进过程中，学校从校园环境、教师信息素养、教学模式创新、课程改革等方面全面布局，探索出一条创新之路。

张玉英认为，"做有情怀的校长，就是要用'爱心、热心、真心、善心、诚心'做有力量的教育"，不仅要以坚守教育为目标，更要有培养青年教师和培育社会主义接班人的动力。为此，张玉英带领学校积极探索"互联网＋潜智课堂"下的信息化教学研究，利用信息化转变教学方式，使教师的手段更加多样化，使课堂教学有深

度、有广度。

用"五心"做有情怀的校长 ////////////////////////////////

任萍萍：多年来，您一直强调"做有情怀的校长，办有质量的教育"，那么，您认为什么样的校长才算是有情怀的校长？

张玉英：做有情怀的校长，就是要用"爱心、热心、真心、善心、诚心"做有力量的教育。

第一，要有坚守教育目标的定力。认真贯彻落实党的教育方针政策，立党为公，为党育人，为国育才，这是我们的责任。

第二，要有成为教育大家的动力。优秀校长必须要有成为教育大家的理想，认真研学政策文件，更要随时关注党的教育方针和政策。

第三，要有鼓动教师积极的引力。有教育情怀的校长要善于发挥班子成员的主观能动性，让教师紧跟步伐，这样的学校才有实力。

第四，要有热爱师生的亲和力。学高为师，身正为范，爱其实是教育的全部，唯有办人民满意的教育，让学生、教师、家长满意，才能办好一所学校。

多彩社团助力"五育"并举 ////////////////////////////////

任萍萍：明德小学有着 60 年的办学史，您认为学校有哪些办学优势？又有哪些独特的课程、社团？

张玉英：明德小学致力于提高教师综合素质与专业水平，以建设一支"精业求实、仁爱为师"的教师队伍为目标，以校本研修、多元培训、技能大赛为教师专业化发展的主要途径，以学用结合、讲求实效为原则，坚持分学科、分层次、分专业发展，力求达到教师发展专业化、多元化。在这一过程中，逐步构建合理的培训体系，进一步加大教师继续教育和校本培训的力度，开拓创新，与时俱进，着力培养终身学习和创新能力的新型教师团队。

在特色课程和社团设置上，明德小学坚持以社团为依托，提升学生艺术素养、体育素养和科技素养。

第一，以中国鼓和管乐团为代表的艺术类社团提升学生艺术素养，培养艺术人才。十多年来，明德小学的中国鼓社团已经成为全区乃至全市特色。学校原创编排了许多作品，融合素打、节奏打、诵读打和中国鼓舞蹈等多种元素，不仅让学生们在社团活动中收获知识，还培养了学生们的自信心。明德小学爱之乐百人管乐社团建于 2012 年，由学校三年级至五年级的 200 余名学生组成。管乐训练做到科学合理，形成梯队化建设模式。多年来，管乐社团在省、市、区各级艺术大赛中屡次获得一等奖。

第二，以啦啦操和篮球为代表的体育社团提升学生体育素养，培养运动人才。作为学校的特色体育项目，啦啦操已经成为明德小学一道亮丽的风景线。啦啦操运动培养了学生积极向上、努力拼搏的精神。另外，足球、乒乓球、羽毛球、轮滑、小绳、飞盘、投掷、体能训练等社团，增强了学生的团队意识和集体荣誉感，增强了学生体质，开阔了学生视野。

第三，以机器人为代表的科技社团提升学生科技素养，培养科技人才。叠叠杯、魔方、四驱赛车、遥控飞机、投石机、相扑机器人、4D 搭建小车、无人机、编程等科技社团活动深受学生喜爱。学校科技社团在各级各类的比赛中荣获佳绩，学校被评为吉林省青少年人工智能科普活动特色单位、国家级"'科创筑梦'助力'双减科普'行动"试点单位。

第四，以创意美术和绳画为代表的美术社团提升学生美术素养，培养创新人才。创意美术社团低年段的创意彩泥制作深受学生喜爱，学生的作品分别在市级和区级的美术比赛中获得优异成绩，中年段的创意染纸和高年段的掐丝珐琅画作品也先后在省、市、区获奖。绳画社团是我校自创的特色社团，由来已久。除此之外，学校还举行了线描创意画、油画棒创作、纸工创意等社团活动，学生通过实践学习对美术产生了浓厚的兴趣。

从课前到课后 全面落实"双减"政策 ////////////////////////////

任萍萍：为落实"双减"政策，助力学生全面发展，明德小学都做了哪些实践和探索？

张玉英：第一，以作业管理为切入点，推进"双减"实践。制订特色作业设计"三立三厘"策略。立足对象，厘清作业层次，设计每日作业菜单，让不同层次的学生跨越自己的"最近发展区";立足思维,厘出进阶程序,从复制型学习向深度学习转变,推广项目式学习,形成良好学习场域;立足需求,厘顺多元选择,丰富课后作业形式,开展体育锻炼、劳动实践、科技创新、艺术欣赏等。同时,形成"四类"特色作业:无作业日、可爱作业、微作业、自助餐式作业。

第二,以评价改革为落脚点,发挥"双减"功效。学校形成"学科+特长"的评价模式,尤其在期末评价中,凸显评价的导向与发展功能,让原本严格的学科测试转化为丰富多彩的学科特长展示,让每一个学生都体会成功的快乐。

第三,以课堂提质增效为立足点,达成"双减"目标。学校提出构建以提升各学科学生素养为核心的"1+X"课堂,探索基于学生核心素养培育的有效课堂形态,推进课程改革和教学改进,实施常态课优质化工程。

第四,以提高课后服务为实施点,助力"双减"落地。学校在"5+2"模式的课后服务中,坚持动静结合,共有85个静态社团和71个动态社团。

以课堂为核心　布局信息化 /////////////////////////////////

任萍萍:信息化建设已成为未来教育发展的一个趋势,明德小学在探索数字化条件下的新型教学模式方面,进行了哪些布局和探索?

张玉英:首先,在学校信息化教学环境上,配置200兆网络光纤,实现网络全覆盖。在与长春市朝阳区人民政府、科大讯飞的合作下,我校为200多名教师配备了教学平板电脑,安置"畅言"网络课堂,开发丰富的课程资源和教学工具,大大丰富了全学科课堂教学手段。

其次,学校通过组织和参与多样活动提升教师的信息化应用能力。例如,在刚刚结束的长春市朝阳区教育系统信息技术与教学融合大赛中,我校语文、数学、英语、美术、体育、音乐、科学等学科21名教师参赛并全部获奖,其中,一等奖的获奖比例位于全区前列。

最后,学校还积极探索"互联网+潜智课堂"下的信息化教学研究。信息化教学方式的转变使教师的教学手段更加多样,海量的教学资源丰富了教学内容,使课堂教学既有深度,也有广度。

创建 5 支特色学科团队 ///////////////////////////////////

任萍萍：对于一所学校来说，教师队伍的精神面貌和教学水平对学校发展起着决定性作用。据了解，明德小学教师平均年龄在 28 岁左右，那么学校在青年教师培养方面做了哪些工作和规划？

张玉英："独行快，众行远。"为充分发挥名优骨干教师的辐射引领作用，分专业、分梯队、分层次打造一支"精业求实、仁爱为师"的教师队伍，学校先后组建了 5 支各具特色的学科团队，以团队为核心，引领各学科教师深度学习、精研细琢、携手共进，促进每一位教师走专业成长之路。

语文学科的学语习文教研团队由青年教师组建，他们立足本职，以促进每个学生的发展为目标，积极探索高效课堂教学与多元课程建设。

数学学科的灵数教研团队以数学学科名优骨干教师为核心，在团队中共学、共研，力求百思精解、灵善教研。

英语学科基于朝阳区小学英语韩伟名师工作室，吸纳优秀青年教师，共读书、同研究，为更多英语教师提供学习交流的机会，也为更多教师搭建展示平台，满足团队发展需要。

综合学科组建综合实践活动教研团队，基于项目式活动方式，在研学实践中注重学科融合及创新意识和动手实践能力的培养，带动一批青年教师迅速成长。

信息学科组建信息化高效课堂团队，通过"走出去"学习、"研究式"实践、"合作式"创新、"实用式"应用，连续四年走上全国赛场，与千余位教师同台竞技，一次次超越自我，刷新大赛记录。

学校简介 >>>

长春市朝阳区明德小学创建于 1962 年，现拥有明德校区、清华校区、白山校区三个校区。遵循"着眼这六年，为了今后六十年"的办学理念，历经责任教育、书香教育、智慧教育三个发展阶段，六十载的拔节生长，学校已成长为责任担当、书香氤氲、智慧交融的长春市基础教育名校、朝阳区明德教育集团团长校。

教育为学生的终身幸福奠基

——对话上海市建平中学校长赵国弟

◎赵国弟

正高级教师，上海市特级校长，上海市建平教育集团理事长、建平中学校长。上海市第十五届人大代表，教育部中小学校长"国培计划"指导专家，上海市高中教育管理专业委员会副主任等。获国家教学成果二等奖、上海市教学成果特等奖、上海市教学成果一等奖等奖励；获上海市新长征突击手、中国长三角最具影响力校长、上海市优秀校长等荣誉称号。

【编者按】

上海市建平中学教育改革最大的亮点，就是为学生提供尽可能多的学习体验和生命体验。其智慧校园探索同样遵循这一理念，以智能教育技术服务平台为核心，构建向下兼容各项基础设施，向上服务学生成长、教师发展、学校常青的学校各项教育工作的"3+1+N"模型，不断探索以信息技术赋能学校教育。

赵国弟认为，教育领域的信息化、数字化已经构建了很多有效应用场景、积累了很好的案例，前景远大。但教育有别于其他领域，针对教育信息化、教育数字化的过程及应用，教育工作者一定要从教育规律与原则出发，始终坚持"教育意义"为先。

"教育为学生的终身幸福奠基" //////////////////////////////

任萍萍：如何理解建平中学"教育为学生的终身幸福奠基"这一教育理想？

赵国弟：基础教育的过程是使学生从自然人变为社会人的过程。而当一个学生走向社会之后，怎样才能获得终身幸福？基础是什么？只有明确了这样的问题及内涵，学校在选择教育的内容和方式时才会有方向。

建平中学所理解的能使学生终身幸福的需要有三个层面：第一层是幸福的基础层面，身体健康、道德行为符合社会规范；第二层是幸福的能力层面，具有社会生活与生产的知识和技能，具有为他人和社会服务的能力、意愿和行动；第三层是幸福的智慧层面，大格局、宽心胸，立志为人类文明与进步作贡献。

"合格＋特长""规范＋选择"的办学模式 //////////////////////

任萍萍：您如何看待新课程改革与未来人才培养之间的关系？建平中学的学分制评价是如何落实新时代教育评价改革的？

赵国弟：今天，世界万物都处于快速的变化之中，不确定性已成为未来社会特征的确定回答。今天的学校培养的是未来的人才，他们最大的特点就是要有能力适应充满不确定性的未来。

怎样帮助学生适应不确定的未来社会？关键是要抓住学生的个性化发展、社会化发展两条主线，并使它们和谐统一，这也是建平中学一直坚守的"促进学生个性化与社会化的和谐发展"的理念。新课程改革重视学生社会化层面的基础知识、能力和规范等基础素养，同时又强调学生个性化层面的发展性科目选择、实践性活动参与、项目式研究开展等发展素养，两者共同构成学生适应未来不确定社会的正确价值观、必备品格和关键能力。

建平中学近40年来持续探索的"合格＋特长""规范＋选择"办学模式，刚好切合了新课程改革的办学结构。同时，在高质量完成国家课程的基础上，建平中学为学生提供了百余门选择性课程，实施了5大系列30多个综合实践活动，开展全员性项目式学习研究。在这样一个多维度、多层面满足学生个性化学习的结构中，只有学分制评价才能真正实现因材施教，在社会化基础上实现个性化培养。

因此，学校在20世纪90年代开始以学分制的方式评价学生学习。30多年来，学校学分制从"合格＋特长"办学模式的提出开始，采取"基础学分＋特长学分"的计分方式，到如今"基础学分"由学科课程学分、德育课程学分、选修课程学分、4S课程学分构成，"特长学分"由学科竞赛获奖、文体比赛获奖、德育和社会实践活动方面的先进个人等构成，不断促进学生全面而个性的发展。随着新时代教育评价的改革，学校将增值评价或过程评价嵌入基础学分和特长学分的各个项目评价中，使各个项目评价更加完整，评价的结果也更加科学。

智慧校园的"3+1+N"模型 ///////////////////////////////////

任萍萍： 作为上海市首批信息化应用标杆校，学校的教育信息化应用取得了哪些成果？如何理解建平中学建设智慧校园的"3+1+N"基本构想？

赵国弟： 当前，以人工智能、物联网为代表的智能技术引发的教育变革，使得现代学校的一些标志性元素正在被突破，学校的教育场域随之被重构。建平中学办学坚持从学生立场出发，尊重每一个生命个体的差异，鼓励每一个学生的差异化发展，这与互联网时代的社会发展方向是一致的。因此，我们认为学校应用智能技术实现育人场域智慧化已势在必行。2018年，学校专门设立校信息化建设研究小组，思考、研究如何以信息技术赋能学校教育。

结合建平中学的教育理念和办学模式，我们提出了"3+1+N"的基本构想："3"即促进学校、学生、教师同步提升的三大工程；"1"即构建具有统一身份认证、兼具包容性和生长性、能够促进数据流转的数字平台；"N"即可以不断增长的各种数字化运用场景和应用程序。

经过多年探索，学校六大专项行动的开展取得了阶段性成果。一是校园生活与家校互动智能化，通过电子班牌进行形式多样、多方参与、过程管控、结果可溯的校园生活与家校互动。二是教学与研修智能化，通过部署智能化的教学终端和教学服务平台，构建高效互动课堂环境。三是学习与评价智能化，部署各类现实学习场景和线下实验室，满足学生的个性化学习需要，同时搭载教学数据应用系统，进行学情诊断，实现"以学定教"。四是教务管理智能化，利用智能技术取代日常校园管理中的重复性工作，真正实现高效的无纸化办公。五是打造物联智能的校园环境，通过校园物联终端建设实现对校园环境、设备空间的全面监管，包括对常规教室的改造、多个特色学科实验室的扩建和访客接待系统的构建等。六是构建校园智能服务平台，包括基础支撑平台、应用管理平台、数据可视化平台等，实现学校各部门数据互联共享。

其中，教与学的智能化是重中之重。目前，学校已应用智慧课堂、智学网等智能教学系统，覆盖备课、授课、评测、作业等教学流程和资源建设，支撑教学全过程的智能化。

"主动接招技术层面的爆炸式创新" ///////////////////////////

任萍萍：面对人工智能的时代浪潮，您认为应"主动接招技术层面的爆炸式创新"，您觉得技术使用者——教师和学生，应该如何提升信息素养和运用水平？

赵国弟：作为培养未来社会建设者的学校，要想顺应社会与技术变化趋势，就需要主动接招各类技术层面的创新与变革。

第一，师生要改变观念，力戒"决定论"思维，拥抱未来的"不确定"观。班级授课制、现代学校制度并不是教育的原初样态和必然样态，这只是人类发展过程中的阶段性选择，教育发展不是对我们熟悉的班级授课制和现代学校体制的改进，只有改变观念，才能理解、洞察、参与和创造信息技术给予教育的可能。

第二，师生要通过学习了解信息化背景下的教育新技术。除了具备一般的信息技术应用能力外，师生还要不断学习，跟上技术发展的步伐，充分掌握和利用新技术，如图像识别技术可以帮助教师减轻改作业和阅卷的工作量，语音识别和语义分析技术可以辅助教师进行英语口试测评等。

第三，师生要共同协作、主动研究，将传统教学与智能教学有机结合。任何教育的成功，需要以满足学生心理需求为前提，才能满足学生的学习需要，而方式、手段的新旧，也要兼容并蓄。信息技术在教学中的应用，一定要以教育属性为前提。

"未来教育"与"未来学校" //////////////////////////

任萍萍：您所理解的未来教育、未来学校，是什么样的？

赵国弟：在信息化的大趋势下，我们只有主动变革，做好对教育未来趋势的预测，才能真正将教育带入"未来教育"和"未来学校"的全新境地。这种预测应包括教育目的、教育形态、教育时空、教师、学习、学生、课程、运行机制等各方面。

我想未来教育的特征应该包括但不限于以下几方面：第一，以互联网为基础，教育智能深度介入。第二，尽可能实现学生个性化与社会化和谐统一。第三，学生确定性知识的学习及程序化能力的培养会被人工智能方式替代。第四，"一人一方案"，每个学生都得到充分发展。这里的"充分"包括基于学生学习能力的充分、基于学生学习兴趣的充分、保障学生学习机会的充分等各方面。

同样地，我认为未来学校也应该包括但不限于以下标志：第一，教师的教育主体意义更加丰富。教师将从"以教为主"转向"对学生学能的发现"，将更加重视学生在自学习、个性化学习中的困难并提供帮助和支持，针对学生的价值观形成做好发展导师，是学生心理与情绪发展过程中的呵护者、社会化发展过程中的陪伴者。

第二，育人功能更加凸显。在某种意义上，今天的学校由于是学生知识学习、能力发展的主要载体，实际上其应有的、本质性的育人功能反而被功利地弱化。在未来的学校中，学校教育将接纳其他教育途径、方式、资源，将更广泛地具有非学校化知识学习和能力培养方面的功能，从而让学校回归教育的本质。

第三，学习形态和路径更加开放。未来，由于学习资源更加丰富多样，学生自主学习将成为主流；由于同龄人之间的交互更易于理解，互助、互动学习将成为常态；而主题化研究、跨学科综合学习将成为学生实践能力提高的重要路径。未来学校将进一步开放，学校将成为众多有效学习资源或形态的集成者。

学校简介 >>>

上海市建平中学创建于 1944 年，学校始终坚守"教育为学生的终身幸福奠基"的教育理想，坚持教育"促进人的社会化与个性化和谐发展"的办学理念，所构建的"合格＋特长""规范＋选择"的办学模式及一系列改革举措，被《人民教育》誉为"引领中国基础教育改革的方向""中国基础教育改革史上的一座丰碑"。学校以先进的教育思想、科学的教育模式、卓越的教育成绩蜚声海内外。学校毕业生以良好的政治素质、勤奋创新的工作作风和出色的工作实绩，赢得了社会的普遍赞誉。

数字化转型助力学校高质量发展

——对话上海市娄山中学校长钟杨

◎钟杨

高级教师，上海市娄山中学校长。获上海市"五一劳动奖章"、上海市首届最美校长称号、上海市园丁奖。领衔的"智慧校园创新团队"连续四年获长宁区"工人先锋号"荣誉称号，领衔课题"提升教学效能的'智慧学习场景'构建研究"成功立项上海市教育科学研究项目和上海市基础教育信息化课题。

【编者按】

2021年8月，上海市入选全国唯一的教育数字化转型试点区，长宁区率先成为市级推进教育数字化转型实验区之一。在长宁区推进并率先建成区校两级教育数字基座的背景下，上海市娄山中学不仅基于教育数字基座支撑了学生的全面发展，而且实现了学校管理工作的业务流程再造，让管理更高效便捷，最终实现学校高质量的教育教学。

钟杨认为，对于学校的数字化转型来说，理念是关键，目前传统的教育观念、方式在学校中还占据较大空间，教育人只有努力学习未来教育新理念，积极投身教育创新与实践，关注趋势，才能跟上形势，培养出适合时代发展的有用之才。

"让每一个学生的潜能得到发展" ////////////////////////////

任萍萍：怎样理解娄山中学"以学生发展为本，让每一个学生的潜能得到发展"的办学理念？学校是如何定位办学特色的？

钟杨：娄山中学是上海市体育传统项目学校，校乒乓球队在沪上享有盛誉，曾获得全国中学生乒乓球锦标赛初中组女子团体冠军；上海市学生合唱联盟单位，校合唱团是长宁区重点艺术团队，曾受邀参演第九届欧洲中国艺术节，唱响维也纳金色大厅；校京剧团曾在上海市青少年戏曲演唱大赛荣获京剧组一等奖。娄山中学还是上海市航空模型活动特色学校，上海市航空、车船模型协会团体会员单位，曾获得全国信息学奥林匹克竞赛一等奖、全国青少年车辆模型锦标赛亚军、全国青少年航空航天模型锦标赛亚军等诸多荣誉。

我认为，办学特色犹如学校的一张名片，就是一所学校特有的、优于其他学校并得到社会认可的教育教学个性。办学特色需要继承，更需要创新。

在娄山中学，教师们的心中始终秉持一个信念："为学生的终身发展与幸福成长奠基。"教育的基本命题乃是对生命的尊重，娄山中学始终关注学生生命的长度、宽度和厚度，注重全人生指导，以此激扬生命、奠基人生。学校教育的本质和追求，就是在学生有限的生命长度内，拓展他们的生命宽度，提升他们的生命厚度，实现人生价值。

这就要求教师既要埋头苦干，勤勉理性设计成长路径，雕琢学生前进的每一步，又要仰望星空，为学生留足成长空间，容纳学生生命的长度、宽度和厚度，更要全面地观察和理解学生，留心学生发展的种种可能，并尽最大努力创设条件促进学生全面的、充分的发展。让每一个生命都绽放精彩，让每一个学生既能够全面发展，又能够做最好的自己。这是我们孜孜不倦的追求。

以智能化教学环境建设为抓手来加快升级 ////////////////////

任萍萍：娄山中学是从何时开始探索教育信息化的？经历了什么样的实践历程？

钟杨：作为长宁区"十二五""十三五"信息科技教学示范点，我校经过多年的信息化建设，已经具备部分信息化系统和应用。2020年5月，我来到娄山中学后，发现学校信息化教学环境、教室的信息设备功能相对单一，急需升级和更新。传统的教师讲、学生听的单向模式还普遍存在，教师的教学理念和教学方式也需要进一步改变。如何改变？以什么为抓手？我们选择通过智能化教学环境的建设、信息技术与教学的深度融合切入。

在基础设施建设方面，2020年9月，我校基于物联网完成了智慧教室智能灯光改造；2021年10月，全校34间教室全覆盖交互式电子白板，加载多种专业化教学应用工具软件，配备录播设备；同时，我校与长宁区教育数字基座全面融合，实现教学活动的实时反馈，并在娄山教育集团三所成员校内实现了教学共享、教研共享。

目前，我们已经构建了多个典型学习场景，如在共享区域建设了5个开放式数字智慧空间，主要面向探究、拓展课程以及综合活动，还建设了电视台级别的新闻演播室、智能自然创新实验室、流动图书馆等。此外，在大数据方面，智能考试批阅和分析系统、英语听说系统也已进入深度应用的阶段。

在科研探索方面，2020—2021年，我校先后申报并立项了市级信息化课题"基于学生核心素养培育的'智慧教室'建设的实践研究"、上海市科研课题"提升教学效能的'智慧学习场景'构建研究"，立项了区级创新团队。我们以市级科研课题为学校的龙头课题，引领学校的教育信息化探索和学校的整体发展。

至此，学校的教育信息化探索之路开始走向实践、走向深入。

以技术与教育的深度融合来提高教学效能 /////////////////////

任萍萍：娄山中学在推动信息技术与教、学、管、评等场景的深度融合应用方面取得了哪些成果？

钟杨：实现信息技术与教育教学的真正融合、全面融合和深度融合，改变教与学的方式，满足学生个性化学习需求，提高教学效能，是我们研究的重点，我们做了很多探索。

第一，打破时空局限，创新教与学模式。2021年12月，借助长宁教育数字基座中的教学应用，娄山中学、新疆维吾尔自治区克拉玛依市第三中学、云南省绿春县第一中学、浙江省宁波市集士港镇中学四所学校的近两百名师生相聚云端，打通时空壁垒，举办了主题为"整合时空、互联共享——沪疆滇浙四地多校共筑'云栖课堂'"教学研讨活动。将四校的四个实体课堂在云端组合成虚拟课堂，将四位授课教师在云端整合成一位虚拟教师，发挥各自特长，集四人智慧，共同授课，构筑成一个"云栖课堂"。

第二，实现资源共享，打造联通课堂。资源库的建设可以让优质资源得到共享，让学习可以随时随地进行，且更具个性化。我校教师以智慧课堂为载体，开展校本研修，开发学科知识胶囊，助力分层教学。同时，开通云备课，共建共享，互动联通，搭建资源宝库。

第三，依托大数据平台，开展多元考评。现阶段，我们主要依靠大数据平台建设进行过程性评价的探索。2022年上半年，我们利用长宁教育数字基座内置的在线考试应用，把初三随堂练习和期中考试搬到了线上，利用基座的数联能力进行学情分析，为不同班级和学生布置差异化的复习题，进行巩固练习。

第四，依托智慧场景，丰富实践活动。学校新建了电视台级别的新闻演播室，学生可以在新闻录播室这个真实的情境中体验主播的生活等，在丰富校园文化活动的同时，也助力学生综合素养能力的培养。

第五，云端家校沟通，加强家校共育。我们通过各类专业的家校沟通软件构建学校与家庭沟通的桥梁。以电子班牌为例，家长可以在班主任的邀请下加入云班级，参与班级的各种文化活动建设。

加速数字基座落地，推动教育全方位变革 ////////////////////////

任萍萍：除了以上所说的教学实践外，娄山中学是怎样基于数字基座的应用，推动教育数字化转型的？

钟杨：我理解的教育数字化转型是指将数字技术融入教育领域的各个层面，推动教育全方位的创新与变革，包括教学范式、组织架构、教学过程、评价方式等，从而形成一种有内在活力的良好教育生态系统，为全社会的数字化转型带来积极影响。

长宁区是第一个教育数字化转型的市级试点区域，我校作为区内有影响力的一所大体量初级中学，大胆尝试，主动对接，加速数字基座在我校落地。

例如，在校园管理方面，我们的教师在基座上自行搭建了文印管理、点餐系统、公开课申报系统、教师健康调查等低代码应用，把学校的管理转化为数字化流程，为学校的事务性工作减负增效的同时，也满足了我们的个性化需求，为创建数字校园夯实了基础。

"双减"背景下，基座也为我们实现学生"五育"并举与课后服务的有机融合提供了更大的发挥空间。在数字基座的校级成效大屏中，通过主页的课后服务概览数据看板，我们能判断学校课后服务工作的整体进展和运行质量。比如，在"课后服务运行中心"里能够清晰地看到学校课后服务覆盖率，了解各年级的课程主题安排，并通过活动类型数量判断学校课程结构的合理性。我们正在筹备教师数字化素养的提升活动，后续也将通过这个大屏进行成效监管。

需要注意的是，在学校数字化建设中，要关注需求、提升效益，避免不必要的重复建设、无效配置，使其真正服务于教学、服务于学生，促进学习者的健康成长。未来，我们将进一步探索信息化环境下的学校管理新模式，积极对接区级基座建设，做好数据贯通，使各项功能兼容一体，加快学校发展。

学校简介 >>>

上海市娄山中学创建于 1965 年，秉承"为学生的终身发展与幸福成长奠基"的办学理念，立足于全人教育，努力培养"品行端正、身心健康、基础扎实、自主发展"的娄山人。学校注重通过多样化、个性化、可选择性的课程建设培养学生的基础学力、多元能力和自主发展力，其中乒乓球、合唱、京剧、科学素养等课程成为学校的特色品牌。

脚踏实地做教育，仰望星空见未来

——对话浙江省萧山中学校长周斌

◎周斌

高级教师，萧山中学校长。杭州市萧山区第十四届政协委员，萧山区首届名师、首届功勋教师，第四届杭州市教坛新秀，杭州市优秀教师，杭州市教育改革创新年度校长，杭州市优秀校长。主持或参与了十余项省市立项规划课题研究，获中国教育学会科研成果二等奖、省教育科研成果一等奖等；出版《守望智慧课堂》《个性选择 个性发展》等专著。

【编者按】

浙江省萧山中学智慧校园建设起步较早。1998年，被教育部授予全国现代教育技术实验学校称号；2015年，被评为杭州市智慧教育示范学校；2018年，被评为浙江省精准教学示范学校；2019年，被列为浙江省综合试点学校；2021年，被评为杭州市第一批数字教育标杆学校。在教育信息化2.0的背景下，学校以智慧化"品质萧中"建设为核心，从教学、应用、服务、实践及安全等方面进行全面技术革新，构筑了"品质萧中"的数字化基础，成为萧山区"旗舰级"智慧校园。

脚踏实地做教育，仰望星空见未来。周斌一直在努力寻求适合本校特点和师生特质的管理办法，促进师生的个性成长。他坚持"美好教育、品质萧中"的办学理念，围绕"提升人的核心素养"，以技术赋能，不断提高育人品质，不断寻找学校发展新的增长点，带领萧中人打造美好教育的普高样板。

"美好教育、品质萧中" /////////////////////////////////////

任萍萍：如何理解萧山中学"美好教育、品质萧中"理念？

周斌：美好教育应该是"接地气"的，唯有"接"学生所想、家长所期、社会所需的"地气"，方能回归育人本位，为学生的人生写出精彩的注脚。如何使"美好教育"理念落地、使技术更好地服务于教育教学，是萧山中学近年来着力突破的方向。

我们通过了《萧山中学品质提升五年行动纲领》，制订并实施了涵盖校园文化建设、名优教师引育、卓越学子培养、硬件品质提升等方面的"六大工程"，全力保障萧山中学的高品质建设。

我们构建了多样而精深的教师培养体系——特级教师引领、金牌教练担当、骨干教师奋战，从学科建设、学术研究、德育团队、教学团队、质量管理、规划引领等多方面打造高水平、高品位的师资队伍。

我们重视高质量教学和研究。围绕学生核心素养的培养，加强对高考改革方向、课堂教学模式、分层课程设置的研究，尤其是对名校招生模式的研究。

我们建设了教学中心、学生服务中心、体育中心、艺术中心四大建筑板块，办学条件省内一流。现代化的理、化、生和计算机全新基础实验室，高精尖的3D创新、物理DIS、数字生命、融合智造、STEAM空间等特色实验设施，高品质的学科教室，将为学生提供更广阔的发展空间。

以技术赋能，建设平安校园 /////////////////////////////////////

任萍萍：作为萧山区"旗舰级"智慧校园，萧山中学在智慧校园建设方面进行了哪些创新探索？

周斌：如今的萧山中学校园处处都有"智慧"。我们建设了以学生发展为中心的开放式智慧活动空间，构建以素养培育为核心的智慧教室体系，将学科教室、创新实验室和社团活动室进行开放性布局、互动式体验和智慧性管理，让学生获得沉浸式学习体验。

我们建设了"校园超脑",实现了五方面的功能:一是数据安全;二是数据融合,解决传统的人工管理、单机应用、"信息孤岛"等问题;三是数据可视化;四是智慧教学管理平台,通过该平台让学校的各系统操作顺畅,及时获取关键数据以进行科学决策;五是精准教学,通过课中的固定式智能终端、课前和课后的便携式智能管控终端,实现日常教学科学管理,并采集学生学情数据以进行精准教学。

我们在校门口安装了人脸识别系统,师生可以"刷脸"进出,大大提升出入的效率,还可以实现校园考勤的智能化。学生"刷脸"进出学校的数据可以作为考勤凭证,简化学生考勤流程,实现智能化管理。更重要的是,构建了一道管理人员出入的安全防线,为学生的安全管理竖起一道生命保障。

在宿舍楼的进出口通道,我们布控了对向的双摄像头。学生通过布控区域时抓拍的图片,将通过云端与信息库中的人脸进行匹配,并根据出寝、入寝的行为方向,生成学生的出入寝记录,同时统计宿舍出入寝数据,快速比对得出未归寝、滞留寝的学生名单,并在大屏中展示,生成警告消息推送至宿舍管理员、班主任和值周教师处,从而保障学生在校学习和生活的安全。

基于智慧课堂的"一六四四教学模式" ///////////////////////////

任萍萍:萧山区是国家基于教学改革、融合信息技术的新型教与学模式实验区,萧山中学也是浙江省精准教学示范学校,在创新教学模式、探索精准教学方面,学校总结了哪些经验?

周斌:学校利用现有技术对精准教学做了充分的探索。在精准教学2.0的理念下,如何构建合理的过程性评价,并结合过程性评价开展更为有效的精准教学,是学校正在探索的方向。

目前,萧山中学全体师生人手一台平板电脑,建立了教师、学生、家长的平板使用制度,平板教学已进入常态化应用阶段。借助平板电脑,课堂上的师生互动和课后的作业布置,通过实时的数据收集与分析更加精准。周检测、月检测也借助智学网平台进行试题切割、答题卡制作,在生成校本题库的同时,也自动生成学生的个性化错题集,教师、学生、家长都能够快速地获得学情数据。

我们提炼出了基于智慧课堂的"一六四四教学模式"，即以学生的智慧发展为一个目标；以导、议、练、展、评、检为课堂的六个环节；以预习资源化、课堂探究化、知识结构化、作业个性化为学生学习的四个关注行为；以课前资源推送、预习反馈、以学定教，课中技术无缝支持的情境创设、自主探究、启迪思维、展示交流、精准评价，课后推选精准作业、推介定向微课、资源共享，根据全程搜集的数据进行多元分析、学习评价，调整教学，形成教学闭环为教师教学的四个规定。

我校教师承建的作品《信息技术视域下萧山中学"一六四四教学模式"新探》被评为2020年浙江省"基于技术的教与学方式变革"优化课堂形态专题典型案例。

以技术赋能，创造"美好德育" ////////////////////////////////

任萍萍：您认为技术在推动实现"五育"并举方面可以发挥什么样的作用？

周斌：信息技术的应用已经逐渐渗透于教育的方方面面。我们在智慧德育方面已经探索出了自己的特色。每个班级门口安装电子班牌，内容包括社会主义核心价值观、中学生行为规范、每日新闻推送、学校各类活动通知、班级介绍、班主任和任课教师介绍、班级奖状展示、班级各类活动照片展示等。从思想意识、行为规范、新闻推送到班级各项事务的展示和落实，让"一块班牌展现整个班级"。

主题班会是开展德育活动的主阵地，智慧教育指导下的主题班会形式更加丰富。通过大屏幕播放视频，利用教学平板电脑抢答题目，学生之间的互动更加深入，做到了每一名学生都真正参与主题班会，教学效果更加突出。

此外，校园一卡通使用便捷，学生一卡在手，校园生活无忧。教学楼设置了电子图书阅读导引站和图书便捷借阅站，不仅丰富了学生的课余阅读时光，而且营造了良好的校园文化氛围。

可以说，智慧教育下的学生德育工作，解决了传统德育活动中不容易实现的师生与生生交互沟通问题，重视学生心灵的沟通，建立更加便捷温馨的对话场景，缔造更加完美的教室环境，为落实新德育注入新时代的气息。

再以体育教学为例，体育课也应和其他学科一样先学后教、因材施教，现在我们对于教师上体育课的要求就是精讲多练，把更多的时间留给学生训练。教师借助智慧平板和智慧体育系统，通过采集学生的日常锻炼数据、学生的体质健康检测数据，精准评价体育教学效果，逐步构建专属于学生的个性化体质健康档案，助力学生综合发展。

"三全"育人，多样化成长 ///////////////////////////////////////

任萍萍：学校在实现学生个性化发展上有哪些创新举措？

周斌：我们坚持"每个学生都很重要、每个方面都很重要、每个阶段都很重要"的育人观，构建了基石课程、发展课程和卓越课程三位一体的特色课程体系。不是每个学生都能成长为"学霸"，所以我们更致力于搭建优质平台，让每个学生都能找到适合自己的成长之路，在弦歌声里唱出属于自己的青春旋律。

我们注重学生的基础性学力，也绝不忽视学生的发展性学力、创造性学力。学校建设了基石课程、发展课程和卓越课程三位一体的立体特色课程体系，有文艺周、科技节、体育月、心理节、读书节，组建了33个学生社团。学校从高一年级开始，就通过学校社团、五大学科竞赛等，让学生找准自己的定位，找到进入名校的"晋升通道"。

多元的选择促成了学生的多样化成长，浸润其中的学子得以站上更高的发展平台。他们有的在国际大赛中夺得金奖，有的在学科竞赛中斩获国家金牌，有的被国际知名院校录取，有的在核心期刊发表论文，有的在新概念作文大赛中拔得头筹……让每个学生在自己最适合的领域找到属于自己的成长点，从而赋予其终身发展的力量，一直是我们努力不懈的目标。

近两年，我们将校园内的硬件资源全面整合和调度，实现了全新的数字化、智能化管理与服务的校园运行模式，使得教学、学习、工作、生活与信息资源管理系统深入整合，教师和学生的信息素养都得到长足提升，在践行美好教育的进程中取得了丰硕的成果。

学生连续2年获得浙江省综合实践活动成果评比一等奖，设计的"红外智能计圈系统"获评第32届全国青少年科技创新大赛科教制作类二等奖。此外，在浙江省中小学电脑制作、杭州市青少年科技创新大赛等活动中也获得许多奖项。

学校简介 >>>

浙江省萧山中学创建于 1938 年，为浙江省首批一级重点中学、省级普通高中特色示范学校、省文明单位、首批省文明校园、首批杭州市"美丽学校"、清华大学优质生源基地、首批北京大学博雅人才共育基地等。萧山中学以"美好教育、品质萧中"为核心，为培养"学贯中西、融通古今、富有理想、知行合一"的卓越学子打下基础，力争建设省内领先、国内一流的"百年名校、精神高地"。